White Nights
The Double

Fyodor M. Dostoevsky

Двойник

Белые Ночи

Фёдор М. Достоевский

White Nights; The Double

ISNB: 978-1-61895-244-8

Двойник . Белые Ночи

© Пресса библиотек, 2018

ISNB: 978-1-61895-244-8

ДВОЙНИК

Было без малого восемь часов утра, когда титулярный советник[1] Яков Петрович Голядкин очнулся после долгого сна, зевнул, потянулся и открыл, наконец, совершенно глаза свои. Минуты с две, впрочем, лежал он неподвижно на своей постели, как человек не вполне еще уверенный, проснулся ли он, или еще спит, наяву ли и в действительности ли все, что около него теперь совершается, или — продолжение его беспорядочных сонных грез. Вскоре, однакож, чувства господина Голядкина стали яснее и отчетливее принимать свои привычные, обыденные впечатления. Знакомо глянули на него зелено-грязноватые, закоптелые, пыльные стены его маленькой комнатки, его комод красного дерева, стулья под красное дерево, стол, окрашенный красною краской, клеенчатый турецкий диван красноватого цвета, с зелененькими цветочками и, наконец, вчера впопыхах снятое платье и брошенное комком на диване. Наконец, серый осенний день, мутный и грязный, так сердито и с такой кислой гримасою заглянул к нему сквозь тусклое окно и комнату, что господин Голядкин никаким уже образом не мог более сомневаться, что он находился не в тридесятом царстве каком-нибудь, а в городе Петербурге, в столице, в Шестилавочной улице[2], в четвертом этаже одного весьма большого, капитального дома, в собственной квартире своей. Сделав такое важное открытие, господин Голядкин судорожно закрыл глаза, как бы сожалея о недавнем сне и желая его воротить на минутку. Но через минуту он одним скачком выпрыгнул из постели, вероятно попав, наконец, в ту идею, около которой вертелись до сих пор рассеянные, не приведенные в надлежащий порядок мысли его. Выпрыгнув из постели, он тотчас же подбежал к небольшому кругленькому зеркальцу, стоящему на комоде. Хотя отразившаяся в зеркале заспанная, подслеповатая и довольно оплешивевшая фигура была именно такого незначительного свойства, что с первого взгляда не останавливала на себе решительно ничьего исключительного внимания, но, по-видимому, обладатель ее остался совершенно доволен всем тем, что увидел в зеркале. «Вот бы штука была, — сказал господин Голядкин вполголоса, — вот бы штука была, если б я

---

[1] Титулярный советник — гражданский чин IX класса в Табели о рангах.
[2] Шестилавочная улица находилась в Литейной части Петербурга; ей соответствует нынешняя улица Маяковского.

сегодня манкировал[3] в чем-нибудь, если б вышло, например, что-нибудь не так, — прыщик там какой-нибудь вскочил посторонний или произошла бы другая какая-нибудь неприятность; впрочем, покамест недурно; покамест все идет хорошо». Очень обрадовавшись тому, что все идет хорошо, господин Голядкин поставил зеркало на прежнее место, а сам, несмотря на то, что был босиком и сохранял на себе тот костюм, в котором имел обыкновение отходить ко сну, подбежал к окошку и с большим участием начал что-то отыскивать глазами на дворе дома, на который выходили окна квартиры его. По-видимому, и то, что он отыскал на дворе, совершенно его удовлетворило; лицо его просияло самодовольной улыбкою. Потом, — заглянув, впрочем, сначала за перегородку в каморку Петрушки, своего камердинера, и уверившись, что в ней нет Петрушки, — на цыпочках подошел к столу, отпер в нем один ящик, пошарил в самом заднем уголку этого ящика, вынул, наконец, из-под старых пожелтевших бумаг и кой-какой дряни зеленый истертый бумажник, открыл его осторожно, — и бережно и с наслаждением заглянул в самый дальний, потаенный карман его. Вероятно, пачка зелененьких, серенький, синеньких, красненьких и разных пестреньких бумажек[4] тоже весьма приветливо и одобрительно глянула на господина Голядкина: с просиявшим лицом положил он перед собою на стол раскрытый бумажник и крепко потер руки в знак величайшего удовольствия. Наконец он вынул ее, свою утешительную пачку государственных ассигнаций, и, в сотый раз, впрочем считая со вчерашнего дня, начал пересчитывать их, тщательно перетирая каждый листок между большим и указательным пальцами. «Семьсот пятьдесят рублей ассигнациями! — окончил он, наконец, полушепотом. — Семьсот пятьдесят рублей … знатная сумма! Это приятная сумма, — продолжал он дрожащим, немного расслабленным от удовольствия голосом, сжимая пачку в руках и улыбаясь значительно, — это весьма приятная сумма! Хоть кому приятная сумма! Желал бы я видеть теперь человека, для которого эта сумма была бы ничтожною суммою? Такая сумма может далеко повести человека…»

«Однако что же это такое?» — подумал господин Голядкин, — да где же Петрушка?". Все еще сохраняя тот же костюм, заглянул он другой раз за перегородку. Петрушки опять не нашлось за перегородкой, а сердился,

---

[3] Манкировать (устар.) — оказывать (оказать) непочтительность, неуважение, пренебрежение.

[4] Принятые в бытовом обиходе названия кредитных билетов по их цвету: зелененькая — 3 рубля, серенькая — 50, синенькая — 5, красненькая — 10 рублей.

горячился и выходил из себя лишь один поставленный там на полу самовар, беспрерывно угрожая сбежать, и что-то с жаром, быстро болтал на своем мудреном языке, картавя и шепелявя господину Голядкину, — вероятно, то, что, дескать, возьмите же меня, добрые люди, ведь я совершенно поспел и готов.

«Черти бы взяли! — подумал господин Голядкин. — Эта ленивая бестия может, наконец, вывесть человека из последних границ; где он шатается?» В справедливом негодовании вошел он в переднюю, состоявшую из маленького коридора, в конце которого находилась дверь в сени, крошечку приотворил эту дверь и увидел своего служителя, окруженного порядочной кучкой всякого лакейского, домашнего и случайного сброда. Петрушка что-то рассказывал, прочие слушали. По-видимому, ни тема разговора, на самый разговор не понравился господину Голядкину. Он немедленно кликнул Петрушку и возвратился в комнату совсем недовольный, даже расстроенный. «Эта бестия ни за грош готова продать человека, а тем более барина, — подумал он про себя, — и продал, непременно продал, пари готов держать, что ни за копейку продал. Ну, что?...»

— Ливрею принесли, сударь.

— Надень и пошел сюда.

Надев ливрею, Петрушка, глупо улыбаясь, вошел в комнату барина. Костюмирован он был странно донельзя. На нем была зеленая, сильно подержанная лакейская ливрея, с золотыми обсыпавшимися галунами, и, по-видимому, шитая на человека ростом на целый аршин выше Петрушки. В руках он держал шляпу, тоже с галунами и с зелеными перьями, а при бедре имел лакейский меч в кожаных ножнах.

Наконец, для полноты картины, Петрушка, следуя любимому своему обыкновению ходить всегда в неглиже, по-домашнему, был и теперь босиком. Господин Голядкин осмотрел Петрушку кругом и, по-видимому, остался доволен. Ливрея, очевидно была взята напрокат для какого-то торжественного случая. Заметно было еще, что во время осмотра Петрушка глядел с каким-то странным ожиданием на барина и с необыкновенным любопытством следил за всяким движением его, что крайне смущало господина Голядкина.

— Ну, а карета?

— И карета приехала.

— На весь день?

— На весь день. Двадцать пять, ассигнацией.

— И сапоги принесли?

— И сапоги принесли.

— Болван! не можешь сказать принесли-с. Давай их сюда.

Изъявив свое удовольствие, что сапоги пришлись хорошо, господин Голядкин спросил чаю, умываться и бриться. Обрился он весьма тщательно и таким же образом вымылся, хлебнул чаю наскоро и приступил в своему главному, окончательному облачению: надел панталоны почти совершенно новые; потом манишку с бронзовыми пуговками, жилетку с весьма яркими и приятными цветочками; на шею повязал пестрый шелковый галстук и, наконец, натянул вицмундир тоже новехонький и тщательно вычищенный. Одеваясь, он несколько раз с любовью взглядывал на свои сапоги, поминутно приподымал то ту, то другую ногу, любовался фасоном и что-то все шептал себе под нос, изредка подмигивая своей думке выразительною гримаскою. Впрочем, в это утро господин Голядкин был крайне рассеян, потому что почти не заметил улыбочек и гримас на свой счет помогавшего ему одеваться Петрушки. Наконец, справив все, что следовало, совершенно одевшись, г-н Голядкин положил в карман свой бумажник, полюбовался окончательно на Петрушку, надевшего сапоги и бывшего, таким образом, тоже в совершенной готовности, и, заметив, что все уже сделано и ждать уже более нечего, торопливо, суетливо, с маленьким трепетанием сердца сбежал с своей лестницы. Голубая извозчичья карета, с какими-то гербами, с громом подкатилась к крыльцу. Петрушка, перемигиваясь с извозчиком и с кое-какими зеваками, усадил своего барина в карету; непривычным голосом и едва сдерживая дурацкий смех, крикнул: «Пошел!», вскочил на запятки, и все это, с шумом и громом, звеня и треща, покатилось на Невский проспект. Только что голубой экипаж успел выехать за ворота, как господин Голядкин судорожно потер себе руки и залился тихим, неслышным смехом, как человек веселого характера, которому удалось сыграть славную штуку и которой он сам рад-радехонек. Впрочем, тотчас же после припадка веселости смех сменился каким-то странным озабоченным выражением в лице господина Голядкина. Несмотря на то, что время было сырое и пасмурное, он опустил оба окна кареты и заботливо начал высматривать направо и налево прохожих, тотчас принимая приличный и степенный вид, как только замечал, что на него кто-нибудь смотрит. На повороте с Литейной на Невский проспект он вздрогнул от одного самого неприятного ощущения и, сморщась, как бедняга, которому наступили нечаянно на мозоль, торопливо, даже со страхом прижался в самый темный уголок своего экипажа. Дело в том, что он встретил двух сослуживцев своих, двух молодых чиновников того ведомства, в котором сам состоял на службе. Чиновники же, как показалось, господину Голядкину, были тоже, с своей стороны, в крайнем недоумении, встретив таким образом своего сотоварища; даже один из них указал пальцем на г-на Голядкина.

Господину Голядкину показалось даже, что другой кликнул его громко по имени, что, разумеется, было весьма неприлично на улице. Герой наш притаился и не отозвался. «Что за мальчишки! — начал он рассуждать сам с собою. — Ну, что же такого тут странного? Человек в экипаже; человеку нужно быть в экипаже, вот он и взял экипаж. Просто дрянь! Я их знаю, — просто мальчишки, которых еще нужно посечь! Им бы только в орлянку при жалованье да где-нибудь потаскаться, вот это их дело. Сказал бы им всем кое-что, да уж только…» Господин Голядкин не докончил и обмер. Бойкая пара казанских лошадок, весьма знакомая господину Голядкину, запряженных в щегольские дрожки, быстро обгоняла с правой стороны его экипаж. Господин, сидевший на дрожках, нечаянно увидев лицо господина Голядкина, довольно неосторожно высунувшего свою голову из окошка кареты, тоже, по-видимому крайне был изумлен такой неожиданной встречей и, нагнувшись сколько мог, с величайшим любопытством и участием стал заглядывать в тот угол кареты, куда герой наш поспешил было спрятаться. Господин на дрожках был Андрей Филиппович, начальник отделения в том служебном месте, в котором числился и господин Голядкин в качестве помощника своего столоначальника. Господин Голядкин, видя, что Андрей Филиппович узнал его совершенно, что глядит во все глаза и что спрятаться никак невозможно, покраснел до ушей. «Поклониться иль нет? Отозваться иль нет? Признаться иль нет? — думал в неописанной тоске наш герой, — или прикинуться, что не я, а кто-нибудь другой, разительно схожий со мною, и смотреть как ни в чем не бывало? Именно не я, не я, да и только! — говорил господин Голядкин, снимая шляпу пред Андреем Филипповичем и не сводя с него глаз. — Я, я ничего, — шептал он через силу, — я совсем ничего, это вовсе не я, Андрей Филиппович, это вовсе не я, не я, да и только». Скоро, однакож, дрожки обогнали карету, и магнетизм начальниковских взоров прекратился. Однако он все еще краснел, улыбался, что-то бормотал про себя… «Дурак я был, что не отозвался, — подумал он наконец, — следовало бы просто на смелую ногу и с откровенностью, не лишенною благородства: дескать, так и так, Андрей Филиппович, тоже приглашен на обед, да и только!» Потом, вдруг вспомнив, что срезался, герой наш вспыхнул как огонь, нахмурил брови и бросил страшный вызывающий взгляд в передний угол кареты, взгляд так и назначенный с тем, чтоб испепелить разом в прах всех врагов его. Наконец, вдруг, по вдохновению какому-то, дернул он за снурок, привязанный к локтю извозчика-кучера, остановил карету и приказал поворотить назад, на Литейную. Дело в том, что господину Голядкину немедленно понадобилось, для собственного же спокойствия, вероятно, сказать что-то самое интересное доктору его, Крестьяну Ивановичу. И хотя с Крестьяном Ивановичем был он знаком с весьма недавнего времени, именно посетил его всего один раз на прошлой неделе, вследствие кой-каких надобностей, но ведь доктор, как говорят, что духовник, — скрываться было бы глупо, а знать пациента — его же обязанность. «Так ли, впрочем, будет все это, — продолжал наш герой, выходя из кареты у подъезда одного пятиэтажного дома на Литейной, возле которого приказал остановить свой экипаж, — так ли будет все это? Прилично ли будет? Кстати ли будет? Впрочем, ведь что же, — продолжал он, подымаясь на лестницу, переводя дух и сдерживая биение сердца, имевшего у него привычку биться на всех чужих лестницах, — что же? ведь я про свое, и предосудительного здесь не имеется… Скрываться было бы глупо. Я вот таким-то образом и сделаю вид, что я ничего, а что так, мимоездом… Он увидит, что так тому и следует быть».

Так рассуждая, господин Голядкин поднялся до второго этажа и остановился перед квартирою пятого нумера, на дверях которого помещена была красная медная дощечка с надписью:

Крестьян Иванович Рутеншпиц,

Доктор Медицины и Хирургии.

Остановившись, герой наш поспешил придать своей физиономии приличный, развязный, не без некоторой любезности вид и приготовился дернуть за снурок колокольчика. Приготовившись дернуть за снурок колокольчика, он немедленно и довольно кстати рассудил, что не лучше ли завтра и что теперь покамест надобности большой не имеется. Но так как господин Голядкин услышал вдруг на лестнице чьи-то шаги, то немедленно переменил новое решение свое и уже так, заодно, впрочем, с самым решительным видом, позвонил у дверей Крестьяна Ивановича.

II

Доктор медицины и хирургии, Крестьян Иванович Рутеншпиц, весьма здоровый, хотя уже и пожилой человек, одаренный густыми седеющими бровями и бакенбардами, выразительным сверкающим взглядом, которым одним, по-видимому, прогонял все болезни, и, наконец, значительным орденом, — сидел в это утро у себя в кабинете, в покойных креслах своих, пил кофе, принесенный ему собственноручно его докторшей, курил сигарету и прописывал от времени до времени рецепты своим пациентам. Прописав последний пузырек одному старичку, страдавшему геморроем, и выпроводив страждущего старичка в боковые двери, Крестьян Иванович уселся в ожидании следующего посещения. Вошел господин Голядкин.

По-видимому, Крестьян Иванович нисколько не ожидал, да и не желал видеть перед собою господина Голядкина, потому что он вдруг на мгновение смутился и невольно выразил на лице своем какую-то странную, даже, можно сказать, недовольную мину. Так как, с своей стороны, господин Голядкин почти всегда как-то некстати опадал и терялся в те минуты, в которые случалось ему абордировать[5] кого-нибудь ради собственных делишек своих, то и теперь, не приготовив первой фразы, бывшей для него в таких случаях настоящим камнем преткновения, сконфузился препорядочно, что-то пробормотал, — впрочем, кажется, извинение, — и, не зная, что далее делать, взял стул и сел. Но, вспомнив, что уселся без приглашения, тотчас же почувствовал свое неприличие и поспешил поправить ошибку свою в незнании света и хорошего тона, немедленно встав с занятого им без приглашения места. Потом, опомнившись и смутно заметив, что сделал две глупости разом, решился, нимало не медля, на третью, то есть попробовал было принести оправдание, пробормотал кое-что, улыбаясь, покраснел, сконфузился, выразительно замолчал и, наконец, сел окончательно и уже не вставал более, а так только на всякий случай обеспечил себя тем же самым вызывающим взглядом, который имел необычайную силу мысленно испепелять и разгромлять в прах всех врагов господина Голядкина. Сверх того, этот взгляд вполне выражал независимость господина Голядкина, то есть говорил ясно, что господин Голядкин совсем ничего, что он сам по себе, как и все, и что его изба во всяком случае с краю. Крестьян Иванович кашлянул, крякнул, по-видимому в знак одобрения и согласия своего на все это, и устремил инспекторский, вопросительный взгляд на господина Голядкина.

— Я, Крестьян Иванович, — начал господин Голядкин с улыбкою,- пришел вас беспокоить вторично и теперь вторично осмеливаюсь просить вашего снисхождения... — Господин Голядкин, очевидно, затруднялся в словах.

— Гм... да! — проговорил Крестьян Иванович, выпустив изо рта струю дыма и кладя сигару на стол, — но вам нужно предписаний держаться; я ведь вам объяснял, что пользование ваше должно состоять в изменении привычек... Ну, развлечения; ну, там, друзей и знакомых должно посещать, а вместе с тем и бутылки врагом не бывать; равномерно держаться веселой компании.

---

[5] Абордировать (фр. aborder) — здесь: атаковать.

7

Господин Голядкин, все еще улыбаясь, поспешил заметить, что ему кажется, что он, как и все, что он у себя, что развлечения у него, как и у всех... что он, конечно, может ездить в театр, ибо тоже, как и все, средства имеет, что днем он в должности, а вечером у себя, что он совсем ничего; даже заметил тут же мимоходом, что он, сколько ему кажется, не хуже других, что он живет дома, у себя на квартире, и что, наконец, у него есть Петрушка. Тут господин Голядкин запнулся.

— Гм, нет, такой порядок не то, и я вас совсем не то хотел спрашивать. Я вообще знать интересуюсь, что вы, большой ли любитель веселой компании, пользуетесь ли весело временем... Ну, там, меланхолический или веселый образ жизни теперь продолжаете?

— Я, Крестьян Иванович...

— Гм... я говорю, — перебил доктор, — что вам нужно коренное преобразование всей вашей жизни иметь и в некотором смысле переломить свой характер. (Крестьян Иванович сильно ударил на слово «переломить» и остановился на минуту с весьма значительным видом). Не чуждаться жизни веселой; спектакли и клуб посещать и во всяком случае бутылки врагом не бывать. Дома сидеть не годится... вам дома сидеть никак невозможно.

— Я, Крестьян Иванович, люблю тишину, — проговорил господин Голядкин, бросая значительный взгляд на Крестьяна Ивановича и, очевидно, ища слов для удачнейшего выражения мысли своей, — в квартире только я да Петрушка... я хочу сказать: мой человек, Крестьян Иванович. Я хочу сказать, Крестьян Иванович, что я иду своей дорогой, особой дорогой, Крестьян Иванович. Я себе особо и, сколько мне кажется, ни от кого не завишу. Я, Крестьян Иванович, тоже гулять выхожу.

— Как?.. Да! Ну, нынче гулять не составляет никакой приятности; климат весьма нехороший.

— Да-с, Крестьян Иванович. Я, Крестьян Иванович, хоть и смирный человек, как я уже вам, кажется, имел честь объяснить, но дорога моя отдельно идет, Крестьян Иванович. Путь жизни широк... Я хочу... я хочу, Крестьян Иванович, сказать этим... Извините меня, Крестьян Иванович, я не мастер красно говорить.

— Гм... вы говорите...

— Я говорю, чтоб вы меня извинили, Крестьян Иванович, в том, что я, сколько мне кажется, не мастер красно говорить, — сказал господин Голядкин полуобиженным тоном, немного сбиваясь и путаясь. — В этом отношении я, Крестьян Иванович, не так, как другие, — прибавил он с какою-то особенною улыбкою, — и много говорить не умею; придавать слогу красоту не учился. Зато я, Крестьян Иванович, действую; зато я действую, Крестьян Иванович!

8

— Гм... Как же это... вы действуете? — отозвался Крестьян Иванович. Затем, на минутку, последовало молчание. Доктор как-то странно и недоверчиво взглянул на господина Голядкина. Господин Голядкин тоже в свою очередь довольно недоверчиво покосился на доктора.

— Я, Крестьян Иванович, — стал продолжать господин Голядкин все в прежнем тоне, немного раздраженный и озадаченный крайним упорством Крестьяна Ивановича, — я, Крестьян Иванович, люблю спокойствие, а не светский шум. Там у них, я говорю, в большом свете, Крестьян Иванович, нужно уметь паркеты лощить сапогами... (тут господин Голядкин немного пришаркнул по полу ножкой), там это спрашивают-с, и каламбур тоже спрашивают... комплимент раздушенный нужно уметь составлять-с... вот что там спрашивают. А я этому не учился, Крестьян Иванович, — хитростям этим всем я не учился; некогда было. Я человек простой, незатейливый, и блеска наружного нет во мне. В этом, Крестьян Иванович, я полагаю оружие; я кладу его, говоря в этом смысле.

— Все это господин Голядкин проговорил, разумеется, с таким видом, который ясно давал знать, что герой наш вовсе не жалеет о том, что кладет в этом смысле оружие и что он хитростям не учился, но что даже совершенно напротив. Крестьян Иванович, слушая его, смотрел вниз с весьма неприятной гримасой в лице и как будто заранее что-то предчувствовал. За тирадою господина Голядкина последовало довольно долгое и значительное молчание.

— Вы, кажется, немного отвлеклись от предмета, — сказал наконец Крестьян Иванович вполголоса, — я, признаюсь вам, не мог вас совершенно понять.

— Я не мастер красно говорить, Крестьян Иванович; я уже вам имел честь доложить, Крестьян Иванович, что я не мастер красно говорить, — сказал господин Голядкин, на этот раз резким и решительным тоном.

— Гм...

— Крестьян Иванович! — начал опять господин Голядкин тихим, но многозначащим голосом, отчасти в торжественном роде и останавливаясь на каждом пункте. — Крестьян Иванович! вошедши сюда, я начал извинениями. Теперь я повторяю прежнее и опять прошу вашего снисхождения на время. Мне, Крестьян Иванович, от вас скрывать нечего. Человек я маленький, сами вы знаете; но, к счастью моему, не жалею о том, что я маленький человек. Даже напротив, Крестьян Иванович; и, чтоб все сказать, я даже горжусь тем, что не большой человек, а маленький. Не интриант, — и этим тоже горжусь. Действую не втихомолку, а открыто, без хитростей, и хотя бы мог вредить в свою очередь, и очень бы мог, и даже знаю, над кем и как это сделать, Крестьян Иванович, но не хочу

9

замарать себя и в этом смысле умываю руки. В этом смысле, говорю, я их умываю, Крестьян Иванович! — Господин Голядкин на мгновение выразительно замолчал; говорил он с кротким одушевлением.

— Иду я, Крестьян Иванович, — стал продолжать наш герой, — прямо, открыто и без окольных путей, потому что их презираю и предоставляю это другим. Не стараюсь унизить тех, которые, может быть, нас с вами почище... то есть, я хочу сказать, нас с ними, Крестьян Иванович, я не хотел сказать с вами. Полуслов не люблю; мизерных двуличностей не жалую; клеветою и сплетней гнушаюсь. Маску надеваю лишь в маскарад, а не хожу с нею перед людьми каждодневно. Спрошу я вас только, Крестьян Иванович, как бы стали вы мстить врагу своему, злейшему врагу своему, — тому, кого бы вы считали таким? — заключил господин Голядкин, бросив вызывающий взгляд на Крестьяна Ивановича.

Хотя господин Голядкин проговорил все это донельзя отчетливо, ясно, с уверенностью, взвешивая слова и рассчитывая на вернейший эффект, но между тем с беспокойством, с большим беспокойством, с крайним беспокойством смотрел теперь на Крестьяна Ивановича. Теперь он обратился весь в зрение и робко, с досадным, тоскливым нетерпением ожидал ответа Крестьяна Ивановича. Но, к изумлению, и к совершенному поражению господина Голядкина, Крестьян Иванович что-то пробормотал себе под нос; потом придвинул кресла к столу и довольно сухо, но, впрочем, учтиво объявил ему что-то вроде того, что ему время дорого, что он как-то не совсем понимает; что, впрочем, он, чем может, готов служить, по силам, но что все дальнейшее и до него не касающееся он оставляет. Тут он взял перо, придвинул бумагу, выкроил из нее докторской формы лоскутик и объявил, что тотчас пропишет что следует.

— Нет-с, не следует, Крестьян Иванович! нет-с, это вовсе не следует! — проговорил господин Голядкин, привстав с места и хватая Крестьяна Ивановича за правую руку, — этого, Крестьян Иванович, здесь вовсе не надобно...

А между тем, покамест говорил это все господин Голядкин, в нем произошла какая-то странная перемена. Серые глаза его как-то странно блеснули, губы его задрожали, все мускулы, все черты лица его заходили, задвигались. Сам он весь дрожал. Последовав, первому движению своему и остановив руку Крестьяна Ивановича, господин Голядкин стоял теперь неподвижно, как будто сам не доверяя себе и ожидая вдохновения для дальнейших поступков.

Тогда произошла довольно странная сцена.

Немного озадаченный, Крестьян Иванович на мгновение будто прирос к своему креслу и, потерявшись, смотрел во все глаза господину Голядкину, который таким же образом смотрел на него. Наконец

Крестьян Иванович встал, придерживаясь немного за лацкан вицмундира господина Голядкина. Несколько секунд стояли они таким образом оба, неподвижно и не сводя глаз друг с друга. Тогда, впрочем, необыкновенно странным образом, разрешилось и второе движение господина Голядкина. Губы его затряслись, подбородок запрыгал, и герой наш заплакал совсем неожиданно. Всхлипывая, кивая головой и ударяя себя в грудь правой рукою, а левой схватив тоже за лацкан домашней одежды Крестьяна Ивановича, хотел было он говорить и в чем-то немедленно объясниться, но не мог и слова сказать. Наконец Крестьян Иванович опомнился от своего изумления.

— Полноте, успокойтесь, садитесь! — проговорил он, наконец, стараясь посадить господина Голядкина в кресла.

— У меня есть враги, Крестьян Иванович, у меня есть враги; у меня есть злые враги, которые меня погубить поклялись... — отвечал господин Голядкин боязливо и шепотом.

— Полноте, полноте; что враги! не нужно врагов поминать! это совершенно не нужно. Садитесь, садитесь, — продолжал Крестьян Иванович, усаживая господина Голядкина окончательно в кресла.

Господин Голядкин уселся, наконец, не сводя глаз с Крестьяна Ивановича. Крестьян Иванович с крайне недовольным видом стал шагать из угла в угол своего кабинета. Последовало долгое молчание.

— Я вам благодарен, Крестьян Иванович, весьма благодарен и весьма чувствую все, что вы для меня теперь сделали. По гроб не забуду я ласки вашей, Крестьян Иванович, — сказал, наконец, господин Голядкин, с обиженным видом вставая со стула.

— Полноте, полноте! я вам говорю, полноте! — отвечал довольно строго Крестьян Иванович на выходку господина Голядкина, еще раз усаживая его на место. — Ну, что у вас? расскажите мне, что у вас есть там теперь неприятного, — продолжал Крестьян Иванович, — и о каких врагах говорите вы? Что у вас есть там такое?

— Нет, Крестьян Иванович, мы лучше это оставим теперь, — отвечал господин Голядкин, опустив глаза в землю, — лучше отложим все это в сторону, до времени... до другого времени, Крестьян Иванович, до более удобного времени, когда все обнаружится, и маска спадет с некоторых лиц, и кое-что обнажится. А теперь покамест, разумеется, после того, что с нами случилось... вы согласитесь сами, Крестьян Иванович... Позвольте пожелать вам доброго утра, Крестьян Иванович, — сказал господин Голядкин, в этот раз решительно и серьезно вставая с места и хватаясь за шляпу.

— А, ну ... как хотите... гм...(Последовало минутное молчание.) Я, с моей стороны, вы знаете, что могу... и искренне вам добра желаю.

— Понимаю вас, Крестьян Иванович, понимаю; я вас совершенно понимаю теперь… Во всяком случае, извините меня, что я вас обеспокоил, Крестьян Иванович.

— Гм…Нет, я вам не то хотел говорить. Впрочем, как угодно. Медикаменты попрежнему продолжайте…

— Буду продолжать медикаменты, как вы говорите, Крестьян Иванович, буду продолжать и в той же аптеке брать буду… Нынче и аптекарем быть, Крестьян Иванович, уже важное дело…

— Как? в каком смысле вы хотите сказать?

— В весьма обыкновенном смысле, Крестьян Иванович. Я хочу сказать, что нынче так свет пошел…

— Гм…

— И что всякий мальчишка, не только аптекарский, перед порядочным человеком нос задирает теперь.

— Гм… Как же вы это понимаете?

— Я говорю, Крестьян Иванович, про известного человека… про общего нам знакомого, Крестьян Иванович, например, хоть про Владимира Семеновича…

— А!

— Да, Крестьян Иванович; и я знаю некоторых людей, Крестьян Иванович, которые не слишком-то держатся общего мнения, чтоб иногда правду сказать.

— А!.. Как же это?

— Да уж так-с; это, впрочем, постороннее дело; умеют этак иногда поднести коку с соком[6].

— Что? что поднести?

— Коку с соком, Крестьян Иванович; это пословица русская. Умеют иногда кстати поздравить кого-нибудь, например, есть такие люди, Крестьян Иванович.

— Поздравить?

— Да-с, поздравить, Крестьян Иванович, как сделал на днях один из моих коротких знакомых…

— Один из ваших коротких знакомых… а! как же это? — сказал Крестьян Иванович, внимательно взглянув на господина Голядкина.

— Да-с, один из моих близких знакомых поздравил с чином, с получением асессорского чина[7], другого весьма близкого тоже знакомого,

---

[6] Кока с соком — лакомство, гостинец, в переносном смысле — нежданное «угощение», неприятность.

[7] Коллежский асессор — с 1717 по 1917 год гражданский чин, занявший с 1722 года место VIII класса в Табели о рангах.

и вдобавок приятеля, как говорится, сладчайшего друга. Этак к слову пришлось. «Чувствительно, дескать, говорят, рад случаю принести вам, Владимир Семенович, мое поздравление, искреннее мое поздравление в получении чина. И тем более рад, что нынче, как всему свету известно, вывелись бабушки, которые ворожат». — Тут господин Голядкин плутовски кивнул головой и, прищурясь, посмотрел на Крестьяна Ивановича...

— Гм... Так это сказал...

— Сказал, Крестьян Иванович, сказал, да тут же и взглянул на Андрея Филипповича, на дядю-то нашего нещечка[8], Владимира Семеновича. Да что мне, Крестьян Иванович, что он асессором сделан? Мне-то что тут? Да жениться хочет, когда еще молоко, с позволения сказать, на губах не обсохло. Так-таки и сказал. Дескать, говорю, Владимир Семенович! Я теперь все сказал; позвольте же мне удалиться.

— Гм...

— Да, Крестьян Иванович, позвольте же мне теперь, говорю, удалиться. Да тут, чтоб уж разом двух воробьев одним камнем убить, — как срезал молодца-то на бабушках, — и обращаюсь к Кларе Олсуфьевне (дело-то было третьего дня у Олсуфья Ивановича), — а она только что романс пропела чувствительный, — говорю, дескать, «чувствительно пропеть вы романс изволили, да только слушают-то вас не от чистого сердца». И намекаю тем ясно, понимаете, Крестьян Иванович, намекаю тем ясно, что ищут-то теперь не в ней, а подальше...

— А! ну что же он?

— Лимон съел, Крестьян Иванович, как по пословице говорится.

— Гм...

— Да-с, Крестьян Иванович. Тоже и старику самому говорю, — дескать, Олсуфий Иванович, говорю, я знаю, чем обязан я вам, ценю вполне благодеяния ваши, которыми почти с детских лет моих вы осыпали меня. Но откройте глаза, Олсуфий Иванович, говорю. Посмотрите. Я сам дело начистоту и открыто веду, Олсуфий Иванович.

— А, вот как!

— Да, Крестьян Иванович. Оно вот как...

— Что ж он?

— Да что он, Крестьян Иванович! мямлит; и того и сего, и я тебя знаю, и что его превосходительство благодетельный человек — и пошел, и размазался... Да ведь что ж? от старости, как говорится, покачнулся порядком.

— А! так вот как теперь!

---

[8] Нещечко — сокровище.

— Да, Крестьян Иванович. И все-то мы так, чего! старикашка! в гроб смотрит, дышит на ладан, как говорится, а сплетню бабью заплетут какую-нибудь, так он уж тут слушает; без него невозможно…

— Сплетню, вы говорите?

— Да, Крестьян Иванович, заплели они сплетню. Замешал свою руку сюда и наш медведь и племянник его, наше нещечко; связались они с старухами, разумеется, и состряпали дело. Как бы вы думали? Что они выдумали, чтоб убить человека?..

— Чтоб убить человека?

— Да, Крестьян Иванович, чтоб убить человека, нравственно убить человека. Распустили они… я все про моего близкого знакомого говорю…

Крестьян Иванович кивнул головою.

— Распустили они насчет его слух… Признаюсь вам, мне даже совестно говорить, Крестьян Иванович…

— Гм…

— Распустили они слух, что он уже дал подписку жениться, что он уже жених с другой стороны… И как бы вы думали, Крестьян Иванович, на ком?

— Право?

— На кухмистерше, на одной неблагопристойной немке, у которой обеды берет; вместо заплаты долгов руку ей предлагает.

— Это они говорят?

— Верите ли, Крестьян Иванович? Немка, подлая, гадкая, бесстыдная немка, Каролина Ивановна, если известно вам…

— Я, признаюсь, с моей стороны…

— Понимаю вас, Крестьян Иванович, понимаю и с своей стороны это чувствую…

— Скажите мне, пожалуйста, где вы живете теперь?

— Где я живу теперь, Крестьян Иванович?

— Да… я хочу… вы прежде, кажется, жили…

— Жил, Крестьян Иванович, жил, жил и прежде. Как же не жить! — отвечал господин Голядкин, сопровождая слова свои маленьким смехом и немного смутив ответом своим Крестьяна Ивановича.

— Нет, вы не так это приняли; я хотел с своей стороны…

— Я тоже хотел, Крестьян Иванович, с своей стороны, я тоже хотел, — смеясь, продолжал господин Голядкин. — Однако ж я, Крестьян Иванович, у вас засиделся совсем. Вы, надеюсь, позволите мне теперь… пожелать вам доброго утра…

— Гм…

— Да, Крестьян Иванович, я вас понимаю; я вас теперь вполне

14

понимаю, — сказал наш герой, немного рисуясь перед Крестьяном Ивановичем. — Итак, позвольте вам пожелать доброго утра…

Тут герой наш шаркнул ножкой и вышел из комнаты, оставив в крайнем изумлении Крестьяна Ивановича. Сходя с докторской лестницы, он улыбался и радостно потирал себе руки. На крыльце, дохнув свежим воздухом и почувствовав себя на свободе, он даже действительно готов был признать себя счастливейшим смертным и потом прямо отправиться в департамент, — как вдруг у подъезда загремела карета; он взглянул и все вспомнил. Петрушка отворял уже дверцы. Какое-то странное и крайне неприятное ощущение охватило всего господина Голядкина. Он как будто бы покраснел на мгновение. Что-то кольнуло его. Он уже стал было заносить свою ногу на подножку кареты, как вдруг обернулся и посмотрел на окна Крестьяна Ивановича. Так и есть! Крестьян Иванович стоял у окна, поглаживал правой рукой свои бакенбарды и довольно любопытно смотрел на героя нашего.

«Этот доктор глуп, — подумал господин Голядкин, забиваясь в карету, — крайне глуп. Он, может быть, и хорошо своих больных лечит, а все-таки… глуп, как бревно». Господин Голядкин уселся, Петрушка крикнул: «Пошел!» — и карета покатилась опять на Невский проспект.

III

Все это утро прошло в страшных хлопотах у господина Голядкина. Попав на Невский проспект, герой наш приказал остановиться у Гостиного двора. Выпрыгнув из своего экипажа, побежал он под аркаду, в сопровождении Петрушки, и пошел прямо в лавку серебряных и золотых изделий. Заметно было уже по одному виду господина Голядкина, что у него хлопот полон рот и дела страшная куча. Сторговав полный обеденный и чайный сервиз с лишком на тысячу пятьсот рублей ассигнациями и выторговав себе в эту сумму затейливой формы сигарочницу и полный серебряный прибор для бритья бороды, прицениввшись, наконец, еще к кое-каким в своем роде полезным и приятным вещицам, господин Голядкин кончил тем, что обещал завтра же зайти непременно или даже сегодня прислать за сторгованным, взял нумер лавки и, выслушав внимательно купца, хлопотавшего о задаточке, обещал в свое время и задаточек. После чего он поспешно распростился с недоумевающим купцом и пошел вдоль по линии, преследуемый целой стаей сидельцев, поминутно оглядываясь назад на Петрушку и тщательно отыскивая какую-нибудь новую лавку. Мимоходом забежал он в меняльную лавочку и разменял всю свою крупную бумагу на мелкую, и хотя потерял на промене, но зато все-таки разменял, и бумажник его значительно потолстел, что, по-видимому, доставило ему крайнее удовольствие. Наконец, остановился он в магазине разных дамских материй. Наторговав опять на знатную сумму, господин Голядкин и здесь обещал купцу зайти непременно, взял нумер лавки и, на вопрос о задаточке, опять повторил, что будет в свое время и задаточек. Потом посетил и еще несколько лавок; во всех торговал, приценялся к разным вещицам, спорил долго с купцами, уходил из лавки и раза по три возвращался, — одним словом, оказывал необыкновенную деятельность. Из Гостиного двора герой наш отправился в один известный мебельный магазин, где сторговал мебели на шесть комнат, полюбовался одним модным и весьма затейливым дамским туалетом в последнем вкусе и, уверив купца, что пришлет за всем непременно, вышел из магазина, по своему обычаю, с обещанием задаточка, потом заехал еще кое-куда и поторговал кое-что. Одним словом, не было, по-видимому, конца его хлопотам. Наконец все это, кажется, сильно стало надоедать самому господину Голядкину. Даже, и бог знает по какому случаю, стали его терзать ни того ни с сего угрызения совести. Ни за что бы не согласился он теперь встретиться, например, с Андреем Филипповичем или хоть с Крестьяном Ивановичем. Наконец, городские часы пробили три пополудни. Когда господин Голядкин сел окончательно в карету, из всех приобретений, сделанных им в это утро, оказалась в действительности лишь одна пара перчаток и стклянка духов в полтора рубля ассигнациями. Так как для господина Голядкина было еще довольно рано, то он и приказал своему кучеру остановиться возле одного известного ресторана на Невском проспекте, о котором доселе он знал лишь понаслышке, вышел из кареты и побежал закусить, отдохнуть и выждать известное время.

Закусив так, как закусывает человек, у которого в перспективе богатый званый обед, то есть перехватив кое-что, чтобы, как говорится, червячка заморить, и выпив одну рюмочку водки, господин Голядкин уселся в креслах и, скромно осмотревшись кругом, мирно пристроился к одной тощей национальной газетке[9]. Прочтя строчки две, он встал,

---

[9] Имеется в виду российская официозная политическая и литературная газета «Северная пчела», негласный орган III Отделения, издававшаяся в Санкт-Петербурге в 1825—1864.

посмотрелся в зеркало, оправился и огладился; потом подошел к окну и поглядел, тут ли его карета… потом опять сел на место и взял газету. Заметно было, что герой наш был в крайнем волнении. Взглянув на часы и видя, что еще только четверть четвертого, следовательно, еще остается порядочно ждать, а вместе с тем и рассудив, что так сидеть неприлично, господин Голядкин приказал подать себе шоколаду, к которому, впрочем, в настоящее время большой охоты не чувствовал. Выпив шоколад и заметив, что время немного подвинулось, вышел он расплатиться. Вдруг кто-то ударил его по плечу.

Он обернулся и увидел пред собою своих сослуживцев-товарищей, тех самых, с которыми встретился утром на Литейной, — ребят еще весьма молодых и по летам и по чину. Герой наш был с ними ни то ни се, ни в дружбе, ни в открытой вражде. Разумеется, соблюдалось приличие с обеих сторон; дальнейшего же сближения не было, да и быть не могло. Встреча в настоящее время была крайне неприятна господину Голядкину. Он немного поморщился и на минуту смешался.

— Яков Петрович, Яков Петрович! — защебетали оба регистратора, — вы здесь? по какому…

— А! это вы, господа! — перебил поспешно господин Голядкин, немного сконфузясь и скандализируясь изумлением чиновников и вместе с тем короткостию их обращения, но, впрочем, делая развязного и молодца поневоле. — Дезертировали, господа, хе-хе-хе!.. — Тут даже, чтоб не уронить себя и снизойти до канцелярского юношества, с которым всегда был в должных границах, он попробовал было потрепать одного юношу по плечу; но популярность в этом случае не удалась господину Голядкину, и, вместо прилично-короткого жеста, вышло что-то совершенно другое.

— Ну, а что, медведь наш сидит?..

— Кто это, Яков Петрович?

— Ну, медведь-то, будто не знаете, кого медведем зовут?.. — Господин Голядкин засмеялся и отвернулся к приказчику взять с него сдачу. — Я говорю про Андрея Филипповича, господа, — продолжал он, кончив с приказчиком и на этот раз с весьма серьезным видом обратившись к чиновникам. Оба регистратора значительно перемигнулись друг с другом.

— Сидит еще и вас спрашивает, Яков Петрович, — отвечал один из них.

— Сидит, а! В таком случае пусть его сидит, господа! И меня спрашивал, а?

— Спрашивал, Яков Петрович; да что это с вами, раздушены, распомажены, франтом таким?..

— Так, господа, это так! Полноте… — отвечал господин Голядкин, смотря в сторону и напряженно улыбнувшись. Видя, что господин Голядкин улыбается, чиновники расхохотались. Господин Голядкин немного надулся.

— Я вам скажу, господа, по-дружески, — сказал немного помолчав, наш герой, как будто (так уж и быть) решившись открыть что-то чиновникам, — вы, господа, все меня знаете, но до сих пор знали только с одной стороны. Пенять в этом случае не на кого, и отчасти, сознаюсь, я был сам виноват.

Господин Голядкин сжал губы и значительно взглянул на чиновников. Чиновники снова перемигнулись.

— До сих пор, господа, вы меня не знали. Объясняться теперь и здесь будет не совсем-то кстати. Скажу вам только кое-что мимоходом и вскользь. Есть люди, господа, которые не любят окольных путей и маскируются только для маскарада. Есть люди, которые не видят прямого человеческого назначения в ловком уменье лощить паркет сапогами. Есть и такие люди, господа, которые не будут говорить, что счастливы и живут вполне, когда, например, на них хорошо сидят панталоны. Есть, наконец, люди которые не любят скакать и вертеться по-пустому, заигрывать и подлизываться, а главное, господа, совать туда свой нос, где его вовсе не спрашивают… Я, господа, сказал почти все; позвольте ж мне теперь удалиться…

Господин Голядкин остановился. Так как господа регистраторы были теперь удовлетворены вполне, то вдруг оба крайне неучтиво покатились со смеха. Господин Голядкин вспыхнул.

— Смейтесь, господа, смейтесь покамест! Поживете — увидите, — сказал он с чувством оскорбленного достоинства, взяв свою шляпу и ретируясь к дверям.

— Но скажу более, господа,- прибавил он, обращаясь в последний раз к господам регистраторам, — скажу более — оба вы здесь со мной глаз на глаз. Вот, господа, мои правила: не удастся — креплюсь, удастся — держусь и во всяком случае никого не подкапываю. Не интригант — и этим горжусь. В дипломаты бы я не годился. Говорят еще, господа, что птица сама летит на охотника. Правда, и готов согласиться: но кто здесь охотник, кто птица? Это еще вопрос, господа!

Господин Голядкин красноречиво умолк и с самой значительной миной, то есть подняв брови и сжав губы донельзя, раскланялся с господами чиновниками и потом вышел, оставя их в крайнем изумлении.

— Куда прикажете? — спросил довольно сурово Петрушка, которому уже наскучило, вероятно, таскаться по холоду. — Куда прикажете? —

спросил он господина Голядкина, встречая его страшный, все уничтожающий взгляд, которым герой наш уже два раза обеспечивал себя в это утро и к которому прибегнул теперь в третий раз, сходя с лестницы.

— К Измайловскому мосту.

— К Измайловскому мосту! Пошел!

«Обед у них начинается не раньше как в пятом или даже в пять часов, — думал господин Голядкин, — не рано ль теперь? Впрочем, ведь я могу и пораньше; да к тому же и семейный обед. Я этак могу сан-фасон[10][3], как между порядочными людьми говорится. Отчего же бы мне нельзя сан-фасон? Медведь наш тоже говорил, что будет все сан-фасон, а потому и я тоже...» Так думал господин Голядкин; а между тем волнение его все более и более увеличивалось. Заметно было, что он готовится к чему-то весьма хлопотливому, чтоб не сказать более, шептал про себя, жестикулировал правой рукой, беспрерывно поглядывал в окна кареты, так что, смотря теперь на господина Голядкина, право бы никто не сказал, что он сбирается хорошо пообедать, запросто, да еще в своем семейном кругу, — сан-фасон, как между порядочными людьми говорится. Наконец у самого Измайловского моста господин Голядкин указал на один дом; карета с громом вкатилась в ворота и остановилась у подъезда правого фаса. Заметив одну женскую фигуру в окне второго этажа, господин Голядкин послал ей рукой поцелуй. Впрочем, он не знал сам, что делает, потому что решительно был ни жив ни мертв в эту минуту. Из кареты он вышел бледный, растерянный; взошел на крыльцо, снял свою шляпу, машинально оправился и, чувствуя, впрочем, маленькую дрожь в коленках, пустился по лестнице.

— Олсуфий Иванович? — спросил он отворившего ему человека.

— Дома-с, то есть нет-с, их нет дома-с.

— Как? что ты, мой милый? Я — я на обед, братец. Ведь ты меня знаешь?

— Как не знать-с! Принимать вас не велено-с.

— Ты... ты, братец... ты, верно, ошибаешься, братец. Это я. Я, братец, приглашен; я на обед, — проговорил господин Голядкин, сбросив шинель и показывая очевидное намерение отправиться в комнаты.

— Позвольте-с, нельзя-с. Не велено принимать-с, вам отказывать велено. Вот как!

Господин Голядкин побледнел. В это самое время дверь из внутренних комнат отворилась и вошел Герасимыч, старый камердинер Олсуфия Ивановича.

— Вот они, Емельян Герасимович, войти хотят, а я...

---

[10] Сан-фасон (фр. sans façon) — без церемоний, запросто.

— А вы дурак, Алексеич. Ступайте в комнаты, а сюда пришлите подлеца Семеныча. Нельзя-с, — сказал он учтиво, но решительно обращаясь к господину Голядкину. — Никак невозможно-с. Просят извинить-с; не могут принять-с.

— Они так и сказали, что не могут принять? — нерешительно спросил господин Голядкин. — Вы извините, Герасимыч. Отчего же никак невозможно?

— Никак невозможно-с. Я докладывал-с; сказали: проси извинить. Не могут, дескать, принять-с.

— Отчего же? как же это? как…

— Позвольте, позвольте!..

— Однако как же это так? Так нельзя! Доложите… Как же это так? я на обед…

— Позвольте, позвольте!..

— А, ну впрочем, это дело другое — извинить просят; однако ж позвольте, Герасимыч, как это, Герасимыч?

— Позвольте, позвольте! — возразил Герасимыч, весьма решительно отстраняя рукой господина Голядкина и давая широкую дорогу двум господам, которые в это самое мгновение входили в прихожую.

Входившие господа были: Андрей Филиппович и племянник его, Владимир Семенович. Оба они с недоумением посмотрели на господина Голядкина. Андрей Филиппович хотел было что-то заговорить, но господин Голядкин уже решился; он уже выходил из прихожей Олсуфия Ивановича, опустив глаза, покраснев, улыбаясь, с совершенно потерянной физиономией.

— Я зайду после, Герасимыч; я объяснюсь; я надеюсь, что все это не замедлит своевременно объясниться,- проговорил он на пороге.

— Яков Петрович, Яков Петрович!.. — послышался голос последовавшего за господином Голядкиным Андрея Филипповича.

Господин Голядкин находился тогда уже на первой забежной площадке. Он быстро оборотился к Андрею Филипповичу.

— Что вам угодно, Андрей Филиппович? — сказал он довольно решительным тоном.

— Что это с вами, Яков Петрович? Каким образом?..

— Ничего-с, Андрей Филиппович. Я здесь сам по себе. Это моя частная жизнь, Андрей Филиппович.

— Что такое-с?

— Я говорю, Андрей Филиппович, что это моя частная жизнь и что здесь, сколько мне кажется, ничего нельзя найти предосудительного, касательно официальных отношений моих.

— Как! касательно официальных… Что с вами, сударь такое?

— Ничего, Андрей Филиппович, совершенно ничего; дерзкая девчонка, больше ничего…

— Что!.. что?! — Андрей Филиппович потерялся от изумления. Господин Голядкин, который доселе, разговаривая с низу лестницы с Андреем Филипповичем, смотрел так, что, казалось, готов был ему прыгнуть прямо в глаза, — видя, что начальник отделения немного смешался, сделал, почти неведомо себе, шаг вперед. Андрей Филиппович подался назад. Господин Голядкин переступил еще и еще ступеньку. Андрей Филиппович беспокойно осмотрелся кругом. Господин Голядкин вдруг быстро поднялся на лестницу. Еще быстрее прыгнул Андрей Филиппович в комнату и захлопнул дверь за собою. Господин Голядкин остался один. В глазах у него потемнело. Он сбился совсем и стоял теперь в каком-то бестолковом раздумье, как будто припоминая о каком-то тоже крайне бестолковом обстоятельстве, весьма недавно случившемся. «Эх, эх!» — прошептал он, улыбаясь с натуги. Между тем на лестнице, внизу, послышались голоса и шаги, вероятно новых гостей, приглашенных Олсуфием Ивановичем. Господин Голядкин отчасти опомнился, поскорее поднял повыше свой енотовый воротник, прикрылся им по возможности и стал, ковыляя, семеня, торопясь и спотыкаясь, сходить с лестницы. Чувствовал он в себе какое-то ослабление и онемение. Смущение его было в такой сильной степени, что, вышед на крыльцо, он не подождал и кареты, а сам пошел прямо через грязный двор до своего экипажа. Подойдя к своему экипажу и приготовляясь в нем поместиться, господин Голядкин мысленно обнаружил желание провалиться сквозь землю или спрятаться хоть в мышиную щелочку вместе с каретой. Ему казалось, что все, что ни есть в доме Олсуфия Ивановича, вот так и смотрит теперь на него из всех окон. Он знал, что непременно тут же на месте умрет, если обернется назад.

— Что ты смеешься, болван? — сказал он скороговоркой Петрушке, который приготовился было его подсадить в карету.

— Да что мне смеяться-то? я ничего; куда теперь ехать?

— Ступай домой, поезжай…

— Пошел домой! — крикнул Петрушка, взмостясь на запятки.

«Эко горло воронье!» — подумал господин Голядкин. Между тем карета уже довольно далеко отъехала за Измайловский мост. Вдруг герой наш из всей силы дернул снурок и закричал своему кучеру немедленно воротиться назад. Кучер поворотил лошадей и через две минуты въехал опять во двор к Олсуфию Ивановичу. «Не нужно, дурак, не нужно; назад!» — прокричал господин Голядкин, — и кучер словно ожидал такого приказания: не возражая ни на что, не останавливаясь у подъезда и объехав кругом весь двор, выехал снова на улицу.

Домой господин Голядкин не поехал, а, миновав Семеновский мост, приказал поворотить в один переулок и остановиться возле трактира довольно скромной наружности. Вышед из кареты, герой наш расплатился с извозчиком и, таким образом, избавился наконец от своего экипажа, Петрушке приказал идти домой и ждать его возвращения, сам же вошел в трактир, взял особенный нумер и приказал подать себе пообедать. Чувствовал он себя весьма дурно, а голову свою в полнейшем разброде и в хаосе. Долго ходил он в волнении по комнате; наконец, сел на стул, подпер себе лоб руками и начал всеми силами стараться обсудить и разрешить кое-что относительно настоящего своего положения…

IV

День, торжественный день рождения Клары Олсуфьевны, единородной дочери статского советника Берендеева, в одно время благодетеля господина Голядкина, — день, ознаменовавшийся блистательным, великолепным званым обедом, таким обедом, какого давно не видали в стенах чиновничьих квартир у Измайловского моста и около, — обедом, который походил более на какой-то пир вальтасаровский[11], чем на обед, — который отзывался чем-то вавилонским в отношении блеска, роскоши и приличия, с шампанским-клико, с устрицами и плодами Елисеева и Милютиных лавок[12], со всякими упитанными тельцами и чиновною табелью о рангах, — этот торжественный день, ознаменовавшийся таким торжественным обедом, заключился блистательным балом, семейным, маленьким, родственным балом, но все-таки блистательным в отношении вкуса, образованности и приличия. Конечно, я совершенно согласен, такие балы бывают, но редко. Такие балы, более похожие на семейные радости, чем на балы, могут лишь даваться в таких домах, как, например, дом статского советника[13]

---

[11] Пир вальтасаровский — роскошный, беспечный.

[12] Елисеев и Милютин — купцы, хозяева крупнейших в тогдашнем Петербурге магазинов гастрономических товаров и фруктов.

[13] Статский советник — гражданский (статский) чин V класса в российской Табели о рангах до 1917 года.

Берендеева. Скажу более: я даже сомневаюсь, чтоб у всех статских советников могли даваться такие балы. О, если бы я был поэт! — разумеется, по крайней мере такой, как Гомер или Пушкин; с меньшим талантом соваться нельзя — я бы непременно изобразил вам яркими красками и широкою кистью, о читатели! весь этот высокоторжественный день. Нет, я бы начал свою поэму обедом, я особенно бы налег на то поразительное и вместе с тем торжественное мгновение, когда поднялась первая заздравная чаша в честь царицы праздника. Я изобразил бы вам, во-первых, этих гостей, погруженных в благоговейное молчание и ожидание, более похожее на демосфеновское красноречие, чем на молчание. Я изобразил бы вам потом Андрея Филипповича, как старшего из гостей, имеющего даже некоторое право на первенство, украшенного сединами и приличными седине орденами, вставшего с места и поднявшего над головою заздравный бокал с искрометным вином, — вином, нарочно привозимым из одного отдаленного королевства[14], чтоб запивать им подобные мгновения, — вином, более похожим на божественный нектар, чем на вино. Я изобразил бы вам гостей и счастливых родителей царицы праздника, поднявших тоже свои бокалы вслед за Андреем Филипповичем и устремивших на него полные ожидания очи[15]. Я изобразил бы вам, как этот часто поминаемый Андрей Филиппович, уронив сначала слезу в бокал, проговорил поздравление и пожелание, провозгласил тост и выпил за здравие… Но, сознаюсь, вполне сознаюсь, не мог бы я изобразить всего торжества — той минуты, когда сама царица праздника, Клара Олсуфьевна, краснея, как вешняя роза, румянцем блаженства и стыдливости, от полноты чувств упала в объятия нежной матери, как прослезилась нежная мать и как зарыдал при сем случае сам отец, маститый старец и статский советник Олсуфий Иванович, лишившийся употребления ног на долговременной службе и вознагражденный судьбою за таковое усердие капитальцем, домком, деревеньками и красавицей дочерью, — зарыдал, как ребенок, и провозгласил сквозь слезы, что его превосходительство благодетельный человек. Я бы не мог, да, именно не мог бы изобразить вам и неукоснительно последовавшего за сей минутою всеобщего увлечения сердец — увлечения, ясно выразившегося даже поведением одного юного регистратора (который в это мгновение походил более на статского советника, чем на регистратора), тоже прослезившегося, внимая Андрею Филипповичу. В свою очередь Андрей Филиппович в это торжественное мгновение вовсе

---

[14] Подразумевается Франция — родина бургундских и шампанских вин.
Иронически использованная цитата из девятой главы первого тома
[15] «Мёртвых душ»: «…зачем всё, что ни есть в тебе, обратило на меня полные ожидания очи?».

23

не походил на коллежского советника[16] и начальника отделения в одном департаменте, — нет, он казался чем-то другим... я не знаю только, чем именно, но не коллежским советником. Он был выше! Наконец... о! для чего я не обладаю тайною слога высокого, сильного, слога торжественного, для изображения всех этих прекрасных и назидательных моментов человеческой жизни, как будто нарочно устроенных для доказательства, как иногда торжествует добродетель над неблагонамеренностью, вольнодумством, пороком и завистью! Я ничего не скажу, но молча — что будет лучше всякого красноречия — укажу вам на этого счастливого юношу, вступающего в свою двадцать шестую весну, — на Владимира Семеновича, племянника Андрея Филипповича, который встал в свою очередь с места, который провозглашает в свою очередь тост и на которого устремлены слезящиеся очи родителей царицы праздника, гордые очи Андрея Филипповича, стыдливые очи самой царицы праздника, восторженные очи гостей и даже прилично завистливые очи некоторых молодых сослуживцев этого блестящего юноши. Я не скажу ничего, хотя не могу не заметить, что все в этом юноше, — который более похож на старца, чем на юношу, говоря в выгодном для него отношении, — все, начиная с цветущих ланит до самого асессорского, на нем лежавшего чина, все это в сию торжественную минуту только что не проговаривало, что, дескать, до такой-то высокой степени может благонравие довести человека! Я не буду описывать, как, наконец, Антон Антонович Сеточкин, столоначальник одного департамента, сослуживец Андрея Филипповича и некогда Олсуфия Ивановича, вместе с тем старинный друг дома и крестный отец Клары Олсуфьевны, — старичок, как лунь сеченький, в свою очередь предлагая тост, пропел петухом и проговорил веселые вирши; как он таким приличным забвением приличия, если можно так выразиться, рассмешил до слез целое общество и как сама Клара Олсуфьевна за такую веселость и любезность поцеловала его, по приказанию родителей. Скажу только, что, наконец, гости, которые после такого обеда, естественно должны были чувствовать себя друг другу родными и братьями, встали из-за стола; как потом старички и люди солидные, после недолгого времени, употребленного на дружеский разговор и даже на кое-какие, разумеется, весьма приличные и любезные откровенности, чинно прошли в другую комнату и, не теряя золотого времени, разделившись на партии, с чувством собственного достоинства сели за столы, обтянутые зеленым сукном; как дамы, усевшись в гостиной, стали вдруг все необыкновенно любезны и начали разговаривать о разных материях; как, наконец, сам высокоуважаемый хозяин дома, лишившийся употребления ног на службе верою и правдой и награжденный за это

---

[16] Коллежский советник — гражданский чин VI класса в Табели о рангах.

всем, чем выше упомянуто было, стал расхаживать на костылях между гостями своими, поддерживаемый Владимиром Семеновичем и Кларой Олсуфьевной, и как, вдруг сделавшись тоже необыкновенно любезным, решился импровизировать маленький скромный бал, несмотря на издержки; как для сей цели командирован был один расторопный юноша (тот самый, который за обедом более похож был на статского советника, чем на юношу) за музыкантами; как потом прибыли музыканты в числе целых одиннадцати штук и как, наконец, ровно в половине девятого раздались призывные звуки французской кадрили и прочих различных танцев... Нечего уже и говорить, что перо мое слабо, вяло и тупо для приличного изображения бала, импровизированного необыкновенною любезностью седовласого хозяина. Да и как, спрошу я, как могу я, скромный повествователь весьма, впрочем, любопытных в своем роде приключений господин Голядкина, — как могу я изобразить эту необыкновенную и благопристойную смесь красоты, блеска, приличия, веселости, любезной солидности и солидной любезности, резвости, радости, все эти игры и смехи всех этих чиновных дам, более похожих на фей, чем на дам, — говоря в выгодном для них отношении, — с их лилейно-розовыми плечами и личиками, с их воздушными станами, с их резво-игривыми, гомеопатическими, говоря высоким слогом, ножками? Как изображу я вам, наконец, этих блестящих чиновных кавалеров, веселых и солидных, юношей и степенных, радостных и прилично туманных, курящих в антрактах между танцами в маленькой отдаленной зеленой комнате трубку и не курящих в антрактах трубки, — кавалеров, имевших на себе, от первого до последнего, приличный чин и фамилию, — кавалеров, глубоко проникнутых чувством изящного, чувством собственного достоинства; кавалеров, говорящих большею частию на французском языке с дамами, а если на русском, то выражениями самого высокого тона, комплиментами и глубокими фразами, — кавалеров, разве только в трубочной позволяющих себе некоторые любезные отступления от языка высшего тона, некоторые фразы дружеской и любезной короткости, вроде таких, например: «что, дескать, ты, такой-сякой, Петька, славно польку откалывал», или: «что, дескать, ты, такой-сякой, Вася, пришпандорил-таки свою дамочку, как хотел». На все это, как уже выше имел я честь объяснять вам, о читатели! недостает мне пера моего, и потому я молчу. Обратимся лучше к господину Голядкину, единственному истинному герою весьма правдивой повести нашей.

Дело в том, что он находился теперь в весьма странном, чтоб не сказать более, положении. Он, господа, тоже здесь, то есть не на бале, но почти что на бале; он, господа, ничего; он хотя и сам по себе, но в эту минуту стоит на дороге не совсем-то прямой; стоит он теперь — даже странно сказать — стоит он теперь в сенях, на черной лестнице квартиры

Олсуфия Ивановича. Но это ничего, что он тут стоит; он так себе. Он, господа, стоит в уголку, забившись в местечко хоть не потеплее, но зато потемнее, закрывшись отчасти огромным шкафом и старыми ширмами, между всяким дрязгом, хламом и рухлядью, скрываясь до времени и покамест только наблюдая за ходом общего дела в качестве постороннего зрителя. Он, господа, только наблюдает теперь; он, господа, тоже ведь может войти… почему же не войти? Стоит только шагнуть, и войдет, и весьма ловко войдет. Сейчас только, — выстаивая, впрочем, уже третий час на холоде, между шкафом и ширмами, между всяким хламом, дрязгом и рухлядью, — цитировал он, в собственное оправдание свое, одну фразу блаженной памяти французского министра Виллеля[17], что «все, дескать, придет своим чередом, если выждать есть сметка». Фразу эту вычитал господин Голядкин когда-то из совершенно посторонней, впрочем, книжки, но теперь весьма кстати привел ее себе на память. Фраза, во-первых, очень хорошо шла к настоящему его положению, а во-вторых, чего же не придет в голову человеку, выжидающему счастливой развязки обстоятельств своих почти битые три часа в сенях, в темноте и на холоде? Цитировав, как уже сказано было, весьма кстати фразу бывшего французского министра Виллеля, господин Голядкин тут же, неизвестно почему, припомнил и о бывшем турецком визире Марцимирисе, равно как и о прекрасной маркграфине Луизе, историю которых читал он тоже когда-то в книжке[18]. Потом пришло ему на память, что иезуиты поставили даже правилом своим считать все средства годящимися, лишь бы цель могла быть достигнута. Обнадежив себя немного подобным историческим пунктом, господин Голядкин сказал сам себе, что, дескать, что иезуиты? Иезуиты все до одного были величайшие дураки, что он сам их всех заткнет за пояс, что вот только бы на минуту опустела буфетная (та комната, которой дверь выходила прямо в сени, на черную лестницу, и где господин Голядкин находился теперь), так он, несмотря на всех иезуитов, возьмет — да прямо и пройдет, сначала из буфетной в чайную, потом в ту комнату, где теперь в карты играют, а там прямо в залу, где теперь польку танцуют. И пройдет, непременно пройдет, ни на что не смотря пройдет, проскользнет, да и только, и никто не заметит; а там уж он сам знает, что ему делать. Вот в таком-то положении, господа, находим

---

[17] Жан-Батист Жозеф граф де Виллель (фр. Jean-Baptiste Joseph de Villèle, 1773—1854) — французский государственный деятель эпохи Реставрации, премьер-министр с 1821 по 1828. Цитируемая Голядкиным фраза была политическим девизом Виллеля.

[18] Имеется в виду популярный среди читателей из народа лубочный роман Матвея Комарова «Повесть о приключениях английского милорда Георга и бранденбургской маркграфини Фредерики-Луизы».

мы теперь героя совершенно правдивой истории нашей, хотя, впрочем, трудно объяснить, что именно делалось с ним в настоящее время. Дело-то в том, что он до сеней и до лестницы добраться умел, по той причине, что, дескать, почему ж не добраться, что все добираются; но далее проникнуть не смел, явно этого сделать не смел… не потому, чтоб чего-нибудь не смел, а так, потому что сам не хотел, потому что ему лучше хотелось быть втихомолочку. Вот он, господа, и выжидает теперь тихомолочки, и выжидает ее ровно два часа с половиною. Отчего же и не выждать? И сам Виллель выжидал. «Да что тут Виллель! — думал господин Голядкин,- Какой тут Виллель? Вот как бы мне теперь, того… взять да и проникнуть?.. Эх ты, фигурант ты этакой! — сказал господин Голядкин, ущипнув себя окоченевшей рукою за окоченевшую щеку, — дурашка ты этакой, Голядка ты этакой, — фамилия твоя такая!..» Впрочем, это ласкательство собственной особе своей в настоящую минуту было лишь так себе, мимоходом, без всякой видимой цели. Вот было он сунулся и подался вперед; минута настала; буфетная опустела, и в ней нет никого; господин Голядкин видел все это в окошко; в два шага очутился он у двери и уже стал отворять ее. «Идти или нет? Ну, идти или нет? Пойду… отчего ж не пойти? Смелому дорога везде!» — Обнадежив себя таким образом, герой наш вдруг и совсем неожиданно ретировался за ширмы. «Нет, — думал он, — а ну как войдет кто-нибудь? Так и есть, вошли; чего ж я зевал, когда народу не было? Этак бы взять да и проникнуть!.. Нет, уж что проникнуть, когда характер у человека такой! Эка ведь тенденция подлая! Струсил, как курица. Струсить-то наше дело, вот оно что! Нагадить-то всегда наше дело: об этом вы нас и не спрашивайте. Вот и стой здесь, как чурбан, да и только! Дома бы чаю теперь выпить чашечку… Оно бы и приятно этак было выпить бы чашечку. Позже прийти, так Петрушка будет, пожалуй ворчать. Не пойти ли домой? Черти бы взяли все это! Иду, да и только!» Разрешив таким образом свое положение, господин Голядкин быстро подался вперед, словно пружину какую кто тронул в нем; с двух шагов очутился в буфетной, сбросив шинель, снял свою шляпу, поспешно сунул это все в угол, оправился и огладился; потом… потом двинулся в чайную, из чайной юркнул еще в другую комнату, скользнул почти незаметно между вошедшими в азарт игроками; потом… потом… тут господин Голядкин позабыл все, что вокруг него делается, и прямо, как снег на голову, явился в танцевальную залу.

Как нарочно в это время не танцевали. Дамы гуляли по зале живописными группами. Мужчины сбивались в кружок или шныряли по комнате, ангажируя дам. Господин Голядкин не замечал этого ничего. Видел он только Клару Олсуфьевну; возле нее Андрея Филипповича, потом Владимира Семеновича, да еще двух или трех офицеров, да еще двух или трех молодых людей, тоже весьма интересных, подающих или уже осуществивших, как можно было по первому взгляду судить, кое-какие надежды... Видел он и еще кой-кого. Или нет; он уже никого не видел, ни на кого не глядел... а двигаемый тою же самой пружиной, посредством которой вскочил на чужой бал непрошеный, подался вперед, потом и еще вперед, и еще вперед; наткнулся мимоходом на какого-то советника, отдавил ему ногу; кстати уже наступил на платье одной почтенной старушки и немного порвал его, толкнул человека с подносом, толкнул и еще кой-кого и, не заметив всего этого, или, лучше сказать, заметив, но уж так, заодно, не глядя ни на кого, пробираясь все далее и далее вперед, вдруг очутился перед самой Кларой Олсуфьевной. Без всякого сомнения, глазком не мигнув, он с величайшим бы удовольствием провалился в эту минуту сквозь землю; но, что сделано было, того не воротишь... ведь уж никак не воротишь. Что же было делать? «Не удастся — держись, а удастся — крепись. Господин Голядкин, уж разумеется, был не интригант и лощить паркет сапогами не мастер...» Так уж случилось. К тому же и иезуиты как-то тут подмешались... Но не до них, впрочем, было господину Голядкину! Все, что ходило, шумело, говорило, смеялось, вдруг, как бы по мановению какому, затихло и мало-помалу столпилось около господина Голядкина. Господин Голядкин, впрочем, как бы ничего не слыхал, ничего не видал, он не мог смотреть... он ни за что не мог смотреть; он опустил глаза в землю да так и стоял себе, дав себе, впрочем, мимоходом честной слово каким-нибудь образом застрелиться в эту же ночь. Дав себе такое честное слово, господин Голядкин мысленно сказал себе: «была не была!» и, к собственному своему величайшему изумлению, совсем неожиданно начал вдруг говорить.

Начал господин Голядкин поздравлениями и приличными пожеланиями. Поздравления прошли хорошо; а на пожеланиях герой наш запнулся. Чувствовал он, что если запнется, то все сразу к черту пойдет. Так и вышло — запнулся и завяз... завяз и покраснел; покраснел и потерялся; потерялся и поднял глаза; поднял глаза и обвел их кругом; обвел их кругом и — и обмер... Все стояло, все молчало, все выжидало; немного подальше зашептало; немного поближе захохотало. Господин Голядкин бросил покорный, потерянный взор на Андрея Филипповича. Андрей Филиппович ответил господину Голядкину таким взглядом, что если б герой наш не был уже убит вполне, совершенно, то был бы непременно убит в другой раз, — если б это было только возможно. Молчание длилось.

— Это более относится к домашним обстоятельствам и к частной жизни моей, Андрей Филиппович, — едва слышным голосом проговорил полумертвый господин Голядкин, — это неофициальное приключение, Андрей Филиппович…

— Стыдитесь, сударь, стыдитесь! — проговорил Андрей Филиппович полушепотом, с невыразимою миной негодования, — проговорил, взял за руку Клару Олсуфьевну и отвернулся от господина Голядкина.

— Нечего мне стыдиться, Андрей Филиппович, — ответил господин Голядкин так же полушепотом, обводя свои несчастные взоры кругом, потерявшись и стараясь по сему случаю отыскать в недоумевающей толпе средины и социального своего положения.

— Ну, и ничего, ну и ничего, господа! ну, что ж такое? ну, и со всяким может случиться, — шептал господин Голядкин, сдвигаясь понемногу с места и стараясь выбраться из окружавшей его толпы. Ему дали дорогу. Герой наш кое-как прошел между двумя рядами любопытных и недоумевающих наблюдателей. Рок увлекал его. Господин Голядкин сам это чувствовал, что рок-то его увлекал. Конечно, он бы дорого дал за возможность находиться теперь, без нарушения приличий, на прежней стоянке своей в сенях, возле черной лестницы; но так как это было решительно невозможно, то он и начал стараться улизнуть куда-нибудь в уголок да так и стоять себе там — скромно, прилично, особо, никого не затрагивая, не обращая на себя исключительного внимания, но вместе с тем снискав благорасположение гостей и хозяина. Впрочем, господин Голядкин чувствовал, что его как будто бы подмывает что-то, как будто он колеблется, падает. Наконец он добрался до одного уголка и стал в нем как посторонний, довольно равнодушный наблюдатель, опершись руками на спинки двух стульев, захватив их, таким образом, в свое полное обладание и стараясь по возможности взглянуть бодрым взглядом на сгруппировавшихся около него гостей Олсуфия Ивановича. Ближе всех стоял к нему какой-то офицер, высокий и красивый малый, пред которым господин Голядкин почувствовал себя настоящей букашкой.

— Эти два стула, поручик, назначены: один для Клары Олсуфьевны, а другой для танцующей здесь же княжны Чевчехановой; я их, поручик, теперь для них берегу, — задыхаясь, проговорил господин Голядкин, обращая умоляющий взор на господина поручика. Поручик молча и с убийственной улыбкой отворотился. Осекшись в одном месте, герой наш попробовал было попытать счастье где-нибудь с другой стороны и обратился прямо к одному важному советнику, с значительным крестом на шее. Но советник обмерил его таким холодным взглядом, что господин Голядкин ясно почувствовал, что его вдруг окатили целым ушатом холодной воды. Господин Голядкин затих. Он решился лучше смолчать, не заговаривать, показать, что он так себе, что он тоже так, как и все, и что положение его, сколько ему кажется, по крайней мере, тоже приличное. С этой целью он приковал свой взгляд к обшлагам своего вицмундира, потом поднял глаза и остановил их на одном весьма почтенной наружности господине. «На этом господине парик, — подумал господин Голядкин, — а если снять этот парик, так будет голая голова, точь-в-точь как ладонь моя голая». Сделав такое важное открытие, господин Голядкин вспомнил и о арабских эмирах, у которых, если снять с головы зеленую чалму, которую они носят в знак родства своего с пророком Мухамедом, то останется тоже голая, безволосая голова. Потом, и, вероятно, по особенному столкновению идей относительно турков в голове своей, господин Голядкин дошел до туфлей турецких и тут же кстати вспомнил, что Андрей Филиппович носит сапоги, похожие больше на туфли, чем на сапоги. Заметно было, что господин Голядкин отчасти освоился с своим положением, «Вот если б эта люстра, — мелькнуло в голове господина Голядкина, — вот если б эта люстра сорвалась теперь с места и упала на общество, то я бы тотчас бросился спасать Клару Олсуфьевну. Спаси ее, сказал бы ей: „Не беспокойтесь, сударыня; это ничего-с, а спаситель ваш я“. Потом...» Тут господин Голядкин повернул глаза в сторону, отыскивая Клару Олсуфьевну, и увидел Герасимыча, старого камердинера Олсуфия Ивановича. Герасимыч с самых заботливым, с самым официально-торжественным видом пробирался прямо к нему. Господин Голядкин вздрогнул и поморщился от какого-то безотчетного и вместе с тем самого неприятного ощущения. Машинально осмотрелся кругом: ему пришло было на мысль как-нибудь, этак под рукой, бочком, втихомолку улизнуть от греха, этак взять — да и стушеваться, то есть сделать так, как будто бы он ни в одном глазу, как будто бы вовсе не в нем было и дело. Однако, прежде чем наш герой успел решиться на что-нибудь, Герасимыч уже стоял перед ним.

— Видите ли, Герасимыч, — сказал наш герой, с улыбочкой обращаясь к Герасимычу, — вы возьмите да и прикажите, — вот видите, свечка там в канделябре, Герасимыч, — она сейчас упадет: так вы, знаете ли, прикажите поправить ее; она, право, сейчас упадет, Герасимыч...

— Свечка-с? нет-с, свечка прямо стоит-с; а вот вас кто-то там спрашивает-с.

— Кто же это там меня спрашивает, Герасимыч?

— А уж, право, не знаю-с, кто именно-с. Человек от каких-то-с. Здесь, дескать, находится Яков Петрович Голядкин? Так вызовите, говорят, его по весьма нужному и спешному делу... вот как-с.

— Нет, Герасимыч, вы ошибаетесь; в этом вы, Герасимыч, ошибаетесь.

— Сумнительно-с.

— Нет, Герасимыч, не сумнительно; тут, Герасимыч, ничего нет сумнительного. Никто меня не спрашивает, Герасимыч, меня некому спрашивать, а я здесь у себя, то есть на своем месте, Герасимыч.

Господин Голядкин перевел дух и осмотрелся кругом. Так и есть! Все, что ни было в зале, все так и устремились на него взором и слухом в каком-то торжественном ожидании. Мужчины толпились поближе и прислушивались. Подальше тревожно перешептывались дамы. Сам хозяин явился в весьма недальнем расстоянии от господина Голядкина, и хотя по виду его нельзя было заметить, что он тоже в свою очередь принимает прямое и непосредственное участие в обстоятельствах господина Голядкина, потому что все это делалось на деликатную ногу, но тем не менее все это дало ясно почувствовать герою повести нашей, что минута для него настала решительная. Господин Голядкин ясно видел, что настало время удара смелого, время посрамления врагов его. Господин Голядкин был в волнении. Господин Голядкин почувствовал какое-то вдохновение и дрожащим, торжественным голосом начал снова, обращаясь к ожидавшему Герасимычу:

— Нет, мой друг, меня никто не зовет. Ты ошибаешься. Скажу более, ты ошибался и утром сегодня, уверяя меня... осмеливаясь уверять меня, говорю я (господин Голядкин возвысил голос), что Олсуфий Иванович, благодетель мой с незапамятных лет, заменивший мне в некотором смысле отца, закажет для меня дверь свою в минуту семейной и торжественнейшей радости для его сердца родительского. (Господин Голядкин самодовольно, но с глубоким чувством осмотрелся кругом. На ресницах его навернулись слезы). Повторяю, мой друг, — заключил наш герой, — ты ошибался, ты жестоко, непростительно ошибался...

Минута была торжественная. Господин Голядкин чувствовал, что эффект был вернейший. Господин Голядкин стоял, скромно потупив глаза и ожидая объятий Олсуфия Ивановича. В гостях заметно было волнение и недоумение; даже сам непоколебимый и ужасный Герасимыч заикнулся на слове «сумнительно-с»... как вдруг беспощадный оркестр ни с того ни с сего грянул польку. Все пропало, все на ветер пошло. Господин Голядкин вздрогнул, Герасимыч отшатнулся назад, все, что ни было в зале, заволновалось, как море, и Владимир Семенович уже несся в первой паре с Кларой Олсуфьевной, а красивый поручик с княжной Чевчехановой. Зрители с любопытством и восторгом теснились взглянуть на танцующих польку — танец интересный, новый, модный, круживший всем головы. Господин Голядкин был на время забыт. Но вдруг все заволновалось, замешалось, засуетилось; музыка умолкла... случилось странное происшествие. Утомленная танцем, Клара Олсуфьевна, едва

31

переводя дух от усталости, с пылающими щеками и глубоко волнующеюся грудью упала, наконец, в изнеможении сил в кресла. Все сердца устремились к прелестной очаровательнице, все спешили наперерыв приветствовать ее и благодарить за оказанное удовольствие, — вдруг перед нею очутился господин Голядкин. Господин Голядкин был бледен, крайне расстроен; казалось, он тоже был в каком-то изнеможении, он едва двигался. Он отчего-то улыбался, он просительно протягивал руку. Клара Олсуфьевна в изумлении не успела одернуть руки своей и машинально встала на приглашение господина Голядкина. Господин Голядкин покачнулся вперед, сперва один раз, потом другой, потом поднял ножку, потом как-то пришаркнул, потом как-то притопнул, потом споткнулся... он тоже хотел танцевать с Кларой Олсуфьевной. Клара Олсуфьевна вскрикнула; все бросились освобождать ее руку из руки господина Голядкина, и разом герой наш был оттеснен толпою едва ли не на десять шагов расстояния. Вокруг него сгруппировался тоже кружок. Послышался визг и крик двух старух, которых господин Голядкин едва не опрокинул в ретираде. Смятение было ужасное; все спрашивало, все кричало, все рассуждало. Оркестр умолк. Герой наш вертелся в кружке своем и машинально, отчасти улыбался, что-то бормотал про себя, что, «дескать, отчего ж и нет, и что, дескать, полька, сколько ему по крайней мере кажется, танец новый и весьма интересный, созданный для утешения дам...но что если так дело пошло, то он, пожалуй, готов согласиться». Но согласия господина Голядкина, кажется, никто и не спрашивал. Герой наш почувствовал, что вдруг чья-то рука упала на его руку, что другая рука немного оперлась на спину его, что его с какою-то особенною заботливостью направляют в какую-то сторону. Наконец, он заметил, что идет прямо к дверям. Господин Голядкин хотел было что-то сказать, что-то сделать... Но нет, он уже ничего не хотел. Он только машинально отсмеивался. Наконец, он почувствовал, что на него надевают шинель, что ему нахлобучили на глаза шляпу; что, наконец, он почувствовал себя в сенях, в темноте и на холоде, наконец и на лестнице. Наконец, он споткнулся, ему казалось, что он падает в бездну; он хотел было вскрикнуть — и вдруг очутился на дворе. Свежий воздух пахнул на него, он на минутку приостановился; в самое это мгновение до него долетели звуки вновь грянувшего оркестра. Господин Голядкин вдруг вспомнил все; казалось, все опавшие силы его возвратились к нему опять. Он сорвался с места, на котором доселе стоял, как прикованный, и стремглав бросился вон, куда-нибудь, на воздух, на волю, куда глаза глядят...

32

V

На всех петербургских башнях, показывающих и бьющих часы, пробило ровно полночь, когда господин Голядкин, вне себя, выбежал на набережную Фонтанки, близ самого Измайловского моста, спасаясь от врагов, от преследований, от града щелчков, на него занесенных, от крика встревоженных старух, от оханья и аханья женщин и от убийственных взглядов Андрея Филипповича. Господин Голядкин был убит, — убит вполне, в полном смысле слова, и если сохранил в настоящую минуту способность бежать, то единственно по какому-то чуду, по чуду, которому он сам, наконец, верить отказывался. Ночь была ужасная, ноябрьская, — мокрая, туманная, дождливая, снежливая, чреватая флюсами, насморками, лихорадками, жабами, горячками всех возможных родов и сортов — одним словом, всеми дарами петербургского ноября. Ветер выл в опустелых улицах, вздымая выше колец черную воду Фонтанки и задорно потрогивая тощие фонари набережной, которые в свою очередь вторили его завываниям тоненьким, пронзительным скрипом, что составляло бесконечный, пискливый, дребезжащий концерт, весьма знакомый каждому петербургскому жителю. Шел дождь и снег разом. Прорываемые ветром струи дождевой воды прыскали чуть-чуть не горизонтально, словно из пожарной трубы, и кололи и секли лицо несчастного господина Голядкина, как тысячи булавок и шпилек. Среди ночного безмолвия, прерываемого лишь отдаленным гулом карет, воем ветра и скрипом фонарей, уныло слышались хлёст и журчание воды, стекавшей со всех крыш, крылечек, желобов и карнизов на гранитный помост тротуара. Ни души не было ни вблизи, ни вдали, да казалось, что и быть не могло в такую пору и в такую погоду. Итак, один только господин Голядкин, один со своим отчаянием, трусил в это время по тротуару Фонтанки своим обыкновенным мелким и частым шажком, спеша добежать как можно скорее в свою Шестилавочную улицу, в свой четвертый этаж, к себе на квартиру.

Хотя снег, дождь и все то, чему даже имени не бывает, когда разыграется вьюга и хмара под петербургским ноябрьским небом, разом, вдруг атаковали и без того убитого несчастиями господина Голядкина, не давая ему ни малейшей пощады и отдыха, пронимая его до костей, залепляя глаза, продувая со всех сторон, сбивая с пути и с последнего толка, хоть все это разом опрокинулось на господина Голядкина, как бы нарочно сообщась и согласясь со всеми врагами его отработать ему денек, вечерок и ночку на славу, — несмотря на все это, господин Голядкин остался почти нечувствителен к этому последнему доказательству гонения судьбы: так сильно потрясло и поразило его все происшедшее с ним несколько минут назад у господина статского советника Берендеева! Если б теперь посторонний, неинтересованный[19] какой-нибудь наблюдатель взглянул бы так себе, сбоку, на тоскливую побежку господина Голядкина, то и тот бы разом проникнулся всем страшным ужасом его бедствий и непременно сказал бы, что господин Голядкин глядит теперь так, как будто сам от себя куда-то спрятаться хочет, как будто сам от себя убежать куда-нибудь хочет. Да! оно было действительно так. Скажем более: господин Голядкин не только желал теперь убежать от себя самого, но даже совсем уничтожиться, не быть, в прах обратиться. В настоящие минуты он не внимал ничему окружающему, не понимая ничего, что вокруг него делается, и смотрел так, как будто бы для него не существовало на самом деле ни неприятностей ненастной ночи, ни долгого пути, ни дождя, ни снега, ни ветра, ни всей крутой непогоды. Калоша, отставшая от сапога с правой ноги господина Голядкина, тут же и осталась в грязи и снегу, на тротуаре Фонтанки, а господин Голядкин и не подумал воротиться за нею и не приметил пропажи ее. Он был так озадачен, что несколько раз, вдруг, несмотря ни на что окружающее, проникнутый вполне идеей своего недавнего страшного падения, останавливался неподвижно, как столб, посреди тротуара; в это мгновение он умирал, исчезал потом вдруг срывался как бешеный с места и бежал, бежал без оглядки, как будто спасаясь от чьей-то погони, от какого-то еще более ужасного бедствия… Действительно, положение было ужасное!.. Наконец, в истощении сил, господин Голядкин остановился, оперся на перила набережной в положении человека, у которого вдруг, совсем неожиданно, потекла носом кровь, и пристально стал смотреть на мутную, черную воду Фонтанки. Неизвестно, сколько именно времени проведено было им в этом занятии. Известно только, что в это мгновение господин Голядкин дошел до такого отчаяния, так был истерзан, так был измучен, до того изнемог и опал и без того уже слабыми остатками духа, что позабыл обо всем: и об Измайловском мосте, и о Шестилавочной улице, и о настоящем своем… Что ж в самом деле? ведь ему было все равно: дело сделано, конечно, решение скреплено и подписано; что ж ему?.. Вдруг… вдруг он вздрогнул всем телом и невольно отскочил шага на два в сторону. С неизъяснимым беспокойством начал он озираться кругом; но никого не было, ничего не случилось особенного, — а между тем… между тем ему показалось, что кто-то сейчас, сию минуту, стоял здесь, около него, рядом

---

[19] Неинтересованный (устар.) — незаинтересованный.

с ним, тоже облокотясь на перила набережной, и — чудное дело! — даже что-то сказал ему, что-то скоро сказал, отрывисто, не совсем понятно, но о чем-то весьма к нему близком, до него относящемся. «Что ж, это мне почудилось, что ли? — сказал господин Голядкин, еще раз озираясь кругом. — Да я-то где же стою?.. Эх, эх!» -заключил он, покачав головою, а между тем с беспокойным, тоскливым чувством, даже со страхом стал вглядываться в мутную, влажную даль, напрягая всеми силами зрение и всеми силами стараясь пронзить близоруким взором своим мокрую средину, перед ним расстилавшуюся. Однако ж ничего не было нового, ничего особенного не бросилось в глаза господину Голядкину. Казалось, все было в порядке, как следует, то есть снег валил еще сильнее, крупнее и гуще; на расстоянии двадцати шагов не было видно ни зги; фонари скрипели еще пронзительнее прежнего, и ветер, казалось, еще плачевнее, еще жалостнее затягивал тоскливую песню свою, словно неотвязчивый нищий, вымаливающий медный грош на свое пропитание. «Эх, эх! да что ж это со мною такое?» — повторял опять господин Голядкин, пускаясь снова в дорогу и все слегка озираясь кругом. А между тем какое-то новое ощущение отозвалось во всем существе господина Голядкина: тоска не тоска, страх не страх... лихорадочный трепет пробежал по жилам его. Минута была невыносима неприятная! «Ну, ничего, — проговорил он, чтоб себя ободрить, — ну, ничего; может быть, это и совсем ничего и чести ничьей не марает. Может быть, оно так и надобно было, — продолжал он, сам не понимая, что говорит, — может быть, все это в свое время устроится к лучшему, и претендовать будет не на что, и всех оправдает». Таким образом говоря и словами себя облегчая, господин Голядкин отряхнулся немного, стряхнул с себя снежные хлопья, навалившиеся густою корою ему на шляпу, на воротник, на шинель, на галстук, на сапоги и на все, — но странного чувства, странной темной тоски своей все еще не мог оттолкнуть от себя, сбросить с себя. Где-то далеко раздался пушечный выстрел. «Эка погодка, — подумал герой наш, — чу! не будет ли наводнения? видно, вода поднялась слишком сильно». Только что сказал или подумал это господин Голядкин, как увидел впереди себя идущего ему навстречу прохожего, тоже, вероятно, как и он, по какому-нибудь случаю запоздалого. Дело бы, кажется, пустое, случайное; но, неизвестно почему, господин Голядкин смутился и даже струсил, потерялся немного. Не то чтоб он боялся недоброго человека, а так, может быть... «Да и кто его знает, этого запоздалого, — промелькнуло в голове господина Голядкина, — может быть, и он то же самое, может быть, он-то тут и самое главное дело, и не даром идет, а с целью идет, дорогу мою переходит и меня задевает». Может быть, впрочем, господин

Голядкин и не подумал именно этого, а так только ощутил мгновенно что-то подобное и весьма неприятное. Думать-то и ощущать, впрочем, некогда было; прохожий уже был в двух шагах. Господин Голядкин тотчас, по всегдашнему обыкновению своему, поспешил принять вид совершенно особенный, вид, ясно выражавший, что он, Голядкин, сам по себе, что он ничего, что дорога для всех довольно широкая и что ведь он, Голядкин, сам никого не затрогивает. Вдруг он остановился, как вкопанный, как будто молнией пораженный, и быстро потом обернулся назад, вслед прохожему, едва только его минувшему, — обернулся с таким видом, как будто что его дернуло сзади, как будто ветер повернул его флюгер. Прохожий быстро исчезал в снежной метелице. Он тоже шел торопливо, тоже, как господин Голядкин, был одет и укутан с головы до ног и, так же как и он, дробил и семенил по тротуару Фонтанки частым, мелким шажком, немного с притрусочкой. «Что, что это?» — шептал господин Голядкин, недоверчиво улыбаясь, однакож дрогнул всем телом. Морозом подернуло у него по спине. Между тем прохожий исчез совершенно, не стало уже слышно и шагов его, а господин Голядкин все еще стоял и глядел ему вслед. Однако ж наконец он мало-помалу опомнился. «Да что ж это такое, — подумал он с досадою, — что ж это я, с ума, что ли, в самом деле сошел?» — обернулся и пошел своею дорогою, ускоряя и частя более и более шаги и стараясь уж лучше вовсе ни о чем не думать. Даже и глаза, наконец, закрыл с сею целью. Вдруг, сквозь завывания ветра и шум непогоды, до слуха его долетел опять шум чьих-то весьма недалеких шагов. Он вздрогнул и открыл глаза. Перед ним опять, шагах в двадцати от него, чернелся какой-то быстро приближавшийся к нему человечек. Человечек этот спешил, частил, торопился; расстояние быстро уменьшалось. Господин Голядкин уже мог даже совсем разглядеть нового запоздалого товарища, — разглядел и вскрикнул от изумления и ужаса; ноги его подкосились. Это был тот самый знакомый ему пешеход, которого он, минут с десять назад, пропустил мимо себя и который вдруг, совсем неожиданно, теперь опять перед ним появился. Но не одно это чудо поразило господина Голядкина, — а поражен господин Голядкин был так, что остановился, вскрикнул, хотел было что-то сказать — и пустился догонять незнакомца, даже закричал ему что-то, вероятно желая остановить его поскорее. Незнакомец остановился действительно, так шагах в десяти от господина Голядкина, и так, что свет близ стоявшего фонаря совершенно падал на всю фигуру его, — остановился, обернулся к господину Голядкину и с нетерпеливо-озабоченным видом ждал, что он скажет. «Извините, я, может, и ошибся», — дрожащим голосом проговорил наш герой. Незнакомец молча и с досадою повернулся и

36

быстро пошел своею дорогою, как будто спеша нагнать потерянные две секунды с господином Голядкиным. Что же касается господина Голядкина, то у него задрожали все жилки, колени его подогнулись ослабели, и он со стоном присел на тротуарную тумбочку. Впрочем, действительно, было от чего прийти в такое смущение. Дело в том, что незнакомец этот показался ему теперь как-то знакомым. Это бы еще все ничего. Но он узнал, почти совсем узнал теперь этого человека. Он его часто видывал, этого человека, когда-то видывал, даже недавно весьма; где же бы это? уж не вчера ли? Впрочем, и опять не в том было главное дело, что господин Голядкин его видывал часто; да и особенного-то в этом человеке почти не было ничего, — особенного внимания решительно ничьего не возбуждал с первого взгляда этот человек. Так, человек был, как и все, порядочный, разумеется, как и все люди порядочные, и, может быть, имел там кое-какие и даже довольно значительные достоинства, — одним словом, был сам по себе человек. Господин Голядкин не питал даже ни ненависти, ни вражды, ни даже никакой самой легкой неприязни к этому человеку, даже напротив, казалось бы, — а между тем (и в этом-то вот обстоятельстве была главная сила), а между тем ни за какие сокровища мира не желал бы встретиться с ним и особенно встретиться так, как теперь, например. Скажем более: господин Голядкин знал вполне этого человека; он даже знал, как зовут его, как фамилия этого человека; а между тем ни за что, и опять-таки ни за какие сокровища в мире, не захотел бы назвать его, согласиться признать, что вот, дескать, его так-то зовут, что он так-то по батюшке и так по фамилии. Много ли, мало ли продолжалось недоразумение господина Голядкина, долго ли именно он сидел на тротуарном столбу, — не могу сказать, но только, наконец маленько очнувшись, он вдруг пустился бежать без оглядки, что силы в нем было; дух его занимался; он споткнулся два раза, чуть не упал, — и при этом обстоятельстве осиротел другой сапог господина Голядкина, тоже покинутый своею калошею. Наконец, господин Голядкин сбавил шагу немножко, чтоб дух перевести, торопливо осмотрелся кругом и увидел, что уже перебежал, не замечая того, весь свой путь по Фонтанке, перешел Аничков мост, миновал часть Невского и теперь стоит на повороте в Литейную. Господин Голядкин поворотил в Литейную. Положение его в это мгновение походило на положение человека, стоящего над страшной стремниной, когда земля под ним обрывается, уж покачнулась, уж двинулась, в последний раз колышется, падает, увлекает его в бездну, а между тем у несчастного нет ни силы, ни твердости духа отскочить назад, отвесть свои глаза от зияющей пропасти; бездна тянет его, и он прыгает, наконец, в нее сам, сам ускоряя минуту своей же погибели. Господин Голядкин знал, чувствовал и был совершенно уверен, что с ним непременно совершится дорогой еще что-то недоброе, что разразиться над ним еще какая-нибудь неприятность, что, например, он встретит опять своего незнакомца; но — странное дело, он даже желал этой встречи, считал ее неизбежною и просил только, чтоб поскорее все это кончилось, чтоб положение-то его разрешилось хоть как-нибудь, но только б скорее. А между тем он все бежал да бежал, и словно двигаемый какою-то постороннею силою, ибо во всем существе своем чувствовал какое-то ослабление и онемение; думать ни о чем он не мог, хотя идеи его цеплялись за все, как терновник. Какая-то затерянная собачонка, вся мокрая и издрогшая, увязалась за господином Голядкиным и тоже бежала около него бочком, торопливо, поджав хвост и уши, по временам робко и понятливо на него поглядывая. Какая-то далекая, давно уж забытая идея, — воспоминание о каком-то давно случившемся обстоятельстве, — пришла теперь ему в голову, стучала, словно молоточком, в его голове, досаждала ему, не отвязывалась прочь от него. «Эх, эта скверная собачонка!» — шептал господин Голядкин, сам не понимая себя. Наконец, он увидел своего незнакомца на повороте в Итальянскую улицу. Только теперь незнакомец уже шел не навстречу ему, а в ту же самую сторону, как и он, и тоже бежал, несколько шагов впереди. Наконец, вошли в Шестилавочную. У господина Голядкина дух захватило. Незнакомец остановился прямо перед тем домом, в котором квартировал господин Голядкин. Послышался звон колокольчика, и почти в то же время скрип железной задвижки. Калитка отворилась, незнакомец нагнулся, мелькнул и исчез. Почти в то же самое мгновение поспел и господин Голядкин и, как стрелка, влетел под ворота. Не слушая заворчавшего дворника, запыхавшись, вбежал он на двор и тотчас же увидел своего интересного спутника, на минуту потерянного. Незнакомец мелькнул при входе на ту лестницу, которая вела в квартиру господина Голядкина. Господин Голядкин бросился вслед за ним. Лестница была темная, сырая и грязная. На всех поворотах нагромождена была бездна всякого жилецкого хлама, так что чужой, не бывалый человек, попавши на эту лестницу в темное время, принуждаем был по ней с полчаса путешествовать, рискуя сломить себе ноги и проклиная вместе с лестницей и знакомых своих, неудобно так поселившихся. Но спутник господина Голядкина был словно знакомый, словно домашний; взбегал легко, без затруднений и с совершенным знанием местности. Господин Голядкин почти совсем нагонял его; даже раза два или три подол шинели незнакомца ударял его по носу. Сердце в нем замирало. Таинственный человек остановился прямо против дверей квартиры господина Голядкина, стукнул, и (что, впрочем, удивило бы в другое время господина Голядкина) Петрушка, словно ждал и спать не ложился, тотчас отворил дверь и пошел за вошедшим человеком со свечою в руках. Вне себя вбежал в жилище свое герой нашей повести; не снимая шинели и шляпы, прошел он коридорчик и, словно громом пораженный, остановился на пороге своей комнаты. Все предчувствия господина Голядкина сбылись совершенно. Все, чего опасался он и что предугадывал, совершилось теперь наяву. Дыхание его порвалось, голова закружилась. Незнакомец сидел перед ним, тоже в шинели и в шляпе, на его же постели, слегка улыбаясь, и, прищурясь немного, дружески кивал ему головою. Господин Голядкин хотел закричать, но не мог, — протестовать каким-нибудь образом, но сил не хватило. Волосы встали на голове его дыбом, и он присел без чувств на месте от ужаса. Да и было от чего, впрочем. Господин Голядкин совершенно узнал своего ночного приятеля. Ночной приятель его был не кто иной, как он сам, — сам господин Голядкин, другой господин Голядкин, но совершенно такой же, как и он сам, — одним словом, что называется, двойник его во всех отношениях...

VI

На другой день, ровно в восемь часов, господин Голядкин очнулся на своей постели. Тотчас же все необыкновенные вещи вчерашнего дня и вся невероятная, дикая ночь, с ее почти невозможными приключениями, разом, вдруг, во всей ужасающей полноте, явились его воображению и памяти. Такая ожесточенная адская злоба врагов его и особенно последнее доказательство этой злобы оледенили сердце господина Голядкина. Но и вместе с тем все это было так странно, непонятно, дико, казалось так невозможным, что действительно трудно было веру дать всему этому делу; господин Голядкин даже сам готов был признать все это несбыточным бредом, мгновенным расстройством воображения, отемнением ума, если б, к счастию своему, не знал по горькому житейскому опыту, до чего иногда злоба может довести человека, до чего может иногда дойти ожесточенность врага, мстящего за честь и амбицию. К тому же разбитые члены господина Голядкина, чадная голова, изломанная поясница и злокачественный насморк сильно свидетельствовали и отстаивали всю вероятность вчерашней ночной прогулки, а частию и всего прочего, приключившегося во время этой прогулки. Да и, наконец, господин Голядкин уже давным-давно знал, что у них там что-то приготовляется, что у них там есть кто-то другой. Но — что же? Хорошенько раздумав, господин Голядкин решился смолчать, покориться и не протестовать по этому делу до времени. «Так, может быть, только попугать меня вздумали, а как увидят, что я ничего, не протестую и совершенно смиряюсь, с смирением переношу, так и отступятся, сами отступятся, да еще первые отступятся».

Так вот такие-то мысли были в голове господина Голядкина, когда он, потягиваясь в постели своей и расправляя разбитые члены, ждал, этот раз, обычного появления Петрушки в своей комнате. Ждал он уже с четверть часа; слышал, как ленивец Петрушка возится за перегородкой с самоваром, а между тем никак не решался позвать его. Скажем более: господин Голядкин даже немного боялся теперь очной ставки с Петрушкою. «Ведь бог знает, — думал он, — ведь бог знает, как теперь смотрит на все это дело этот мошенник. Он там молчит-молчит, а сам себе на уме». Наконец, дверь заскрипела, и явился Петрушка с подносом в руках. Господин Голядкин робко на него покосился, с нетерпением ожидая, что будет, ожидая, не скажет ли он наконец чего-нибудь насчет известного обстоятельства. Но Петрушка ничего не сказал, а напротив, был как-то молчаливее, суровее и сердитее обыкновенного, косился на все исподлобья; вообще видно было, что он чем-то крайне недоволен; даже ни разу не взглянул на своего барина, что, мимоходом сказать, немного кольнуло господина Голядкина; поставил на стол все, что принес с собой, повернулся и ушел молча за свою перегородку. «Знает, знает, все знает, бездельник!» — ворчал господин Голядкин, принимаясь за чай. Однако ж герой наш ровно ничего не расспросил у своего человека, хотя Петрушка несколько раз потом входил в его комнату за разными надобностями. В самом тревожном положении духа был господин Голядкин. Жутко было еще идти в департамент. Сильное предчувствие было, что вот именно там-то что-нибудь да не так. «Ведь вот пойдешь, — думал он, — да как наткнешься на что-нибудь? Не лучше ли теперь потерпеть? Не лучше ли теперь подождать? Они там — пускай себе как хотят; а я бы сегодня здесь подождал, собрался бы с силами, оправился бы, размыслил получше обо всем этом деле, да потом улучил бы минутку, да всем им как снег на голову, а сам ни в одном глазу». Раздумывая таким образом, господин Голядкин выкуривал трубку за трубкой; время летело; было уже почти половина десятого. «Ведь вот уже половина десятого, — думал господин Голядкин, — и являться-то поздно. Да к тому же я болен, разумеется болен, непременно болен; кто же скажет, что нет? Что мне! А пришлют свидетельствовать, а пусть придет экзекутор; да и что мне в самом деле? У меня вот спина болит, кашель, насморк; да и наконец, и нельзя мне идти, никак нельзя по этой погоде; я могу заболеть, а потом и умереть, пожалуй; нынче особенно смертность такая…» Такими резонами господин Голядкин успокоил, наконец, вполне свою совесть и заранее оправдался сам перед собою в нагоняе, ожидаемом от Андрея Филипповича за нерадение по службе. Вообще во всех подобных обстоятельствах крайне любил наш герой оправдывать себя в собственных глазах своих разными неотразимыми резонами и успокоивать таким образом вполне свою совесть. Итак, успокоив теперь вполне свою совесть, взялся он за трубку, набил ее и, только что начал порядочно раскуривать, — быстро вскочил с дивана, трубку отбросил, живо умылся, обрился, пригладился, натянул на себя вицмундир и все прочее, захватил кое-какие бумаги и полетел в департамент.

Вошел господин Голядкин в свое отделение робко, с трепещущим ожиданием чего-то весьма нехорошего, — ожиданием хотя бессознательным, темным, но вместе с тем и неприятным; робко присел он на свое всегдашнее место возле столоначальника, Антона Антоновича Сеточкина. Ни на что не глядя, не развлекаясь ничем, вникнул он в содержание лежавших перед ним бумаг. Решился он и дал себе слово как можно сторониться от всего вызывающего, от всего могущего сильно его компрометировать, как-то: от нескромных вопросов, от чьих-нибудь шуточек и неприличных намеков насчет всех обстоятельств вчерашнего вечера; решился даже отстранится от обычных учтивостей с сослуживцами, то есть вопросов о здоровье и прочее. Но очевидно тоже, что так оставаться было нельзя, невозможно. Беспокойство и неведение о чем-нибудь, близко его задевающем, всегда его мучило более, нежели самое задевающее, И вот почему, несмотря на данное себе слово не входить ни во что, что бы ни делалось, и сторониться от всего, что бы ни было, господин Голядкин изредка, украдкой, тихонько-тихонько приподымал голову и исподтишка поглядывал на сослуживцев и по ним уже старался заключить, нет ли чего нового и особенного, до него относящегося и от него с какими-нибудь неблаговидными целями скрываемого. Предполагал он непременную связь всего своего вчерашнего обстоятельства со всем теперь его окружающим. Наконец, в тоске своей, он начал желать, чтоб хоть бог знает как, да только разрешилось бы все поскорее, хоть и бедой какой-нибудь — нужды нет! Как тут судьба поймала господина Голядкина: не успел он пожелать, как сомнения его вдруг разрешились, но зато самым странным и самым неожиданным образом.

Дверь из другой комнаты вдруг скрипнула тихо и робко, как бы рекомендуя тем, что входящее лицо весьма незначительно, и чья-то фигура, впрочем весьма знакомая господину Голядкину, застенчиво явилась перед самым тем столом, за которым помещался герой наш. Герой наш не подымал головы, — нет, он наглядел эту фигуру лишь вскользь, самым маленьким взглядом, но уже все узнал, понял все, до малейших подробностей. Он сгорел от стыда и уткнул в бумагу свою победную голову, совершенно с тою же самою целью, с которою страус, преследуемый охотником, прячет свою в горячий песок. Новоприбывший поклонился Андрею Филипповичу, и вслед затем послышался голос форменно-ласковый, такой, каким говорят начальники во всех служебных местах с новопоступившими подчиненными. «Сядьте вот здесь, — проговорил Андрей Филиппович, указывая новичку на стол Антона Антоновича, — вот здесь, напротив господина Голядкина, а делом мы вас тотчас займем». Андрей Филиппович заключил тем, что сделал новоприбывшему скорый прилично-увещательный жест, а потом немедленно углубился в сущность разных бумаг, которых перед ним была целая куча.

Господин Голядкин поднял, наконец, глаза, и если не упал в обморок, то единственно оттого, что уже сперва все дело предчувствовал, что уже сперва был обо всем предуведомлен, угадав пришельца в душе. Первым движением господина Голядкина было быстро осмотреться кругом, — нет ли там какого шушуканья, не отливается ли на этот счет какая-нибудь острота канцелярская, не искривилось ли чье лицо удивлением, не упал ли, наконец, кто-нибудь под стол от испуга. Но, к величайшему удивлению господина Голядкина, ни в ком не обнаружилось ничего подобного. Поведение господ товарищей и сослуживцев господина Голядкина поразило его. Оно казалось вне здравого смысла. Господин Голядкин даже испугался такого необыкновенного молчания. Существенность за себя говорила; дело было странное, безобразное, дикое. Было от чего шевельнуться. Все это, разумеется, только мелькнуло в голове господина Голядкина. Сам же он горел на мелком огне. Да и было от чего, впрочем. Тот, кто сидел теперь напротив господина Голядкина, был — ужас господина Голядкина, был — стыд господина Голядкина, был — вчерашний кошмар господина Голядкина, одним словом, был сам господин Голядкин, — не тот господин Голядкин, который сидел теперь на стуле с разинутым ртом и с застывшим пером в руке; не тот, который служил в качестве помощника своего столоначальника; не тот, который любит стушеваться и зарыться в толпе; не тот, наконец, чья походка ясно выговаривает: «не троньте меня, и я вас трогать не буду», или: «не троньте меня, ведь я вас не затрогиваю», — нет, это был другой господин Голядкин, совершенно другой, но вместе с тем и совершенно похожий на первого, — такого же роста, такого же склада, так же одетый, с такой же лысиной, — одним словом, ничего, решительно ничего не было забыто для совершенного сходства, так что если б взять да поставить их рядом, то никто, решительно никто не взял бы на себя определить, который именно настоящий Голядкин, а который поддельный, кто старенький и кто новенький, кто оригинал и кто копия.

Герой наш, если возможно сравнение, был теперь в положении человека, над которым забавлялся проказник какой-нибудь, для шутки наводя на него исподтишка зажигательное стекло. «Что же это, сон или нет, — думал он, — настоящее или продолжение вчерашнего? Да как же? по какому же праву все это делается? кто разрешил такого чиновника, кто дал право на это? Сплю ли я, грежу ли я?» Господин Голядкин попробовал ущипнуть самого себя, даже попробовал вознамериться ущипнуть другого кого-нибудь... Нет, не сон, да и только. Господин Голядкин почувствовал, что пот с него градом льется, что сбывается с ним небывалое и доселе невиданное и, по тому самому, к довершению несчастия, неприличное, ибо господин Голядкин понимал и ощущал всю невыгоду быть в таком пасквильном деле первым примером. Он даже стал, наконец, сомневаться в собственном существовании своем, и хотя заранее был ко всему приготовлен и сам желал, чтоб хоть каким-нибудь образом разрешились его сомнения, но самая-то сущность обстоятельства уж, конечно, стоила неожиданности. Тоска его давила и мучила. Порой он совершенно лишался и смысла и памяти. Очнувшись после такого мгновения, он замечал, что машинально и бессознательно водит пером по бумаге. Не доверяя себе, он начинал поверять все написанное — и не понимал ничего. Наконец, другой господин Голядкин, сидевший до сих пор чинно и смирно, встал и исчез в дверях другого отделения за каким-то делом. Господин Голядкин оглянулся кругом, — ничего, все тихо; слышен лишь скрип перьев, шум переворачиваемых листов и говор в уголках поотдаленнее от седалища Андрея Филипповича. Господин Голядкин взглянул на Антона Антоновича, и так как, по всей вероятности, физиономия нашего героя вполне отзывалась его настоящим и гармонировала со всем смыслом дела, следовательно в некотором отношении была весьма замечательна, то добрый Антон Антонович, отложив перо в сторону, с каким-то необыкновенным участием осведомился о здоровье господина Голядкина.

— Я, Антон Антонович, славу богу, — заикаясь, проговорил господин Голядкин. — Я, Антон Антонович, совершенно здоров; я, Антон Антонович, теперь ничего, — прибавил он нерешительно, не совсем еще доверяя часто поминаемому им Антону Антоновичу.

— А! А мне показалось, что вы нездоровы; впрочем, немудрено, чего доброго! Нынче же особенно все такие поветрия. Знаете ли...

— Да, Антон Антонович, я знаю, что существуют такие поветрия… Я, Антон Антонович, не оттого, — продолжал господин Голядкин, пристально вглядываясь в Антона Антоновича, — я видите ли, Антон Антонович, даже не знаю, как вам, то есть я хочу сказать, с которой стороны за это дело приняться, Антон Антонович…

— Что-с? Я вас… знаете ли… я, признаюсь вам, не так-то хорошо понимаю; вы… знаете, вы объяснитесь подробнее, в каком отношении вы здесь затрудняетесь, — сказал Антон Антонович, сам затрудняясь немножко, видя, что у господина Голядкина даже слезы на глазах выступили.

— Я, право…здесь, Антон Антонович… тут — чиновник, Антон Антонович…

— Ну-с! Все еще не понимаю.

— Я хочу сказать, Антон Антонович, что здесь есть новопоступивший чиновник.

— Да-с, есть-с; однофамилец ваш.

— Как? — вскрикнул господин Голядкин.

— Я говорю: ваш однофамилец; тоже Голядкин. Не братец ли ваш?

— Нет-с, Антон Антонович, я…

— Гм! скажите, пожалуйста, а мне показалось, что, должно быть, близкий ваш родственник. Знаете ли, есть такое, фамильное в некотором роде, сходство.

Господин Голядкин остолбенел от изумления, и на время у него язык отнялся. Так легко трактовать такую безобразную, невиданную вещь, вещь действительно редкую в своем роде, вещь, которая поразила бы даже самого неинтересованного наблюдателя, говорить о фамильном сходстве тогда, когда тут видно, как в зеркале!

— Я, знаете ли, что посоветую вам, Яков Петрович, — продолжал Антон Антонович. — Вы сходите-ка к доктору да посоветуйтесь с ним. Знаете ли, вы как-то выглядите совсем нездорово. У вас глаза особенно… знаете, особенное какое-то выражение есть.

— Нет-с, Антон Антонович, я, конечно, чувствую… то есть я хочу все спросить, как же этот чиновник?

— Ну-с?

— То есть вы не замечали ли, Антон Антонович, чего-нибудь в нем особенного… слишком чего-нибудь выразительного?

— То есть?

— То есть я хочу сказать, Антон Антонович, поразительного сходства такого с кем-нибудь, например, то есть со мной, например. Вы вот сейчас, Антон Антонович, сказали про фамильное сходство, замечание вскользь

44

сделали… Знаете ли, этак иногда близнецы бывают, то есть совершенно как две капли воды, так что и отличить нельзя? Ну, вот я про это-с.

— Да-с, — сказал Антон Антонович, немного подумав и как будто в первый раз пораженный таким обстоятельством, — да-с! справедливо-с. Сходство в самом деле разительное, и вы безошибочно рассудили, так что и действительно можно принять одного за другого, — продолжал он, более и более открывая глаза. — И знаете ли, Яков Петрович, это даже чудесное сходство, фантастическое, как иногда говорится, то есть совершенно, как вы… Вы заметили ли, Яков Петрович? Я даже сам хотел просить у вас объяснения, да, признаюсь, не обратил должного внимания сначала. Чудо, действительно чудо! А знаете ли, Яков Петрович, вы ведь не здешний родом, я говорю?

— Нет-с.

— Он также ведь не из здешних. Может быть, из одних с вами мест. Ваша матушка, смею спросить, где большею частию проживала?

— Вы сказали… вы сказали, Антон Антонович, что он не из здешних?

— Да-с, не из здешних мест. А и в самом деле, как же это чудно, — продолжал словоохотливый Антон Антонович, которому поболтать о чем-нибудь было истинным праздником, — действительно способно завлечь любопытство; и ведь как часто мимо пройдешь, заденешь, толкнешь его, а не заметишь. Впрочем, вы не смущайтесь. Это бывает. Это, знаете ли, — вот я вам расскажу, — то же самое случилось с моей тетушкой с матерней стороны; она тоже перед смертию себя вдвойне видела…

— Нет-с, я, — извините, что прерываю вас, Антон Антонович, — я, Антон Антонович, хотел бы узнать, как же этот чиновник, то есть на каком он здесь основании?

— А на место Семена Ивановича покойника, на вакантное место; вакансия открылась, так вот и заместили. Ведь вот, право, сердечный этот Семен-то Иванович покойник троих детей, говорят, оставил — мал мала меньше. Вдова падала к ногам его превосходительства. Говорят, впрочем, она таит: у ней есть деньжонки, да она их таит…

— Нет-с, я, Антон Антонович, я вот все о том обстоятельстве.

— То есть? Ну, да! да что же вы-то так интересуетесь этим? Говорю вам: вы не смущайтесь. Это все временное отчасти. Что ж? ведь вы сторона; это уж так сам господь бог устроил, это уж его воля была, и роптать на это грешно. На этом его премудрость видна. А вы же тут, Яков Петрович, сколько я понимаю, не виноваты нисколько. Мало ли чудес есть на свете! Мать-природа щедра; а с вас за это ответа не спросят, отвечать за это не будете. Ведь вот, для примера, кстати сказать, слыхали, надеюсь, как их, как бишь их там, да, сиамские близнецы, срослись себе спинами, так и живут, и едят, и спят вместе; деньги, говорят, большие берут[20].

— Позвольте, Антон Антонович...

— Понимаю вас, понимаю! Да! ну да что ж? — ничего! Я говорю, по крайнему моему разумению, что смущаться тут нечего. Что ж? он чиновник как чиновник; кажется, что деловой человек. Говорит, что Голядкин; не из здешних мест, говорит, титулярный советник. Лично с его превосходительством объяснялся.

— А ну, как же-с?

— Ничего-с; говорят, что достаточно объяснился, резоны представил; говорит, что вот, дескать, так и так, ваше превосходительство, и что нет состояния, а желаю служить и особенно под вашим лестным начальством... ну, и там все, что следует, знаете ли, ловко все выразил. Умный человек, должно быть. Ну, разумеется, явился с рекомендацией; без нее ведь нельзя...

— Ну-с, от кого же-с... то есть я хочу сказать, кто тут именно в это срамное дело руку свою замешал?

— Да-с. Хорошая, говорят, рекомендация; его превосходительство, говорят, посмеялись с Андреем Филипповичем.

— Посмеялись с Андреем Филипповичем?

— Да-с; только так улыбнулись и сказали, что хорошо, и пожалуй, и что они с их стороны не прочь, только бы верно служил...

— Ну-с, дальше-с. Вы меня оживляете отчасти, Антон Антонович; умоляю вас — дальше-с.

— Позвольте, я опять что-то вас... Ну-с, да-с; ну, и ничего-с; обстоятельство немудреное; вы, я вам говорю, не смущайтесь, и сумнительного в этом нечего находить...

— Нет-с. Я, то есть, хочу спросить вас, Антон Антонович, что, его превосходительство ничего больше не прибавили... насчет меня, например?

— То есть как же-с! Да-с! Ну, нет, ничего; можете быть совершенно спокойны. Знаете, оно, конечно, разумеется, обстоятельство довольно разительное и сначала... да вот я, например, сначала я и не заметил почти. Не знаю, право, отчего не заметил до тех пор, покамест вы не напомнили. Но, впрочем, можете быть совершенно спокойны. Ничего особенного, ровно ничего не сказали, — прибавил добренький Антон Антонович, вставая со стула.

— Так вот-с я, Антон Антонович...

---

[20] Сиамские близнецы Ханг и Энг (1811—1874) демонстрировались за деньги в различных странах Европы и Америки.

— Ах, вы меня извините-с. Я и так о пустяках проболтал, а вот дело есть важное, спешное. Нужно вот справиться.

— Антон Антонович! — раздался учтиво-призывный голос Андрея Филипповича, — его превосходительство спрашивал.

— Сейчас, сейчас, Андрей Филиппович, сейчас иду-с. — И Антон Антонович, взяв в руки кучку бумаг, полетел сначала к Андрею Филипповичу, а потом в кабинет его превосходительства.

«Так как же это? — думал про себя господин Голядкин, — так вот у нас игра какова! Так вот у нас какой ветерок теперь подувает... Это недурно; это, стало быть, наиприятнейший оборот дела приняли, — говорил про себя герой наш, потирая руки и не слыша под собою стула от радости. — Так дело-то наше обыкновенное дело. Так все пустячками кончается, ничем разрешается. В самом деле, никто ничего, и не пикнут, разбойники, сидят и делами занимаются; славно, славно! я доброго человека люблю, любил и всегда готов уважать... Впрочем, ведь оно и того, как подумать, этот Антон-то Антонович... доверяться-то страшно: сед чересчур и от старости покачнулся порядком. Самое, впрочем, славное и громадное дело то, что его превосходительство ничего не сказали и так пропустили: оно хорошо! одобряю! Только Андрей-то Филиппович чего ж тут с своими смешками мешается? Ему-то тут что? Старая петля! всегда на пути моем, всегда черной кошкой норовит перебежать человеку дорогу, всегда-то поперек да в пику человеку; человеку-то в пику да поперек...»

Господин Голядкин опять оглянулся кругом и опять оживился надеждой. Чувствовал он, впрочем, что его все-таки смущает одна отдаленная мысль, какая-то недобрая мысль. Ему даже пришло было в голову самому как-нибудь подбиться к чиновникам, забежать вперед зайцем, даже (там как-нибудь при выходе из должности или подойдя как будто бы за делами) между разговором, и намекнуть, что вот, дескать, господа, так и так, вот такое-то сходство разительное, обстоятельство странное, комедия пасквильная, — то есть подтрунить самому над всем этим да и зондировать таким образом глубину опасности. А то ведь в тихом-то омуте черти водятся, мысленно заключил наш герой. Впрочем, господин Голядкин это только подумал; зато одумался во-время. Понял он, что это значит махнуть далеко. «Натура-то твоя такова! — сказал он про себя, щелкнув себя легонько по лбу рукою, — сейчас заиграешь, обрадовался! душа ты правдивая! Нет, уж лучше мы с тобой потерпим, Яков Петрович, подождем да потерпим!» Тем не менее, и как мы уже упомянули, господин Голядкин возродился полной надеждой, точно из мертвых воскрес. «Ничего, — думал он, — словно пятьсот пудов с груди сорвалось! Ведь вот обстоятельство! А ларчик-то просто ведь открывался[21].

---

[21] Выражение, восходящее к басне Ивана Андреевича Крылова „Ларчик" (1808).

47

Крылов-то прав, Крылов-то и прав... дока, петля этот Крылов и баснописец великий! А что до того, так пусть его служит, пусть его служит себе на здоровье, лишь бы никому не мешал и никого не затрогивал; пусть его служит, — согласен и аппробую!»[22]

А между тем часы проходили, летели, и незаметно стукнуло четыре часа. Присутствие закрылось; Андрей Филиппович взялся за шляпу, и, как водится, все последовали его примеру. Господин Голядкин помедлил немножко, нужное время, и вышел нарочно позже всех, самым последним, когда уже все разбрелись по разным дорогам. Вышед на улицу, он почувствовал себя, точно в раю, так, что даже ощутил желание хоть и крюку дать, а пройтись по Невскому. «Ведь вот судьба! — говорил наш герой, — неожиданный переворот всего дела. И погодка-то разгулялась, и морозец, и саночки. А мороз-то годится русскому человеку, славно уживается с морозом русский человек! Я люблю русского человека. И снежочек и первая пороша, как сказал бы охотник; вот бы тут зайца по первой пороше! Эхма! да ну, ничего!»

Так-то выражался восторг господина Голядкина, а между тем что-то все еще щекотало у него в голове, тоска не тоска, — а порой так сердце насасывало, что господин Голядкин не знал, чем утешить себя. «Впрочем, подождем-ка мы дня и тогда будем радоваться. А впрочем, ведь что же такое? Ну, рассудим, посмотрим. Ну, давай рассуждать, молодой друг мой, ну, давай рассуждать. Ну, такой же, как и ты человек, во-первых, совершенно такой же. Ну, да что ж тут такого? Коли такой человек, так мне и плакать? Мне-то что? Я в стороне; свищу себе, да и только! На то пошел, да и только! Пусть его служит! Ну, чудо и странность, там говорят, что сиамские близнецы... Ну, да зачем их, сиамских-то? положим, они близнецы, но ведь и великие люди подчас чудаками смотрели. Даже из истории известно, что знаменитый Суворов пел петухом[23]... Ну, да он там это все из политики; и великие полководцы... да, впрочем, что ж полководцы? А вот я сам по себе, да только, и знать никого не хочу, и в невинности моей врага презираю. Не интригант, и этим горжусь. Чист, прямодушен, опрятен, приятен, незлоблив...»

Вдруг господин Голядкин умолк, осекся и как лист задрожал, даже закрыл глаза на мгновенье. Надеясь, впрочем, что предмет его страха просто иллюзия, открыл он наконец глаза и робко покосился направо. Нет, не иллюзия!.. Рядом с ним семенил утренний знакомец его, улыбался, заглядывал ему в лицо и, казалось, ждал случая начать разговор.

---

[22] Аппробую (фр. approber — одобрять) — одобряю.

[23] См.: Анекдоты князя Итальянского, графа Суворова-Рымникского, изданные Егором Борисовичем Фуксом. СПб., 1827. С. 75, 78.

Разговор, впрочем, не начинался. Оба они прошли шагов пятьдесят таким образом. Все старание господина Голядкина было как можно плотнее закутаться, зарыться в шинель и нахлобучить на глаза шляпу до последней возможности. К довершению обиды даже и шинель и шляпа его приятеля были точно такие же, как будто сейчас с плеча господина Голядкина.

— Милостивый государь, — произнес наконец наш герой, стараясь говорить почти шепотом и не глядя на своего приятеля, — мы, кажется, идем по разным дорогам... Я даже уверен в этом, — сказал он, помолчав немножко. — Наконец, я уверен, что вы меня поняли совершенно, — довольно строго прибавил он в заключение.

— Я бы желал, — проговорил наконец приятель господина Голядкина, — я бы желал... вы, вероятно, великодушно извините меня... я не знаю, к кому обратиться здесь... мои обстоятельства,- я надеюсь, что вы извините мою дерзость, — мне даже показалось, что вы, движимые состраданием, принимали во мне сегодня утром участие. С своей стороны, я с первого взгляда почувствовал к вам влечение, я... — Тут господин Голядкин мысленно пожелал своему новому сослуживцу провалиться сквозь землю. — Если бы я смел надеяться, что вы, Яков Петрович, меня снисходительно изволите выслушать...

— Мы — мы здесь — мы... лучше пойдемте ко мне, — отвечал господин Голядкин, — мы теперь перейдем на ту сторону Невского, там нам будет удобнее с вами, а потом переулочком... мы лучше возьмем переулочком.

— Хорошо-с. Пожалуй, возьмем переулочком-с, — робко сказал смиренный спутник Голядкина, как будто намекая тоном ответа, что где ему разбирать и что, в его положении, он и переулочком готов удовольствоваться. Что же касается до господина Голядкина, то он совершенно не понимал, что с ним делалось. Он не верил себе. Он еще не опомнился от своего изумления.

VII

Опомнился он немного на лестнице, при входе в квартиру свою. «Ах, я баран-голова! — ругнул он себя мысленно, — ну, куда ж я веду его? Сам я голову в петлю кладу. Что же подумает Петрушка, увидя нас вместе? Что этот мерзавец теперь подумать осмелится? а он подозрителен...» Но уже поздно было раскаиваться; господин Голядкин постучался, дверь отворилась, и Петрушка начал снимать шинели с гостя и барина. Господин Голядкин посмотрел вскользь, так только бросил мельком взгляд на Петрушку, стараясь проникнуть в его физиономию и разгадать его мысли. Но, к величайшему своему удивлению, увидел он, что служитель его и не думает удивляться и даже, напротив, словно ждал чего-то подобного. Конечно, он и теперь смотрел волком, косил на сторону и как будто кого-то съесть собирался. «Уж не околдовал ли их кто всех сегодня, — думал герой наш, — бес какой-нибудь обежал! Непременно что-нибудь особенное должно быть во всем народе сегодня. Черт возьми, экая мука какая!» Вот все-то таким образом думая и раздумывая, господин Голядкин ввел гостя к себе в комнату и пригласил покорно садиться. Гость был в крайнем, по-видимому, замешательстве, очень робел, покорно следил за всеми движениями своего хозяина, ловил его взгляды и по ним, казалось, старался угадать его мысли. Что-то униженное, забитое и запуганное выражалось во всех жестах его, так что он, если позволят сравнение, довольно походил в эту минуту на того человека, который, за неимением своего платья, оделся в чужое: рукава лезут наверх, талия почти на затылке, а он то поминутно оправляет на себе короткий жилетишко, то виляет бочком и сторонится, то норовит куда-нибудь спрятаться, то заглядывает всем в глаза и прислушивается, не говорят ли чего люди о его обстоятельствах, не смеются ли над ним, не стыдятся ли его, — и краснеет человек, и теряется человек, и страдает амбиция... Господин Голядкин поставил свою шляпу на окно; от неосторожного движения шляпа его слетела на пол. Гость тотчас же бросился ее поднимать, счистил всю пыль, бережно поставил на прежнее место, а свою на полу, возле стула, на краюшке которого смиренно сам поместился. Это маленькое обстоятельство открыло отчасти глаза господину Голядкину; понял он, что нужда в нем великая, и потому не стал более затрудняться, как начать с своим гостем, предоставив это все, как и следовало, ему самому. Гость же, с своей стороны, тоже не начинал ничего, робел ли, стыдился ли немножко, или из учтивости ждал начина хозяйского, — неизвестно, разобрать было трудно. В это время вошел Петрушка, остановился в дверях и уставился глазами в сторону, совершенно противоположную той, в которой помещались и гость и барин его.

— Обеда две порции прикажете брать? — проговорил он небрежно и сипловатым голосом.

— Я, я не знаю... вы — да, возьми, брат, две порции.

Петрушка ушел. Господин Голядкин взглянул на своего гостя. Гость его покраснел до ушей. Господин Голядкин был добрый человек и потому, по доброте души своей, тотчас же составил теорию:

«Бедный человек, — думал он, — да и на месте-то всего один день; в свое время пострадал, вероятно; может быть, только и добра-то, что приличное платьишко, а самому и пообедать-то нечем. Эк его, какой он забитый! Ну, ничего; это отчасти и лучше…»

— Извините меня, что я, — начал господин Голядкин, — впрочем, позвольте узнать, как мне звать вас?

— Я… Я… Яков Петровичем, — почти прошептал гость его, словно совестясь и стыдясь, словно прощения прося в том, что и его зовут тоже Яковом Петровичем.

— Яков Петрович! — повторил наш герой, не в силах будучи скрыть своего смущения.

— Да-с, точно так-с… Тезка вам-с, — отвечал смиренный гость господина Голядкина, осмеливаясь улыбнуться и сказать что-нибудь пошутливее. Но тут же оселся назад, приняв вид самый серьезный и немного, впрочем, смущенный, замечая, что хозяину его теперь не до шуточек.

— Вы… позвольте же вас спросить, по какому случаю имею я честь…

— Зная ваше великодушие и добродетели ваши, — быстро, но робким голосом прервал его гость, немного приподымаясь со стула, — осмелился я обратиться к вам и просить вашего… знакомства и покровительства… — заключил его гость, очевидно затрудняясь в своих выражениях и выбирая слова не слишком льстивые и унизительные, чтоб не окомпрометировать себя в отношении амбиции, но и не слишком смелые, отзывающиеся неприличным равенством. Вообще можно сказать, что гость господина Голядкина вел себя как благородный нищий в заштопанном фраке и с благородным паспортом в кармане, не напрактиковавшийся еще как следует протягивать руку.

— Вы смущаете меня, — отвечал господин Голядкин, оглядывая себя, свои стены и гостя, — чем же я мог бы… я, то есть, хочу сказать, в каком именно отношении могу я вам услужить в чем-нибудь?

— Я, Яков Петрович, почувствовал к вам влечение с первого взгляда и, простите меня великодушно, на вас понадеялся, — осмелился понадеяться, Яков Петрович. Я… я человек здесь затерянный, Яков Петрович, бедный, пострадал весьма много, Яков Петрович, и здесь еще внове. Узнав, что вы, при обыкновенных, врожденных вам качествах вашей прекрасной души, однофамилец мой…

Господин Голядкин поморщился.

— Однофамилец мой и родом из одних со мной мест, решился я обратиться к вам и изложить вам затруднительное мое положение.

— Хорошо-с, хорошо-с; право, я не знаю, что вам сказать,- отвечал смущенным голосом господин Голядкин, — вот, после обеда, мы потолкуем...

Гость поклонился; обед принесли. Петрушка собрал на стол, — и гость вместе с хозяином принялись насыщать себя. Обед продолжался недолго; оба они торопились — хозяин потому, что был не в обыкновенной тарелке своей, да к тому же и совестился, что обед был дурной, — совестился же отчасти оттого, что хотелось гостя хорошо покормить, а частию оттого, что хотелось показать, что он не как нищий живет. С своей стороны, гость был в крайнем смущении и крайне конфузился. Взяв один раз хлеба и съев свой ломоть, он уже боялся протягивать руку к другому ломтю, совестился брать кусочки получше и поминутно уверял, что он вовсе не голоден, что обед был прекрасный и что он, с своей стороны, совершенно доволен и по гроб будет чувствовать. Когда еда кончилась, господин Голядкин закурил свою трубочку, предложил другую, заведенную для приятеля, гостю, — оба уселись друг против друга, и гость начал рассказывать свои приключения.

Рассказ господина Голядкина-младшего продолжался часа три или четыре. История приключений его была, впрочем, составлена из самых пустейших, из самых мизернейших, если можно сказать, обстоятельств. Дело шло о службе где-то в палате в губернии, о прокурорах и председателях, о кое-каких канцелярских интригах, о разврате души одного из повытчиков[24], о ревизоре, о внезапной перемене начальства, о том, как господин Голядкин-второй пострадал совершенно безвинно; о престарелой тетушке его, Пелагее Семеновне; о том, как он, по разным интригам врагов своих, места лишился и пешком пришел в Петербург; о том, как он маялся и горе мыкал здесь, в Петербурге, как бесплодно долгое время места искал, прожился, исхарчился, жил чуть не на улице, ел черствый хлеб и запивал его слезами своими, спал на голом полу и, наконец, как кто-то из добрых людей взялся хлопотать о нем, рекомендовал и великодушно к новому месту пристроил. Гость господина Голядкина плакал, рассказывая, и утирал слезы синим клетчатым платком, весьма походившим на клеенку. Заключил же он тем, что открылся вполне господину Голядкину и признался, что ему не только нечем покамест жить и прилично устроиться, но и обмундироваться-то как следует не на что; что вот, включил он, даже на сапожишки не мог сколотиться и что вицмундир взят им у кого-то на подержание на малое время.

Господин Голядкин был в умилении, был истинно тронут. Впрочем,

---

[24] Повытчик (устар.) — столоначальник.

и даже несмотря на то, что история его гостя была самая пустая история, все слова этой истории ложились на сердце его, словно манна небесная. Дело в том, что господин Голядкин забывал последние сомнения свои, разрешил свое сердце на свободу и радость и, наконец, мысленно сам себя пожаловал в дураки. Все было так натурально! И было отчего сокрушаться, бить такую тревогу! Ну, есть, действительно есть одно щекотливое обстоятельство, — да ведь оно не беда: оно не может замарать человека, амбицию его запятнать и карьеру его загубить, когда не виноват человек, когда сама природа сюда замешалась. К тому же гость просил покровительства, гость плакал, гость судьбу обвинял, казался таким незатейливым, без злобы и хитростей, жалким, ничтожным и, кажется, сам теперь совестился, хотя, может быть, и в другом отношении, странным сходством лица своего с хозяйским лицом. Вел он себя донельзя благонадежно, так и смотрел угодить своему хозяину и смотрел так, как смотрит человек, который терзается угрызениями совести и чувствует, что виноват перед другим человеком. Заходила ли, например, речь о каком-нибудь сомнительном пункте, гость тотчас же соглашался с мнением господина Голядкина. Если же как-нибудь, по ошибке, заходил мнением своим в контру господину Голядкину и потом замечал, что сбился с дороги, то тотчас же поправлял свою речь, объяснялся и давал немедленно знать, что он все разумеет точно таким же образом, как хозяин его, мыслит так же, как он, и смотрит на все совершенно такими же глазами, как и он. Одним словом, гость употреблял всевозможные усилия «найти» в господине Голядкине, так что господин Голядкин решил, наконец, что гость его должен быть весьма любезный человек во всех отношениях. Между прочим, подали чай; час был девятый. Господин Голядкин чувствовал себя в прекрасном расположении духа, развеселился, разыгрался, расходился понемножку и пустился наконец в самый живой и занимательный разговор с своим гостем. Господин Голядкин, под веселую руку, любил иногда рассказать что-нибудь интересное. Так и теперь: рассказал гостю много о столице, об увеселениях и красотах ее, о театре, о клубах, о картине Брюллова[25]; о том, как два англичанина приехали нарочно из Англии в Петербург, чтоб посмотреть на решетку

---

[25] Картина Карла Павловича Брюллова «Последний день Помпеи» была закончена художником в Италии, в 1834 году привезена им в Петербург и выставлена в Академии художеств. Она вызвала тогда же множество откликов в заграничной и русской печати.

Летнего сада, и тотчас уехали[26]; о службе, об Олсуфье Ивановиче и об Андрее Филипповиче; о том, что Россия с часу на час идет к совершенству и что тут

«Словесные науки днесь цветут;»

об анекдотце, прочитанном недавно в «Северной пчеле», и что в Индии есть змея удав необыкновенной силы; наконец, о бароне Брамбеусе[27] и т. д. и т. д. Словом, господин Голядкин вполне был доволен, во-первых, потому, что был совершенно спокоен; во-вторых, что не только не боялся врагов своих, но даже готов был теперь всех их вызвать на самый решительный бой; в-третьих, что сам своею особою оказывал покровительство и, наконец, делал доброе дело. Сознавался он, впрочем, в душе своей, что еще не совсем счастлив в эту минуту, что сидит в нем еще один червячок, самый маленький, впрочем, и точит даже и теперь его сердце. Мучило крайне его воспоминание о вчерашнем вечере у Олсуфья Ивановича. Много бы дал он теперь, если б не было кой-чего из того, что было вчера. «Впрочем, ведь оно ничего!» — заключил наконец наш герой и решился твердо в душе вести себя вперед хорошо и не впадать в подобные промахи. Так как господин Голядкин теперь расходился вполне и стал вдруг почти совершенно счастлив, то вздумалось ему даже и пожуировать жизнию. Принесен был Петрушкою ром, и составился пунш. Гость и хозяин осушили по стакану и по два. Гость оказался еще любезнее прежнего и с своей стороны показал не одно доказательство прямодушия и счастливого характера своего, сильно входил в удовольствие господина Голядкина, казалось, радовался только одною его радостью и смотрел на него, как на истинного и единственного своего благодетеля. Взяв перо и листочек бумажки, он попросил господина Голядкина не смотреть на то, что он будет писать, и потом, когда кончил, сам показал хозяину своему все написанное. Оказалось, что это было четверостишие, написанное довольно чувствительно, впрочем прекрасным слогом и почерком, и, как видно, сочинение самого любезного гостя. Стишки были следующие:

Если ты меня забудешь[28],
Не забуду я тебя;

---

[26] Сходные анекдоты см.: Хвостов Д. И. Разные стихотворения. СПб., 1827. Т. 5. С. 277., Бурьянов (Бурнашев) В. Прогулка с детьми по С.-Петербургу и его окрестностям. СПб., 1838. Ч. 2. С. 263—264.

[27] Барон Брамбеус — псевдоним издателя «Библиотеки для чтения» Осипа Ивановича Сенковского.

[28] Если ты меня забудешь... — альбомные стихи, распространенные среди институток.

54

В жизни может все случиться,
Не забудь и ты меня!

Со слезами на глазах обнял своего гостя господин Голядкин и, расчувствовавшись наконец вполне, сам посвятил своего гостя в некоторые секреты и тайны свои, причем речь сильно напиралась на Андрея Филипповича и на Клару Олсуфьевну. «Ну, да ведь мы с тобой, Яков Петрович, сойдемся, — говорил наш герой своему гостю, — мы с тобой, Яков Петрович, будем жить, как рыба с водой, как братья родные; мы, дружище, будем хитрить, заодно хитрить будем; с своей стороны будем интригу вести в пику им… в пику-то им интригу вести. А им-то ты никому не вверяйся. Ведь я тебя знаю, Яков Петрович, и характер твой понимаю; ведь ты как раз все расскажешь, душа ты правдивая! Ты, брат, сторонись от них всех». Гость вполне соглашался, благодарил господина Голядкина и тоже наконец прослезился. «Ты, знаешь ли, Яша, — продолжал господин Голядкин дрожащим, расслабленным голосом, — ты, Яша, поселись у меня на время или навсегда поселись. Мы сойдемся. Что, брат, тебе, а? А ты не смущайся и не ропщи на то, что вот между нами такое странное теперь обстоятельство: роптать, брат, грешно; это природа! А мать-природа щедра, вот что, брат Яша! Любя тебя, братски любя тебя, говорю. А мы с тобой, Яша, будем хитрить и с своей стороны подкопы вести и носы им утрем». Пунш, наконец, дошел до третьих и четвертых стаканов на брата, и тогда господин Голядкин стал испытывать два ощущения: одно то, что необыкновенно счастлив, а другое, — что уже не может стоять на ногах. Гость, разумеется, был приглашен ночевать. Кровать была кое-как составлена из двух рядов стульев. Господин Голядкин-младший объявил, что под дружеским кровом мягко спать и на голом полу, что, с своей стороны, он заснет, где придется, с покорностью и признательностью; что теперь он в раю и что, наконец, он много перенес на своем веку несчастий и горя, на все посмотрел, всего перетерпел, и — кто знает будущность? — может быть, еще перетерпит. Господин Голядкин-старший протестовал против этого и начал доказывать, что нужно возложить всю надежду на бога. Гость вполне соглашался и говорил, что, разумеется, никто таков, как бог. Тут господин Голядкин-старший заметил, что турки правы в некотором отношении, призывая даже во сне имя божие. Потом, не соглашаясь, впрочем, с иными учеными в иных клеветах, взводимых на турецкого пророка Мухаммеда, и признавая его в своем роде великим политиком, господин Голядкин перешел к весьма интересному описанию алжирской цирюльни, о которой читал в какой-то книжке в смеси[29]. Гость и хозяин много смеялись над простодушием турков; впрочем, не могли не отдать должной дани удивления их фанатизму, возбуждаемому опиумом... Гость стал наконец раздеваться, а господин Голядкин вышел за перегородку, частию по доброте души, что, может быть, дескать, у него и рубашки-то порядочной нет, так чтоб не сконфузить и без того уже пострадавшего человека, а частию для того, чтоб увериться по возможности в Петрушке, испытать его, развеселить, если можно, и приласкать человека, чтоб уж все были счастливы и чтоб не оставалось на столе просыпанной соли. Нужно заметить, что Петрушка все еще смущал господина Голядкина.

— Ты, Петр, ложись теперь спать, — кротко сказал господин Голядкин, входя в отделение своего служителя, — ты теперь ложись спать, а завтра в восемь часов ты меня и разбуди. Понимаешь, Петруша?

Господин Голядкин говорил необыкновенно мягко и ласково. Но Петрушка молчал. Он в это время возился около своей кровати и даже не обернулся к своему барину, что бы должен был сделать, впрочем, из одного к нему уважения.

— Ты, Петр, меня слышал? — продолжал господин Голядкин. — Ты вот теперь ложись спать, а завтра, Петруша, ты и разбуди меня в восемь часов; понимаешь?

— Да уж помню, уж что тут! — проворчал себе под нос Петрушка.

— Ну, то-то, Петруша; я это только так говорю, чтоб и ты был спокоен и счастлив. Вот мы теперь все счастливы, так чтоб и ты был спокоен и счастлив. А теперь спокойной ночи желаю тебе. Усни, Петруша, усни; мы все трудиться должны... Ты, брат, знаешь, не думай чего-нибудь...

Господин Голядкин начал было, да остановился. «Не слишком ли будет, — подумал он, — не далеко ли я замахнул? Так-то всегда; всегда-то я пересыплю». Герой наш вышел от Петрушки весьма недовольный собою. К тому же грубостью и неподатливостью Петрушки он немного обиделся. «С шельмецом заигрывают, шельмецу барин честь делает, а он не чувствует, — подумал господин Голядкин. — Впрочем, такая уж тенденция подлая у всего этого рода!» Отчасти покачиваясь, воротился он в комнату и, видя, что гость его улегся совсем, присел на минутку к нему на постель. «А ведь признайся, Яша, — начал он шепотом и курныкая головой, — ведь ты, подлец, предо мной виноват? ведь ты, тезка, знаешь,

---

[29] «Смесь» — название одного из разделов тогдашних журналов (обычно последнего), где сообщали любопытные новости, почерпнутые из иностранных книг, журналов и газет или из новейшей научной литературы. В данном случае имеется в виду книжка журнала «Библиотека для чтения».

того…» — продолжал он, довольно фамильярно заигрывая с своим гостем. Наконец, распростившись с ним дружески, господин Голядкин отправился спать. Гость между тем захрапел. Господин Голядкин в свою очередь начал ложиться в постель, а между тем, посмеиваясь, шептал про себя: «Ведь ты пьян сегодня, голубчик мой, Яков Петрович, подлец ты такой, Голядка ты этакой, — фамилья твоя такова!! Ну, чему ты обрадовался? Ведь завтра расплачешься, нюня ты этакая: что мне делать с тобой!» Тут довольно странное ощущение отозвалось во всем существе господина Голядкина, что-то похожее на сомнение или раскаяние. «Расходился ж я, — думал он, — ведь вот теперь шумит в голове и я пьян; и не удержался, дурачина ты этакая! и вздору с три короба намолол да еще хитрить, подлец, собирался. Конечно, прощение и забвение обид есть первейшая добродетель, но все ж оно плохо! вот оно как!» Тут господин Голядкин привстал, взял свечу и на цыпочках еще раз пошел взглянуть на спящего своего гостя. Долго стоял он над ним в глубоком раздумье. «Картина неприятная! пасквиль, чистейший пасквиль, да и дело с концом!»

Наконец господин Голядкин улегся совсем. В голове у него шумело, трещало, звонило. Он стал забываться-забываться… силился было о чем-то думать, вспомнить что-то такое весьма интересное, разрешить что-то такое весьма важное, какое-то щекотливое дело, — но не мог. Сон налетел на его победную голову, и он заснул так, как обыкновенно спят люди, с непривычки употребившие вдруг пять стаканов пунша на какой-нибудь дружеской вечеринке.

VIII

Как обыкновенно, на другой день господин Голядкин проснулся в восемь часов; проснувшись же, тотчас припомнил все происшествия вчерашнего вечера, — припомнил и поморщился. «Эк я разыгрался вчера каким дураком!» — подумал он, приподымаясь с постели и взглянув на постель своего гостя. Но каково же было его удивление, когда не только гостя, но даже и постели, на которой спал гость, не было в комнате! «Что ж это такое? — чуть не вскрикнул господин Голядкин, — что ж бы это было такое? Что же означает теперь это новое обстоятельство?» Покамест господин Голядкин, недоумевая, с раскрытым ртом смотрел на опустелое место, скрипнула дверь, и Петрушка вошел с чайным подносом. «Где же, где же?» — проговорил чуть слышным голосом наш герой, указывая на вчерашнее место, отведенное гостю. Петрушка сначала не отвечал ничего, даже не посмотрел на своего барина, а поворотил глаза в угол направо, так что господин Голядкин сам принужден был взглянуть в угол направо. Впрочем, после некоторого молчания Петрушка, сиповатым и грубым голосом, ответил, «что барина дома нет».

— Дурак ты; да ведь я твой барин, Петрушка, — проговорил господин Голядкин прерывистым голосом и во все глаза смотря на своего служителя.

Петрушка ничего не отвечал, но посмотрел так на господина Голядкина, что тот покраснел до ушей, — посмотрел с какою-то оскорбительною укоризною, похожею на чистую брань. Господин Голядкин и руки опустил, как говорится. Наконец Петрушка объявил, что другой уж часа с полтора как ушел и не хотел дожидаться. Конечно, ответ был вероятен и правдоподобен; видно было, что Петрушка не лгал, что оскорбительный взгляд его и слово другой, употребленное им, были лишь следствием всего известного гнусного обстоятельства; но все-таки он понимал, хоть и смутно, что тут что-нибудь да не так и что судьба готовит ему еще какой-то гостинец, не совсем-то приятный. «Хорошо, мы посмотрим, — думал он про себя, — мы увидим, мы своевременно раскусим все это... Ах ты, господи боже мой! — простонал он в заключение уже совсем другим голосом, — и зачем я это приглашал его, на какой конец я все это делал? ведь истинно сам голову сую в петлю их воровскую, сам эту петлю свиваю. Ах ты голова, голова! ведь и утерпеть-то не можешь ты, чтоб не провраться, как мальчишка какой-нибудь, канцелярист какой-нибудь, как бесчиновная дрянь какая-нибудь, тряпка, ветошка гнилая какая-нибудь, сплетник ты этакой, баба ты этакая!.. Святые вы мои! И стишки, шельмец, написал и в любви ко мне изъяснился! Как бы этак, того... Как бы ему, шельмецу, приличнее на дверь указать, коли воротится? Разумеется, много есть разных оборотов и способов. Так и так, дескать, при моем ограниченном жалованье... Или там припугнуть его как-нибудь, что, дескать, взяв в соображение вот то-то и то-то, принужден изъясниться... дескать, нужно в половине платить за квартиру и стол и деньги вперед отдавать. Гм! нет, черт возьми, нет! Это меня замарает. Оно не совсем деликатно! Разве как-нибудь там вот этак бы сделать: взять бы да и надоумить Петрушку, чтоб Петрушка ему насолил как-нибудь, неглижировал бы с ним как-нибудь, сгрубил ему, да и выжить его таким образом? Стравить бы их этак вместе... Нет, черт возьми, нет! Это опасно, да и опять, если с этакой точки зренья смотреть — ну, да, вовсе нехорошо! Совсем нехорошо! А ну, если он не придет? и это плохо будет? проврался я ему вчера вечером!.. Эх, плохо, плохо! Эх, дело-то наше как плоховато! Ах, я голова, голова окаянная! взубрить-то ты чего следует не можешь себе, резону-то вгвоздить туда не можешь себе! Ну, как он придет и откажется? А дай-то господи, если б пришел! Весьма был бы рад я, если б пришел он; много бы дал я, если б пришел...» Так рассуждал господин Голядкин, глотая свой чай и беспрестанно поглядывая на стенные часы. «Без четверти девять теперь; ведь вот уж пора идти. А что-то будет такое; что-то тут будет? Желал бы я знать, что здесь именно особенного такого скрывается, — этак цель, направление и разные там закавыки. Хорошо бы узнать, на что именно метят все эти народы и каков-то будет их первый шаг...» Господин Голядкин не мог долее вытерпеть, бросил недокуренную трубку, оделся и пустился на службу, желая накрыть, если можно, опасность и во всем удостовериться своим личным присутствием. А опасность была: это уж он сам знал, что опасность была. «А вот мы ее... и раскусим, — говорил господин Голядкин, снимая шинель и калоши в передней, — вот мы и проникнем сейчас во все эти дела». Решившись, таким образом, действовать, герой наш оправился, принял вид приличный и форменный и только что хотел было проникнуть в соседскую комнату, как вдруг, в самых дверях, столкнулся с ним вчерашний знакомец, друг и приятель его. Господин Голядкин-младший, кажется, не замечал господина Голядкина-старшего, хотя и сошелся с ним почти носом к носу. Господин Голядкин-младший был, кажется, занят, куда-то спешил, запыхался; вид имел такой официальный, такой деловой, что, казалось, всякий мог прямо прочесть на лице его — «командирован по особому поручению...»

— Ах, это вы, Яков Петрович! — сказал наш герой, хватая своего вчерашнего гостя за руку.

— После, после, извините меня, расскажете после, — закричал господин Голядкин-младший, порываясь вперед.

— Однако позвольте; вы, кажется, хотели, Яков Петрович, того-с...

— Что-с? Объясните скорее-с. — Тут вчерашний гость господина Голядкина остановился как бы через силу и нехотя и подставил ухо свое прямо к носу господина Голядкина.

— Я вам скажу, Яков Петрович, что я удивляюсь приему... приему, какого вовсе, по-видимому, не мог бы я ожидать.

— На все есть известная форма-с. Явитесь к секретарю его превосходительства и потом отнеситесь, как следует, к господину правителю канцелярии. Просьба есть?..

— Вы, я не знаю, Яков Петрович! вы меня просто изумляете, Яков Петрович! вы, верно, не узнаете меня или шутите, по врожденной веселости характера вашего.

— А, это вы! — сказал господин Голядкин-младший, как будто только сейчас разглядев господина Голядкина-старшего, — так это вы? Ну, что ж, хорошо ли вы почивали? — Тут господин Голядкин-младший, улыбнувшись немного, — официально и форменно улыбнувшись, хотя вовсе не так, как бы следовало (потому что ведь во всяком случае он одолжен же был благодарностью господину Голядкину-старшему), — итак, улыбнувшись официально и форменно, прибавил, что он с своей стороны весьма рад, что господин Голядкин хорошо почивал; потом наклонился немного, посеменил немного на месте, поглядел направо, налево, потом опустил глаза в землю, нацелился в боковую дверь и, прошептав скороговоркой, что он по особому поручению, юркнул в соседнюю комнату. Только его и видели.

— Вот-те и штука!.. — прошептал наш герой, остолбенев на мгновение, — вот-те и штука! Так вот такое-то здесь обстоятельство!.. — Тут господин Голядкин почувствовал, что у него отчего-то заходили мурашки по телу. — Впрочем, — продолжал он про себя, пробираясь в свое отделение, — впрочем, ведь я уже давно говорил о таком обстоятельстве; я уже давно предчувствовал, что он по особому поручению, — именно вот вчера говорил, что непременно по чьему-нибудь особому поручению употреблен человек…

— Окончили вы, Яков Петрович, вчерашнюю вашу бумагу? — спросил Антон Антонович Сеточкин усевшегося подле него господина Голядкина. — У вас здесь она?

— Здесь, — прошептал господин Голядкин, смотря на своего столоначальника отчасти с потерявшимся видом.

— То-то-с. Я к тому говорю, что Андрей Филиппович уже два раза спрашивал. Того и гляди, что его превосходительство потребует…

— Нет-с, она кончена-с…

— Ну-с, хорошо-с.

— Я, Антон Антонович, всегда, кажется, исполнял свою должность как следует и радею о порученных мне начальством делах-с, занимаюсь ими рачительно.

— Да-с. Ну-с, что же вы хотите этим сказать-с?

— Я ничего-с, Антон Антонович. Я только, Антон Антонович, хочу объяснить, что я … то есть я хотел выразить, что иногда неблагонамеренность и зависть не щадят никакого лица, ища своей повседневной отвратительной пищи-с.

— Извините, я вас не совсем-то понимаю. То есть на какое лицо вы теперь намекаете?

— То есть я хотел только сказать, Антон Антонович, что я иду прямым путем, а окольным путем ходить презираю, что я не интриган и что сим, если позволено только будет мне выразиться, могу весьма справедливо гордиться...

— Да-с. Это все так-с, и, по крайнему моему разумению, отдаю полную справедливость рассуждению вашему; но позвольте же и мне вам, Яков Петрович, заметить, что личности в хорошем обществе не совсем позволительны-с; что за глаза я, например, готов снести, — потому что за глаза и кого ж не бранят! — но в глаза, воля ваша, и я, сударь мой, например, себе дерзостей говорить не позволю. Я, сударь мой, поседел на государственной службе и дерзостей на старости лет говорить себе не позволю-с...

— Нет-с, я, Антон Антонович-с, вы, видите ли, Антон Антонович, вы, кажется, Антон Антонович, меня не совсем-то уразумели-с. А я, помилуйте, Антон Антонович, я с своей стороны могу только за честь поставить-с...

— Да уж и нас тоже прошу извинить-с. Учены мы по-старинному-с. А по-вашему, по-новому, учиться нам поздно. На службе отечеству разумения доселе нам, кажется, доставало. У меня, сударь мой, как вы сами знаете, есть знак за двадцатилетнюю беспорочную службу-с...

— Я чувствую, Антон Антонович, я с моей стороны совершенно все это чувствую-с. Но я не про то-с, я про маску говорил, Антон Антонович-с...

— Про маску-с?

— То есть вы опять... я опасаюсь, что вы и тут примете в другую сторону смысл, то есть смысл речей моих, как вы сами говорите, Антон Антонович. Я только тему развиваю, то есть пропускаю идею, Антон Антонович, что люди, носящие маску, стали не редки-с и что теперь трудно под маской узнать человека-с...

— Ну-с, знаете ли-с, оно не совсем и трудно-с. Иногда и довольно легко-с, иногда и искать недалеко нужно ходить-с.

— Нет-с, знаете ли-с, я, Антон Антонович, говорю-с, про себя говорю, что я, например, маску надеваю, лишь когда нужда в ней бывает, то есть единственно для карнавала и веселых собраний, говоря в прямом смысле, но что не маскируюсь перед людьми каждодневно, говоря в другом, более скрытом смысле-с. Вот что я хотел сказать, Антон Антонович-с.

— Ну, да мы покамест оставим все это; да мне же и некогда-с, — сказал Антон Антонович, привстав с своего места и собирая кой-какие бумаги для доклада его превосходительству. — Дело же ваше, как я полагаю, не замедлит своевременно объясниться. Сами же увидите вы, на кого вам пенять и кого обвинять, а затем прошу вас покорнейше уволить меня от дальнейших частных и вредящих службе объяснений и толков-с...

— Нет-с, я, Антон Антонович, — начал побледневший немного господин Голядкин вслед удаляющемуся Антону Антоновичу, — я, Антон Антонович, того-с, и не думал-с. «Что же это такое? — продолжал уже про себя наш герой, оставшись один. — Что же это за ветры такие здесь подувают и что означает этот новый крючок?» В то самое время, как потерянный и полуубитый герой наш готовился было разрешить этот новый вопрос, в соседней комнате послышался шум, обнаружилось какое-то деловое движение, дверь отворилась, и Андрей Филиппович, только что перед тем отлучившийся по делам в кабинет его превосходительства, запыхавшись, появился в дверях и крикнул господина Голядкина. Зная в чем дело и не желая заставить ждать Андрея Филипповича, господин Голядкин вскочил с своего места и, как следует, немедленно засуетился на чем свет стоит, обготовляя и обхоливая окончательно требуемую тетрадку, да и сам приготовляясь отправиться, вслед за тетрадкой и Андреем Филипповичем, в кабинет его превосходительства. Вдруг, и почти из-под руки Андрея Филипповича, стоявшего в то время в самых дверях, юркнул в комнату господин Голядкин-младший, суетясь, запыхавшись, загонявшись на службе, с важным решительно-форменным видом, и прямо подкатился к господину Голядкину-старшему, менее всего ожидавшему подобного нападения...

— Бумаги, Яков Петрович, бумаги... его превосходительство изволили спрашивать, готовы ль у вас? — защебетал вполголоса и скороговоркой приятель господина Голядкина-старшего. — Андрей Филиппович вас ожидает...

— Знаю и без вас, что ожидают, — проговорил господин Голядкин-старший тоже скороговоркой и шепотом.

— Нет, я, Яков Петрович, не то; я, Яков Петрович, совсем не то; я сочувствую, Яков Петрович, и подвигнут душевным участием.

— От которого нижайше прошу вас избавить меня. Позвольте, позвольте-с...

— Вы, разумеется, их обернете оберточкой, Яков Петрович, а третью-то страничку вы заложите закладкой, позвольте, Яков Петрович...

— Да позвольте же вы, наконец...

— Но ведь здесь чернильное пятнышко, Яков Петрович, вы заметили ль чернильное пятнышко?..

Тут Андрей Филиппович второй раз кликнул господина Голядкина.

— Сейчас, Андрей Филиппович; я вот только немножко, вот здесь... Милостивый государь, понимаете ли вы русский язык?

— Лучше всего будет ножичком снять, Яков Петрович, вы лучше на меня положитесь: вы лучше не трогайте сами, Яков Петрович, а на меня положитесь, — я же отчасти тут ножичком...

Андрей Филиппович третий раз кликнул господина Голядкина.

— Да, помилуйте, где же тут пятнышко? Ведь, кажется, вовсе нету здесь пятнышка?

— И огромное пятнышко, вот оно! вот, позвольте, я здесь его видел; вот, позвольте... вы только позвольте мне, Яков Петрович, я отчасти здесь ножичком, я из участия, Яков Петрович, и ножичком от чистого сердца... вот так, вот и дело с концом...

Тут, и совсем неожиданно, господин Голядкин-младший, вдруг ни с того ни с сего, осилив господина Голядкина-старшего в мгновенной борьбе, между ними возникшей, и во всяком случае совершенно против воли его, овладел требуемой начальством бумагой и, вместо того чтоб поскоблить ее ножичком от чистого сердца, как вероломно уверял он господина Голядкина-старшего, — быстро свернул ее, сунул под мышку, в два скачка очутился возле Андрея Филипповича, не заметившего ни одной из проделок его, и полетел с ним в директорский кабинет. Господин Голядкин-старший остался как бы прикованным к месту, держа в руках ножичек и как будто приготовляясь что-то скоблить им...

Герой наш еще не совсем понимал свое новое обстоятельство. Он еще не опомнился. Он почувствовал удар, но думал, что это что-нибудь так. В страшной, неописанной тоске сорвался он наконец с места и бросился прямо в директорский кабинет, моля, впрочем, небо дорогою, чтоб это устроилось все как-нибудь к лучшему и было бы так, ничего... В последней комнате перед директорским кабинетом сбежался он, прямо нос с носом, с Андреем Филипповичем и с однофамильцем своим. Оба они уже возвращались: господин Голядкин посторонился. Андрей Филиппович говорил улыбаясь и весело. Однофамилец господина Голядкина-старшего тоже улыбался, юлил, семенил в почтительном расстоянии от Андрея Филипповича и что-то с восхищенным видом нашептывал ему на ушко, на что Андрей Филиппович самым благосклонным образом кивал головою. Разом понял герой наш все положение дел. Дело в том, что работа его (как он после узнал) почти превзошла ожидания его превосходительства и поспела действительно к сроку и во-время. Его превосходительство были крайне довольны. Говорили даже, что его превосходительство сказали спасибо господину Голядкину-младшему, крепкое спасибо; сказали, что вспомнят при случае и никак не забудут... Разумеется, что первым делом господина Голядкина было протестовать, протестовать всеми силами, до последней возможности. Почти не помня себя и бледный как смерть, бросился он к Андрею Филипповичу. Но Андрей Филиппович, услышав, что дело господина Голядкина было частное дело, отказался слушать, решительно замечая, что у него нет ни минуты свободной и для собственных надобностей.

Сухость тона и резкость отказа поразили господина Голядкина. «А вот лучше я как-нибудь с другой стороны… вот я лучше к Антону Антоновичу». К несчастию господина Голядкина, и Антона Антоновича не оказалось в наличности: он тоже где-то был чем-то занят. «А ведь не без намерения просил уволить себя от объяснений и толков! — подумал герой наш. — Вот куда метил — старая петля! В таком случае я просто дерзну умолять его превосходительство».

Все еще бледный и чувствуя в совершенном разброде всю свою голову, крепко недоумевая, на что нужно решиться, присел господин Голядкин на стул. «Гораздо было бы лучше, если б все это было лишь так только, — беспрерывно думал он про себя. — Действительно, подобное темное дело было даже невероятно совсем. Это, во-первых, и вздор, а во-вторых, и случиться не может. Это, вероятно, как-нибудь там померещилось, или вышло что-нибудь другое, а не то, что действительно было; или, верно, это я сам ходил… и себя как-нибудь там принял совсем за другого… одним словом, это совершенно невозможное дело».

Только что господин Голядкин решил, что это совсем невозможное дело, как вдруг в комнату влетел господин Голядкин-младший с бумагами в обеих руках и под мышкой. Сказав мимоходом какие-то нужные два слова Андрею Филипповичу, перемолвив и еще кое с кем, полюбезничав кое с кем, пофамильярничав кое с кем, господин Голядкин-младший, по-видимому не имевший лишнего времени на бесполезную трату, собирался уже, кажется, выйти из комнаты, но, к счастию господина Голядкина-старшего, остановился в самых дверях и заговорил мимоходом с двумя или тремя случившимися тут же молодыми чиновниками. Господин Голядкин-старший бросился прямо к нему. Только что увидел господин Голядкин-младший маневр господина Голядкина-старшего, тотчас же начал с большим беспокойством осматриваться, куда бы ему поскорей улизнуть. Но герой наш уже держался за рукава своего вчерашнего гостя. Чиновники, окружавшие двух титулярных советников, расступились и с любопытством ожидали, что будет. Старый титулярный советник понимал хорошо, что доброе мнение теперь не на его стороне, понимал хорошо, что под него интригуют: тем более нужно было теперь поддержать себя. Минута была решительная.

— Ну-с? — проговорил господин Голядкин-младший, довольно дерзко смотря на господина Голядкина-старшего.

Господин Голядкин-старший едва дышал.

— Я не знаю, милостивый государь, — начал он, — каким образом вам теперь объяснить странность вашего поведения со мною.

— Ну-с. Продолжайте-с. — Тут господин Голядкин-младший оглянулся кругом и мигнул глазом окружавшим их чиновникам, как бы давая знать, что вот именно сейчас и начнется комедия.

— Дерзость и бесстыдство ваших приемов, милостивый государь мой, со мною в настоящем случае еще более вас обличают... чем все слова мои. Не надейтесь на вашу игру: она плоховата...

— Ну, Яков Петрович, теперь скажите-ка мне, каково-то вы почивали? — отвечал Голядкин-младший, прямо смотря в глаза господину Голядкину-старшему.

— Вы, милостивый государь, забываетесь, — сказал совершенно потерявшийся титулярный советник, едва слыша пол под собою, — я надеюсь, что вы перемените тон...

— Душка мой!! — проговорил господин Голядкин-младший, скорчив довольно неблагопристойную гримасу господину Голядкину-старшему, и вдруг, совсем неожиданно, под видом ласкательства, ухватил его двумя пальцами за довольно пухлую правую щеку. Герой наш вспыхнул как огонь... Только что приятель господина Голядкина-старшего приметил, что противник его, трясясь всеми членами, немой от исступления, красный как рак и, наконец, доведенный до последних границ, может даже решиться на формальное нападение, то немедленно, и самым бесстыдным образом, предупредил его в свою очередь. Потрепав его еще раза два по щеке, пощекотав его еще раза два, поиграв с ним, неподвижным и обезумевшим от бешенства, еще несколько секунд таким образом, к немалой утехе окружающей их молодежи, господин Голядкин-младший с возмущающим душу бесстыдством щелкнул окончательно господина Голядкина-старшего по крутому брюшку и с самой ядовитой и далеко намекающей улыбкой проговорил ему: «Шалишь, братец, Яков Петрович, шалишь! хитрить мы будем с тобой, Яков Петрович, хитрить». Потом, и прежде чем герой наш успел мало-мальски прийти в себя от последней атаки, господин Голядкин-младший вдруг (предварительно отпустив только улыбочку окружающим их зрителям) принял на себя вид самый занятой, самый деловой, самый форменный, опустил глаза в землю, съежился, сжался и, быстро проговорив «по особому поручению», лягнул своей коротенькой ножкой и шмыгнул в соседнюю комнату. Герой наш не верил глазам и все еще был не в состоянии опомниться...

Наконец он опомнился. Сознав в один миг, что погиб, уничтожился в некотором смысле, что замарал себя и запачкал свою репутацию, что осмеян и оплеван в присутствии посторонних лиц, что предательски поруган тем, кого еще вчера считал первейшим и надежнейшим другом своим, что срезался, наконец, на чем свет стоит, — господин Голядкин бросился в погоню за своим неприятелем. В настоящее мгновение он уже и думать не хотел о свидетелях своего поругания. «Это всё в стачке друг с другом, — говорил он сам про себя, — один за другого стоит и один другого на меня натравляет». Однако ж, сделав десять шагов, герой наш ясно увидел, что все преследования остались пустыми и тщетными, и потому воротился. «Не уйдешь, — думал он, — попадешь под сюркуп[30] своевременно, отольются волку овечьи слезы». С яростным хладнокровием и с самою энергическою решимостью дошел господин Голядкин до стула и уселся на нем. «Не уйдешь!» — сказал он опять. Теперь дело шло не о пассивной обороне какой-нибудь: пахнуло решительным, наступательным, и кто видел господина Голядкина в ту минуту, как он, краснея и едва сдерживая волнение свое, кольнул пером в чернильницу и с какой яростью принялся строчить на бумаге, тот мог уже заранее решить, что дело так не пройдет и простым каким-нибудь бабьим образом не может окончиться. В глубине души своей сложил он одно решение и в глубине сердца своего поклялся исполнить его. По правде-то, он еще не совсем хорошо знал, как ему поступить, то есть, лучше сказать, вовсе не знал; но все равно, ничего! «А самозванством и бесстыдством, милостивый государь, в наш век не берут. Самозванство и бесстыдство, милостивый мой государь, не к добру приводит, а до петли доводит. Гришка Отрепьев[31] только один, сударь вы мой, взял самозванством, обманув слепой народ, да и то ненадолго». Несмотря на это последнее обстоятельство, господин Голядкин положил ждать до тех пор, покамест маска спадет с некоторых лиц и кое-что обнажится. Для сего нужно было, во-первых, чтоб кончились как можно скорее часы присутствия, а до тех пор герой наш положил не предпринимать ничего. Потом же, когда кончатся часы присутствия, он примет меру одну. Тогда же он знает, как ему поступить, приняв эту меру, как расположить весь план своих действий, чтоб сокрушить рог гордыни и раздавить змею, грызущую прах в презрении бессилия[32]. Позволить же затереть себя, как ветошку, об

---

[30] под арест.

[31] По одной из версий монах Григорий Отрепьев выдавал себя за царя, ныне известного как Лжедмитрий I

[32] Пародийная перелицовка слов из монолога Сальери в первой сцене трагедии Пушкина «Моцарт и Сальери»:

Кто скажет, чтоб Сальери гордый был
Когда-нибудь завистником презренным,
Змеей, людьми растоптанною, вживе
Песок и пыль грызущею бессильно?

которую грязные сапоги обтирают, господин Голядкин не мог. Согласиться на это не мог он, и особенно в настоящем случае. Не будь последнего посрамления, герой наш, может быть, и решился бы скрепить свое сердце, может быть, он и решился бы смолчать, покориться и не протестовать слишком упорно; поспорил бы, попретендовал бы немножко, доказал бы, что он в своем праве, потом бы уступил немножко, потом, может быть, и еще немножко бы уступил, потом согласился бы совсем, потом, и особенно тогда, когда противная сторона признала бы торжественно, что он в своем праве, потом, может быть, и помирился бы даже, даже умилился бы немножко, даже, — кто бы мог знать, — может быть, возродилась бы новая дружба, крепкая, жаркая дружба, еще более широкая, чем вчерашняя дружба, так что эта дружба совершенно могла бы затмить, наконец, неприятность довольно неблагопристойного сходства двух лиц, так, что оба титулярные советника были бы крайне как рады и прожили бы, наконец, до ста лет и т. д. Скажем все, наконец: господин Голядкин даже начинал немного раскаиваться, что вступился за себя и за право свое и тут же получил за то неприятность. «Покорись он, — думал господин Голядкин, — скажи, что пошутил, — простил бы ему, даже более простил бы ему, только бы в этом громко признался. Но, как ветошку, себя затирать я не дам. И не таким людям не давал я себя затирать, тем более не позволю покуситься на это человеку развращенному. Я не ветошка; я, сударь мой, не ветошка!» Одним словом, герой наш решился. «Сами вы, сударь вы мой, виноваты!» Решился же он протестовать, и протестовать всеми силами, до последней возможности. Такой уж был человек! Позволить обидеть себя он никак не мог согласиться, а тем более дозволить себя затереть, как ветошку, и, наконец, дозволить это совсем развращенному человеку. Не спорим, впрочем, не спорим. Может быть, если б кто захотел, если б уж кому, например, вот так непременно захотелось обратить в ветошку господина Голядкина, то и обратил бы, обратил бы без сопротивления и безнаказанно (господин Голядкин сам в иной раз это чувствовал), и вышла бы ветошка, а не Голядкин, — так, подлая, грязная бы вышла ветошка, но ветошка-то эта была бы не простая, ветошка эта была бы с амбицией, ветошка-то эта была бы с одушевлением и чувствами, хотя бы и с безответной амбицией и с безответными чувствами и — далеко в грязных складках этой ветошки скрытыми, но все-таки с чувствами...

Часы длились невероятно долго; наконец пробило четыре. Спустя немного все встали и вслед за начальником двинулись к себе, по домам. Господин Голядкин вмешался в толпу; глаз его не дремал и не упускал кого нужно из виду. Наконец наш герой увидал, что приятель его побежал к канцелярским сторожам, раздававшим шинели, и, по подлому

67

обыкновению своему, юлит около них в ожидании своей. Минута была решительная. Кое-как протеснился господин Голядкин сквозь толпу и, не желая отставать, тоже захлопотал о шинели. Но шинель подалась сперва приятелю и другу господина Голядкина, затем что и здесь успел он по-своему подбиться, приласкаться, нашептать и наподличать.

Накинув шинель, господин Голядкин-младший иронически взглянул на господина Голядкина-старшего, действуя, таким образом, открыто и дерзко ему в пику, потом, с свойственною ему наглостью, осмотрелся кругом, посеменил окончательно, — вероятно чтоб оставить выгодное по себе впечатление, — около чиновников, сказал словцо одному, пошептался о чем-то с другим, почтительно полизался с третьим, адресовал улыбочку четвертому, дал руку пятому и весело юркнул вниз по лестнице. Господин Голядкин-старший за ним и, к неописанному своему удовольствию, таки нагнал его на последней ступеньке и схватил за воротник его шинели. Казалось, что господин Голядкин-младший немного оторопел и посмотрел кругом с потерянным видом.

— Как понимать мне вас? — прошептал он наконец слабым голосом господину Голядкину.

— Милостивый государь, если вы только благородный человек, то надеюсь, что вспомните про вчерашние дружеские наши сношения, — проговорил наш герой.

— А, да. Ну, что ж? хорошо ли вы почивали-с?

Бешенство отняло на минуту язык у господина Голядкина-старшего.

— Я-то почивал хорошо-с... Но позвольте же и вам сказать, милостивый мой государь, что игра ваша крайне запутана...

— Кто это говорит? Это враги мои говорят, — отвечал отрывисто тот, кто называл себя господином Голядкиным, и вместе с словом этим неожиданно освободился из слабых рук настоящего господина Голядкина. Освободившись, он бросился с лестницы, оглянулся кругом, увидев извозчика, подбежал к нему, сел на дрожки и в одно мгновение скрылся из глаз господина Голядкина-старшего. Отчаянный и покинутый всеми титулярный советник оглянулся кругом, но не было другого извозчика. Попробовал было он бежать, да ноги подламывались. С опрокинутой физиономией, с разинутым ртом, уничтожившись, съежившись, в бессилии прислонился он к фонарному столбу и остался несколько минут таким образом посреди тротуара. Казалось, что все погибло для господина Голядкина...

IX

Все, повидимому, и даже природа сама, вооружилось против господина Голядкина; но он еще был на ногах и не побежден; он это чувствовал, что не побежден. Он готов был бороться. Он с таким чувством и с такою энергией потер себе руки, когда очнулся после первого изумления, что уже по одному виду господина Голядкина заключить можно было, что он не уступит. Впрочем, опасность была на носу, была очевидна; господин Голядкин и это чувствовал; да как за нее взяться, за эту опасность-то? вот вопрос. Даже на мгновение мелькнула мысль в голове господина Голядкина, «что, дескать, не оставить ли все это так, не отступиться ли запросто? Ну, что ж? ну, и ничего. Я буду особо, как будто не я, — думал господин Голядкин, — пропускаю все мимо; не я, да и только; он тоже особо, авось и отступится; поюлит, шельмец, поюлит, повертится, да и отступится. Вот оно как! Я смирением возьму. Да и где же опасность? ну, какая опасность? Желал бы я, чтоб кто-нибудь указал мне в этом деле опасность? Плевое дело! обыкновенное дело!..» Здесь господин Голядкин осекся. Слова у него на языке замерли; он даже ругнул себя за эту мысль; даже тут же и уличил себя в низости, в трусости за эту мысль; однако дело его все-таки не двинулось с места. Чувствовал он, что решиться на что-нибудь в настоящую минуту было для него сущею необходимостью; даже чувствовал, что много бы дал тому, кто сказал бы ему, на что именно нужно решиться. Ну, да ведь как угадать? Впрочем, и некогда было угадывать. На всякий случай, чтоб времени не терять, нанял он извозчика и полетел домой. «Что? каково-то ты теперь себя чувствуешь? — подумал он сам в себе. — Каково-то вы себя теперь изволите чувствовать, Яков Петрович? Что-то ты сделаешь? Что-то сделаешь ты теперь, подлец ты такой, шельмец ты такой! Довел себя до последнего, да и плачешь теперь, да и хнычешь теперь!» Так поддразнивал себя господин Голядкин, подпрыгивая на тряском экипаже своего ваньки. Поддразнивать себя и растравлять таким образом свои раны в настоящую минуту было каким-то глубоким наслаждением для господина Голядкина, даже чуть ли не сладострастием. «Ну, если б там, теперь, — думал он, — волшебник какой бы пришел, или официальным образом как-нибудь этак пришлось, да сказали бы: дай, Голядкин, палец с правой руки — и квиты с тобой; не будет другого Голядкина, и ты будешь счастлив, только пальца не будет, — так отдал бы палец, непременно бы отдал, не поморщась бы отдал. Черти бы взяли все это! — вскрикнул, наконец, отчаянный титулярный советник, — ну, зачем все это? Ну,

69

надобно было всему этому быть; вот непременно этому, вот именно этому, как будто нельзя было другому чему! И все было хорошо сначала, все были довольны и счастливы; так вот нет же, надобно было! Впрочем, ведь словами ничего не возьмешь. Нужно действовать».

Итак, почти решившись на что-то, господин Голядкин, войдя в свою квартиру, нимало не медля схватился за трубку и, насасывая ее из всех сил, раскидывая клочья дыма направо и налево, начал в чрезвычайном волнении бегать взад и вперед по комнате. Между тем Петрушка стал сбирать на стол. Наконец господин Голядкин решился совсем, вдруг бросил трубку, накинул на себя шинель, сказал, что дома обедать не будет, и выбежал вон из квартиры. На лестнице нагнал его, запыхавшись, Петрушка, держа в руках забытую им шляпу. Господин Голядкин взял шляпу, хотел было мимоходом маленько оправдаться в глазах Петрушки, чтоб не подумал чего Петрушка особенного, — что вот, дескать, такое-то обстоятельство, что вот шляпу позабыл и т. д., — но так как Петрушка и глядеть не хотел и тотчас ушел, то и господин Голядкин без дальнейших объяснений надел свою шляпу, сбежал с лестницы и, приговаривая, что все, может быть, к лучшему будет и что дело устроится как-нибудь, хотя чувствовал, между прочим, даже у себя в пятках озноб, вышел на улицу, нанял извозчика и полетел к Андрею Филипповичу. «Впрочем, не лучше ли завтра? — думал господин Голядкин, хватаясь за снурок колокольчика у дверей квартиры Андрея Филипповича, — да и что же я скажу особенного? Особенного-то здесь нет ничего. Дело-то такое мизерное да оно, наконец, и действительно мизерное, плевое, то есть почти плевое дело... ведь вот оно, как это все, обстоятельство-то...» Вдруг господин Голядкин дернул за колокольчик; зазвенел, изнутри послышались чьи-то шаги... Тут господин Голядкин даже проклял себя, отчасти за свою поспешность и дерзость. Недавние неприятности, о которых господин Голядкин едва не позабыл за делами, и контра с Андреем Филипповичем тут же пришли ему на память. Но уже бежать было поздно: дверь отворилась. К счастию господина Голядкина отвечали ему, что Андрей Филиппович и домой не приезжал из должности, и не обедает дома. «Знаю, где он обедает: он у Измайловского моста обедает». — подумал герой наш и страх как обрадовался. На вопрос слуги, как об вас доложить сказал, что, дескать, я, мой друг, хорошо, что дескать, я мой друг, после, и даже с некоторою бодростью сбежал вниз по лестнице. Выйдя на улицу, он решился отпустить экипаж и расплатился с извозчиком. Когда же извозчик попросил о прибавке, — дескать, ждал, сударь, долго и рысачка для вашей милости не жалел, — то дал и прибавочки пятачок, и даже с большою охотою; сам же пешком пошел.

«Дело-то оно, правда, такое, — думал господин Голядкин, — что ведь так оставить нельзя; однако ж, если так рассудить, этак здраво рассудить, так из чего же по-настоящему здесь хлопотать? Ну, нет, однако ж, я буду все про то говорить, из чего же мне хлопотать? из чего мне маяться, биться, мучиться, себя убивать? Во-первых, дело сделано, и его не воротишь... ведь не воротишь! Рассудим так: является человек, — является человек с достаточной рекомендацией, дескать, способный чиновник, хорошего поведения, только беден и потерпел разные неприятности, — передряги там этакие, — ну, да ведь бедность не порок; стало быть, я в стороне. Ну, в самом деле, что ж за вздор такой? Ну, пришелся, устроился, самой природой устроился так человек, что две капли воды похож на другого человека, что совершенная копия с другого человека: так уж его за это и не принимать в департамент?! Коли уж судьба, коли одна судьба, коли одна слепая фортуна тут виновата, — так уж его и затереть, как ветошку, так уж и служить ему не давать...да где же тут после этого справедливость будет? Человек же он бедный, затерянный, запуганный; тут сердце болит, тут сострадание его призреть велит! Да! нечего сказать, хороши бы были начальники, если б так рассуждали, как я, забубенная голова! Эка ведь башка у меня! На десятерых подчас глупости хватит! Нет, нет! и сделали хорошо, и спасибо им, что призрели бедного горемыку... Ну, да, положим, например, что мы близнецы, что вот уж мы так уродились, что братья-близнецы, да и только, — вот оно как! Ну, что же такое? Ну, и ничего! Можно всех чиновников приучить... а посторонний кто, войдя в наше ведомство, уж, верно, не нашел бы ничего неприличного и оскорбительного в таком обстоятельстве. Оно даже тут есть кое-что умилительное; что вот, дескать, мысль-то какая: что, дескать, промысл божий создал двух совершенно подобных, а начальство благодетельное, видя промысл божий, приютило двух близнецов. Оно, конечно, — продолжал господин Голядкин, переводя дух и немного понизив голос, — оно, конечно... оно, конечно, лучше бы было, кабы не было ничего этого, умилительного, и близнецов никаких тоже бы не было... Черт бы побрал все это! И на что это нужно было? И что за надобность тут была такая особенная и никакого отлагательства не терпящая?! Господи бог мой! Эк ведь черти заварили кашу какую! Вот ведь, однакож, у него и характер такой, нрава он такого игривого, скверного, — подлец он такой, вертлявый такой, лизун, лизоблюд, Голядкин он этакой! Пожалуй, еще дурно себя поведет да фамилью мою замарает, мерзавец. Вот теперь и смотри за ним и ухаживай! Эк ведь наказание какое! Впрочем, что ж? ну, и нужды нет! ну, он подлец, — ну, пусть он подлец, а другой зато честный. Ну, вот он подлец будет, а я буду честный, — и скажут, что вот этот Голядкин подлец, на него не смотрите и его с другим не мешайте; а этот вот честный, добродетельный, кроткий, незлобивый, весьма надежный по службе и к повышению чином достойный; вот оно как! Ну, хорошо… а как, того… А как они там, того… да и перемешают! От него ведь все станется! Ах ты, господи боже мой!.. И подменит человека, подменит, подлец такой, — как ветошку человека подменит и не рассудит, что человек не ветошка. Ах ты, господи боже мой! Эко несчастие какое!..»

Вот таким-то образом рассуждая и сетуя, бежал господин Голядкин, не разбирая дороги и сам почти не зная куда. Очнулся он на Невском проспекте, и то по тому только случаю, что столкнулся с каким-то прохожим так ловко и плотно, что только искры посыпались. Господин Голядкин, не поднимая головы, пробормотал извинение, и только тогда, когда прохожий, проворчав что-то не слишком лестное, отошел уже на расстояние значительное, поднял нос верху и осмотрелся, где он и как. Осмотревшись и заметив, что находится именно возле того ресторана, в котором отдыхал, приготовляясь к званому обеду у Олсуфия Ивановича, герой наш почувствовал вдруг щипки и щелчки по желудку, вспомнил, что не обедал, званого же обеда не предстояло нигде, и потому, дорогого своего времени не теряя, вбежал он вверх по лестнице в ресторан перехватить что-нибудь поскорее, и как можно торопясь не замешкать. И хотя в ресторане было все дорогонько, но это маленькое обстоятельство не остановило на этот раз господина Голядкина; да и останавливаться-то теперь на подобных безделицах некогда было. В ярко освещенной комнате, у прилавка, на котором лежала разнообразная груда всего того, что потребляется на закуску людьми порядочными, стояла довольно густая толпа посетителей. Конторщик едва успевал наливать, отпускать, сдавать и принимать деньги. Господин Голядкин подождал своей очереди и, выждав, скромно протянул свою руку к пирожку растегайчику. Отойдя в уголок, оборотясь спиною к присутствующим и закусив с аппетитом, он воротился к конторщику, поставил на стол блюдечко, зная цену, вынул десять копеек серебром и положил на прилавок монетку, ловя взгляды конторщика, чтоб указать ему: «что вот, дескать, монетка лежит; один растегайчик» и т. д.

— С вас рубль десять копеек, — процедил сквозь зубы конторщик.

Господин Голядкин порядочно изумился.

— Вы мне говорите?.. Я… я, кажется, взял один пирожок.

— Одиннадцать взяли, — с уверенностью возразил конторщик.

— Вы… сколько мне кажется… вы, кажется, ошибаетесь… Я, право, кажется, взял один пирожок.

— Я считал; вы взяли одиннадцать штук. Когда взяли, так нужно платить, у нас даром ничего не дают.

Господин Голядкин был ошеломлен. «Что ж это, колдовство, что ль какое надо мной совершается?» — подумал он. Между тем конторщик ожидал решения господина Голядкина; господина Голядкина обступили; господин Голядкин уже полез было в карман, чтоб вынуть рубль серебром, чтоб расплатиться немедленно, чтоб от греха-то подальше быть. «Ну, одиннадцать так одиннадцать, — думал он, краснея как рак, — ну, что же такого тут, что съедено одиннадцать пирожков? Ну, голоден человек, так и съел одиннадцать пирожков; ну, и пусть ест себе на здоровье; ну, и дивиться тут нечему и стесняться тут нечему...» Вдруг как будто что-то кольнуло господина Голядкина; он поднял глаза и — разом понял загадку, понял все колдовство: разом разрешились все затруднения... В дверях в соседнюю комнату, почти прямо за спиною конторщика и лицом к господину Голядкину, в дверях, которые, между прочим, герой наш принимал доселе за зеркало, стоял один человечек, стоял он, стоял сам господин Голядкин, — не старый господин Голядкин, не герой нашей повести, а другой господин Голядкин, новый господин Голядкин. Другой господин Голядкин находился, по-видимому, в превосходном расположении духа. Он улыбался господину Голядкину первому, кивал ему головою, подмигивал глазками, семенил немного ногами и глядел так, что чуть что, — так он и стушуется, так он и в соседнюю комнату, а там, пожалуй, задним ходом, да и того... и все преследования останутся тщетными. В руках его был последний кусок десятого расстегая, который он, в глазах же господина Голядкина, отправил в свой рот, чмокнув от удовольствия. « Подменил, подлец! — подумал господин Голядкин, вспыхнув как огонь от стыда, — не постыдился публичности! Видят ли его? Кажется, не замечает никто...» Господин Голядкин бросил рубль серебром так, как будто бы об него все пальцы обжег, и, не замечая значительно-наглой улыбки конторщика, улыбки торжества и спокойного могущества, выдрался из толпы и бросился вон без оглядки. «Спасибо за то, что хоть не компрометировал окончательно человека! — подумал старший господин Голядкин. — Спасибо разбойнику, и ему и судьбе, что еще хорошо все уладилось. Нагрубил лишь конторщик. Да что ж, ведь он был в своем праве! Рубль десять следовало, так и был в своем праве. Дескать, без денег у нас никому не дают! Хоть бы был поучтивей, бездельник!..»

Все это говорил господин Голядкин, сходя с лестницы на крыльцо. Однако же на последней ступеньке он остановился как вкопанный и вдруг покраснел так, что даже слезы выступили у него на глазах от припадка страдания амбиции. Простояв с пол-минуты столбом, он вдруг решительно топнул ногою, в один прыжок соскочил с крыльца на улицу и без оглядки, задыхаясь, не слыша усталости, пустился к себе домой, в

Шестилавочную улицу. Дома, не сняв даже с себя верхнего платья, вопреки привычке своей быть у себя по-домашнему, не взяв даже предварительно трубки, уселся он немедленно на диване, придвинул чернильницу, взял перо, достал лист почтовой бумаги и принялся строчить дрожащею от внутреннего волнения рукой следующее послание:

«Милостивый государь мой,
Яков Петрович!

Никак бы не взял я пера, если бы обстоятельства мои и вы сами, милостивый государь мой, меня к тому не принудили. Верьте, что необходимость одна понудила меня вступить в вами в подобное объяснение, и потому прежде всего прошу считать эту меру мою не как умышленным намерением к вашему, милостивый государь мой, оскорблению, но как необходимым следствием связующих нас теперь обстоятельств».

«Кажется, хорошо, прилично, вежливо, хотя не без силы и твердости?.. Обижаться ему тут, кажется, нечем. К тому же я в своем праве», — подумал господин Голядкин, перечитывая написанное.

«Неожиданное и странное появление ваше, милостивый государь мой, в бурную ночь, после грубого и неприличного со мною поступка врагов моих, коих имя умалчиваю из презрения к ним, было зародышем всех недоразумений, в настоящее время между нами существующих. Упорное же ваше, милостивый государь, желание стоять на своем и насильственно войти в круг моего бытия и всех отношений моих в практической жизни выступает даже за пределы, требуемые одною лишь вежливостью и простым общежитием. Я думаю, нечего упоминать здесь о похищении вами, милостивый государь мой, бумаги моей и собственного моего честного имени, для приобретения ласки начальства, — ласки, не заслуженной вами. Нечего упоминать здесь и об умышленных и обидных уклонениях ваших от необходимых по сему случаю объяснений. Наконец, чтобы все сказать, не упоминаю здесь и о последнем странном, можно сказать, непонятном поступке вашем со мною в кофейном доме. Далек от того, чтоб сетовать о бесполезной для меня утрате рубля серебром; но не могу не выказать всего негодования моего при воспоминании о явном посягательстве вашем, милостивый государь, в ущерб моей чести и вдобавок в присутствии нескольких персон, хотя не знакомых мне, но вместе с тем весьма хорошего тона...»

«Не далеко ли я захожу? — подумал господин Голядкин. — Не много ли будет; не слишком ли это обидчиво, — этот намек на хороший тон, например?.. Ну, да ничего! нужно показать ему твердость характера.

Впрочем, ему можно, для смягчения, этак польстить и подмаслить в конце. А вот мы посмотрим».

«Но не стал бы я, милостивый государь мой, утомлять вас письмом моим, если бы не был твердо уверен, что благородство сердечных чувств и открытий, прямодушный характер ваш укажут вам самому средства поправить все упущения и восстановить все по-прежнему.

В полной надежде я смею оставаться уверенным, что вы не примете письма моего в обидную для вас сторону, а вместе с тем и не откажетесь объясниться нарочито по этому случаю письменно, через посредство моего человека.

В ожидании, честь имею пребыть,

милостивый государь,

покорнейшим вашим слугою

Я. Голядкиным».

«Ну, вот и все хорошо. Дело сделано; дошло и до письменного. Но кто ж виноват? Он сам виноват: сам доводит человека до необходимости требовать письменных документов. А я в своем праве...»

Перечитав последний раз письмо, господин Голядкин сложил его, запечатал и позвал Петрушку. Петрушка явился, по обыкновению своему, с заспанными глазами и на что-то крайне сердитый.

— Ты, братец, вот, возьмешь это письмо... понимаешь?

Петрушка молчал.

— Возьмешь его и отнесешь в департамент; там отыщешь дежурного, губернского секретаря[33] Вахрамеева. Вахрамеев сегодня дежурный. Понимаешь ты это?

— Понимаю.

— Понимаю! Не можешь сказать: понимаю-с. Спросишь чиновника Вахрамеева и скажешь ему, что дескать, вот так и так, дескать, барин приказал вам кланяться и покорнейше попросить вас справиться в адресной нашего ведомства книге — где, дескать, живет титулярный советник Голядкин?

Петрушка промолчал и, как показалось господину Голядкину, улыбнулся.

— Ну, так вот ты, Петр, спросишь у них адрес и узнаешь, где, дескать, живет новопоступивший чиновник Голядкин?

— Слушаю.

— Спросишь адрес и отнесешь по этому адресу это письмо; понимаешь?

— Понимаю.

---

[33] Губернский секретарь — гражданский чин XII класса в Табели о рангах.

— Если там… вот куда ты письмо отнесешь, — тот господин, кому письмо это дашь, Голядкин-то… Чего смеешься, болван?

— Да чего не смеяться-то? Что мне! Я ничего-с. Нечего нашему брату смеяться…

— Ну, так вот… если тот господин будет спрашивать, дескать, как же твой барин, как же он там; что, дескать, он, того… ну, там, что-нибудь будет выспрашивать, — так ты молчи и отвечай, дескать, барин мой ничего, а просят дескать, ответа от вас своеручного. Понимаешь?

— Понимаю-с.

— Ну, так вот, дескать, барин мой, дескать, говори, ничего, дескать, и здоров, и в гости, дескать, сейчас собирается; а от вас, дескать, они ответа просят письменного. Понимаешь?

— Понимаю.

— Ну, ступай.

«Ведь вот еще с этим болваном работа! смеется себе, да и кончено. Чему ж он смеется? Дожил я до беды, дожил я вот таким-то образом до беды! Впрочем, может быть, оно обратится все к лучшему… Этот мошенник, верно, часа два будет таскаться теперь, пропадет еще где-нибудь. Послать нельзя никуда. Эка беда ведь какая!.. эка ведь беда одолела какая!..»

Чувствуя, таким образом, вполне беду свою, герой наш решился на пассивную двухчасовую роль в ожидании Петрушки. С час времени ходил он по комнате, курил, потом бросил трубку и сел за какую-то книжку, потом прилег на диван, потом опять взялся за трубку, потом опять начал бегать по комнате. Хотел было он рассуждать, но рассуждать не мог решительно ни о чем. Наконец агония пассивного состояния его возросла до последнего градуса, и господин Голядкин решился принять одну меру. «Петрушка придет еще через час, — думал он, — можно ключ отдать дворнику, а сам я покамест и того… исследую дело, по своей части исследую дело». Не теряя времени и спеша исследовать дело, господин Голядкин взял свою шляпу, вышел из комнаты, запер квартиру, зашел к дворнику, вручил ему ключ вместе с гривенником, — господин Голядкин стал как-то необыкновенно щедр, — и пустился, куда следовало. Господин Голядкин пустился пешком, сперва к Измайловскому мосту. В ходьбе прошло с полчаса. Дойдя до цели своего путешествия, он вошел прямо во двор своего знакомого дома и взглянул на окна квартиры статского советника Берендеева. Кроме трех завешенных красными гардинами окон, остальные все были темны. «У Олсуфья Ивановича сегодня, верно, нет гостей, — подумал господин Голядкин, — они, верно, все одни теперь дома сидят». Постояв несколько времени на дворе, герой наш хотел было уже на что-то решиться. Но решению не суждено было состояться, повидимому. Господин Голядкин отдумал, махнул рукой и воротился на улицу. «Нет, не сюда мне нужно было идти. Что же я буду здесь делать?.. А вот я лучше теперь, того... и собственолично исследую дело». Приняв такое решение, господин Голядкин пустился в свой департамент. Путь был не близок, вдобавок была страшная грязь и мокрый снег валил самыми густыми хлопьями. Но для героя нашего в настоящее время затруднений кажется, не было. Измок-то он измок, правда, да и загрязнился немало, «да уж так, заодно, зато цель достигнута». И действительно, господин Голядкин уже подходил к своей цели. Темная масса огромного казенного строения уже зачернела вдали перед ним. «Стой! — подумал он, — куда ж я иду и что я буду здесь делать? Положим, узнаю, где он живет; а между тем Петрушка уже, верно, вернулся и ответ мне принес. Время-то я мое дорогое только даром теряю, время-то я мое только так потерял. Ну, ничего; еще все это можно исправить. Однако, и в самом деле, не зайти ль к Вахрамееву? Ну, да нет! я уж после... Эк! выходить-то было вовсе не нужно. Да нет, уж характер такой! Сноровка такая, что нужда ли, нет ли, вечно норовлю как-нибудь вперед забежать... Гм... который-то час? уж верно, есть девять. Петрушка может прийти и не найдет меня дома. Сделал я чистую глупость, что вышел... Эх, право, комиссия!»

Искренно сознавшись таким образом, что сделал чистую глупость, герой наш побежал обратно к себе в Шестилавочную. Добежал он усталый, измученный. Еще от дворника узнал он, что Петрушка и не думал являться. «Ну, так! уж я предчувствовал это, — подумал герой наш, — а между тем уже девять часов. Эк ведь негодяй он какой! Уж вечно где-нибудь пьянствует! Господи бог мой! экой ведь денек выдался на долю мою горемычную!» Таким-то образом размышляя и сетуя, господин Голядкин отпер квартиру свою, достал огня, разделся совсем, выкурил трубку и, истощенный, усталый, разбитый, голодный, прилег на диван в ожидании Петрушки. Свеча нагорала тускло, свет трепетал на стенах... Господин Голядкин глядел-глядел, думал-думал, да и заснул наконец как убитый.

Проснулся он уже поздно. Свеча совсем почти догорела, дымилась и готова была тотчас совершенно потухнуть. Господин Голядкин вскочил, встрепенулся и вспомнил все, решительно все. За перегородкой раздавался густой храп Петрушки. Господин Голядкин бросился к окну — нигде ни огонька. Отворил форточку — тихо; город словно вымер, спит. Стало быть, часа два или три; так и есть: часы за перегородкой понатужились и пробили два. Господин Голядкин бросился за перегородку.

Кое-как, впрочем после долгих усилий, растолкал он Петрушку и успел посадить его на постель. В это время свечка совершенно потухла. Минут с десять прошло, покамест господин Голядкин успел найти другую свечу и зажечь ее. В это время Петрушка успел заснуть сызнова. «Мерзавец ты этакой, негодяй ты такой! — проговорил господин Голядкин, снова его расталкивая, — встанешь ли ты, проснешься ли ты?» После получасовых усилий господин Голядкин успел, однако же, расшевелить совершенно своего служителя и вытащить его из-за перегородки. Тут только увидел герой наш, что Петрушка был, как говорится, мертвецки пьян и едва на ногах держался.

— Бездельник ты этакой! — закричал господин Голядкин. — Разбойник ты этакой! голову ты срезал с меня! Господи, куда же это он письмо-то сбыл с рук? Ахти, создатель мой, ну, как оно… И зачем я его написал? и нужно было мне его написать! Расскакался, дуралей, я с амбицией! Туда же полез за амбицией! Вот тебе и амбиция, подлец ты этакой, вот и амбиция!.. Ну, ты! куда же ты письмо-то дел, разбойник ты этакой? Кому же ты отдал его?..

— Никому я не отдавал никакого письма; и не было у меня никакого письма… вот как!

Господин Голядкин ломал руки с отчаяния.

— Слушай ты, Петр…ты послушай, ты слушай меня…

— Слушаю…

— Ты куда ходил? — отвечай…

— Куда ходил… к добрым людям ходил! что мне!

— Ах ты, господи боже мой! Куда сначала ходил? был в департаменте?.. Ты послушай, Петр; ты, может быть, пьян?

— Я пьян? Вот хоть сейчас с места не сойти, мак-мак-маковой — вот…

— Нет, нет, это ничего, что ты пьян… Я только так спросил; это хорошо, что ты пьян; я ничего, Петруша, я ничего… Ты, может быть, только так позабыл, а все помнишь. Ну-ка вспомни-ка, был ты у Вахрамеева, чиновника, — был или нет?

— И не был, и чиновника такого не бывало. Вот хоть сейчас…

— Нет, нет, Петр! Нет, Петруша, ведь я ничего. Ведь ты видишь, что я ничего… Ну, что ж такое! Ну, на дворе холодно, сыро, ну, выпил человек маленько, ну, и ничего… Я не сержусь. Я сам, брат, выпил сегодня… Ты признайся, вспомни-ка, брат: был ты у чиновника Вахрамеева?

— Ну, как теперь, вот этак пошло, так, право слово, вот был же, вот хоть сейчас…

— Ну, хорошо, Петруша, хорошо, что был. Ты видишь, я не сержусь… Ну, ну, — продолжал наш герой, еще более задабривая своего служителя, трепля его по плечу и улыбаясь ему, — ну, клюкнул, мерзавец, маленько… на гривенник, что ли, клюкнул? плут ты этакой! Ну, и ничего; ну, ты видишь, что я не сержусь… я не сержусь, братец, я не сержусь…

— Нет, я не плут, как хотите-с… К добрым людям только зашел, а не плут, и плутом никогда не бывал…

— Да нет же, нет, Петруша! ты послушай, Петр: ведь я ничего, ведь я тебя не ругаю, что плутом называю. Ведь это я в утешение тебе говорю, в благородном смысле про это говорю. Ведь это значит, Петруша, польстить иному человеку, как сказать ему, что он петля этакая, продувной малой, что он малой не промах и никому надуть себя не позволит. Это любит иной человек… Ну, ну, ничего! ну, скажи же ты мне, Петруша, теперь без утайки, откровенно, как другу… ну, был ты у чиновника Вахрамеева и адрес он дал тебе?

— И адрес дал, тоже и адрес дал. Хороший чиновник! И барин твой, говорит, хороший человек, очень хороший, говорит, человек; я, дескать, скажи, говорит, — кланяйся, говорит, своему барину, благодари и скажи, что я, дескать, люблю, вот, дескать, как уважаю твоего барина! за то, что, говорит, ты, барин твой, говорит, Петруша, хороший человек, говорит, и ты, говорит, тоже хороший человек, Петруша, — вот…

— Ах ты, господи боже мой! А адрес-то, адрес-то, Иуда ты этакой? — Последние слова господин Голядкин проговорил почти шепотом.

— И адрес… и адрес дал.

— Дал? Ну, где же живет он, Голядкин, чиновник Голядкин, титулярный советник?

— А Голядкин будет тебе, говорит, в Шестилавочной улице. Вот как пойдешь, говорит, в Шестилавочную, так направо, на лестницу, в четвертый этаж. Вот тут тебе, говорит, и будет Голядкин…

— Мошенник ты этакой! — закричал наконец вышедший из терпения герой наш. — Разбойник ты этакой! да это ведь я; ведь это ты про меня говоришь. А то другой есть Голядкин; я про другого говорю, мошенник ты этакой!

— Ну, как хотите! что мне! Вы как хотите — вот!..

— А письмо-то, письмо…

— Какое письмо? и не было никакого письма, и не видал я никакого письма.

— Да куда же ты дел его — шельмец ты такой?!

— Отдал его, отдал письмо. Кланяйся, говорит, благодари; хороший твой, говорит, барин. Кланяйся, говорит, твоему барину…

— Да кто же это сказал? Это Голядкин сказал?

Петрушка помолчал немного и усмехнулся во весь рот, глядя прямо в глаза своему барину.

— Слушай, ты, разбойник ты этакой! — начал господин Голядкин, задыхаясь, теряясь от бешенства, — что ты сделал со мной! Говори ты мне, что ты сделал со мной! Срезал ты меня, злодей ты такой! Голову с плеч моих снял, Иуда ты этакой!

— Ну, теперь как хотите! что мне! — сказал решительным тоном Петрушка, ретируясь за перегородку.

— Пошел сюда, пошел сюда, разбойник ты этакой!..

— И не пойду я к вам теперь, совсем не пойду. Что мне! Я к добрым людям пойду... А добрые люди живут по честности, добрые люди без фальши живут и по двое никогда не бывают...

У господина Голядкина и руки и ноги оледенели, и дух занялся...

— Да-с, — продолжал Петрушка, — их по двое никогда не бывает, бога и честных людей не обижают...

— Ты бездельник, ты пьян! Ты спи теперь, разбойник ты этакой! А вот завтра и будет тебе, — едва слышным голосом проговорил господин Голядкин. Что же касается до Петрушки, то он пробормотал еще что-то; потом слышно было, как он налег на кровать, так что кровать затрещала, протяжно зевнул, потянулся и наконец захрапел сном невинности, как говорится. Ни жив ни мертв был господин Голядкин. Поведение Петрушки, намеки его весьма странные, хотя и отдаленные, на которые сердиться, следственно, нечего было, тем более что пьяный человек говорил, и, наконец, весь злокачественный оборот, принимаемый делом, — все это потрясло до основания Голядкина. «И дернуло меня его распекать среди ночи, — говорил наш герой, дрожа всем телом от какого-то болезненного ощущения. — И подсунуло меня с пьяным человеком связаться! Какого толку ждать от пьяного человека! что ни слово, то врет. На что это, впрочем, он намекал, разбойник он этакой? Господи боже мой! И зачем я все эти письма писал, я-то, душегубец; я-то, самоубийца я этакой! Нельзя помолчать! Надо было провраться! Ведь уж чего! Погибаешь, ветошке подобишься, так ведь нет же, туда же с амбицией, дескать, честь моя страждет, дескать, честь тебе свою нужно спасать! Самоубийца я этакой!»

Так говорил господин Голядкин, сидя на диване своем и не смея пошевелиться от страха. Вдруг глаза его остановились на одном предмете, в высочайшей степени возбудившем его внимание. В страхе — не иллюзия ли, не обман ли воображения предмет, возбудивший внимание его, — протянул он к нему руку, с надеждою, с робостию, с любопытством неописанным... Нет, не обман! не иллюзия! Письмо, точно письмо, непременно письмо, и к нему адресованное... Господин Голядкин взял письмо со стола. Сердце в нем страшно билось, «Это, верно, тот мошенник принес,- подумал он, — и тут положил, а потом и забыл; верно, так все

80

случилось; это, верно, именно так все случилось...» Письмо было от чиновника Вахрамеева, молодого сослуживца и некогда приятеля господина Голядкина. «Впрочем, я все это заранее предчувствовал, — подумал герой наш, — и все то, что в письме теперь будет, также предчувствовал...» Письмо было следующее:

«Милостивый государь,
Яков Петрович!

Человек ваш пьян, и путного от него не дождешься; по сей причине предпочитаю отвечать письменно. Спешу вам объявить. что поручение, вами на меня возлагаемое и состоящее в передаче известной вам особе через мои руки письма, согласен исполнить во всей верности и точности. Квартирует же сия особа, весьма вам известная и теперь заменившая мне друга, коей имя при сем умалчиваю (затем что не хочу напрасно чернить репутацию совершенно невинного человека), вместе с нами, в квартире Каролины Ивановны, в том самом нумере, где прежде еще, в бытность вашу у нас, квартировал заезжий из Тамбова пехотный офицер. Впрочем, особу сию можете найти везде между честных и искренних сердцем людей, чего об иных сказать невозможно. Связи мои с вами намерен я с сего числа прекратить; в дружественном же тоне и в прежнем согласном виде товарищества нашего нам оставаться нельзя, и потому прошу вас, милостивый государь мой, немедленно по получении сего откровенного письма моего, выслать следуемые мне два целковых за бритвы иностранной работы, проданные мною, если запомнить изволите, семь месяцев тому назад в долг, еще во время жительства вашего с нами у Каролины Ивановны, которую я от всей души моей уважаю. Действую же я таким образом потому, что вы, по рассказам умных людей, потеряли амбицию и репутацию и стали опасны для нравственности невинных и незараженных людей, ибо некоторые особы живут не по правде и, сверх того, слова их- фальшь и благонамеренный вид подозрителен. Вступиться же за обиду Каролины Ивановны, которая всегда была благонравного поведения, а во-вторых, честная женщина и вдобавок девица, хотя не молодых лет, но зато хорошей иностранной фамилии, — людей способных можно найти всегда и везде, о чем просили меня некоторые особы упомянуть в сем письме моем мимоходом и говоря от своего лица. Во всяком же случае вы все узнаете своевременно, если теперь не узнали, несмотря на то что ославили себя, по рассказам умных людей, во всех концах столицы и, следовательно, уже во многих местах могли получить надлежащие о себе, милостивый государь, сведения. В заключение письма моего объявляю вам, милостивый мой государь, что известная вам особа, коей имя не упоминаю здесь по известным благородным причинам, весьма уважаема людьми благомыслящими; сверх того, характера веселого и приятного, успевает как на службе, так и между всеми здравомыслящими людьми, верна своему слову и дружбе и не обижает заочно тех, с кем в глаза находится в приятельских отношениях.

Во всяком случае пребываю

покорным слугою вашим

Н. Вахрамеевым.

P.S. Вы вашего человека сгоните: он пьяница и приносит вам, по всей вероятности, много хлопот, а возьмите Евстафия, служившего прежде у нас и находящегося на сей раз без места. Теперешний же служитель ваш не только пьяница, но, сверх того, вор, ибо еще на прошлой неделе продал фунт сахару, в виде кусков, Каролине Ивановне за уменьшенную цену, что, по моему мнению, не мог он иначе сделать, как обворовав вас хитростным образом, по малому и в разные сроки. Пишу вам сие, желая добра, несмотря на то что некоторые особы умеют только обижать и обманывать всех людей, преимущественно же честных и обладающих добрым характером; сверх того, заочно поносят их и представляют их в обратном смысле, единственно из зависти и потому, что сами себя не могут назвать таковыми.

В.».

Прочтя письмо Вахрамеева, герой наш долго еще оставался в неподвижном положении на диване своем. Какой-то новый свет пробивался сквозь весь неясный и загадочный туман, уже два дня окружавший его. Герой наш отчасти начинал понимать... Попробовал было он встать с дивана и пройтись раз и другой по комнате, чтоб освежить себя, собрать кое-как разбитые мысли, устремить их на известный предмет и потом, поправив себя немного, зрело обдумать свое положение. Но только что хотел было он привстать, как тут же, в немощи и бессилии, упал опять на прежнее место. «Оно, конечно, я это все заранее предчувствовал; однако же как же он пишет и каков прямой смысл этих слов? Смысл-то я, положим, и знаю; но куда это поведет? Сказал бы прямо: вот, дескать, так-то и так-то, требуется то-то и то-то, я бы и исполнил. Турнюра-то, оборот-то, принимаемый делом, такой неприятный выходит! Ах, как бы поскорее добраться до завтра и поскорее добраться до дела! теперь же я знаю, что делать. Дескать, так и так, скажу, на резоны согласен, чести моей не продам, а того... пожалуй; впрочем, он-то, особа-то эта известная, лицо-то неблагоприятное как же сюда подмешалось? и зачем именно подмешалось сюда? Ах, как бы до завтра скорей! Ославят они меня до тех пор, интригуют они, в пику работают!

Главное — времени не нужно терять, а теперь, например, хоть письмо написать и только пропустить, что, дескать, то-то и то-то, и вот на то-то и то-то согласен. А завтра чем свет отослать, и самому пораньше того... и с другой стороны им в контру пойти, и предупредить их, голубчиков... Ославят они меня, да и только!»

Господин Голядкин подвинул бумагу, взял перо и написал следующее послание в ответ на письмо губернского секретаря Вахрамеева:

«Милостивый государь,
Нестор Игнатьевич!
С прискорбным сердцу моему удивлением прочел я оскорбительное для меня письмо ваше, ибо ясно вижу, что под именем некоторых неблагопристойных особ и иных с ложною благонамеренностью людей разумеете вы меня. С истинною горестию вижу, как скоро, успешно и какие далекие корни пустила клевета, в ущерб моему благоденствию, моей чести и доброму моему имени. И тем более прискорбно и оскорбительно это, что даже честные люди, с истинно благородным образом мыслей и, главное, одаренные прямым и открытым характером, отступают от интересов благородных людей и прилепляются лучшими качествами сердца своего к зловредной тле, — к несчастию в наше тяжелое и безнравственное время расплодившейся сильно и крайне неблагонамеренно. В заключение скажу, что вами означенный долг мой, два рубля серебром, почту святою обязанностию возвратить вам во всей его целости.

Что же касается до ваших, милостивый государь мой, намеков насчет известной особы женского пола, насчет намерений, расчетов и разных замыслов этой особы, то скажу вам, милостивый государь мой, что я смутно и неясно понял все эти намеки. Позвольте мне, милостивый государь мой, благородный образ мыслей моих и честное имя мое сохранить незапятнанными. Во всяком же случае готов снизойти до объяснения лично, предпочитая верность личного письменному, и, сверх того, готов войти в разные миролюбивые, обоюдные, разумеется, соглашения. На сей конец прошу вас, милостивый государь, передать сей особе готовность мою для соглашения личного и, сверх того, просить ее назначить время и место свидания. Горько мне было читать, милостивый государь мой, намеки на то, что будто бы вас оскорбил, изменил нашей первобытной дружбе и отзывался о вас с дурной стороны. Приписываю все сие недоразумению, гнусной клевете, зависти и недоброжелательству тех, коих справедливо могу наименовать ожесточеннейшими врагами моими. Но они, вероятно, не знают, что невинность сильна уже своею невинностью, что бесстыдство, наглость и возмущающая душу

83

фамильярность иных особ, рано ли, поздно ли, заслужит себе всеобщее клеймо презрения и что эти особы погибнут не иначе, как от собственной неблагопристойности и развращенности сердца. В заключение прошу вас, милостивый государь мой, передать сим особам, что странная претензия их и неблагородное фантастическое желание вытеснять других из пределов, занимаемых сими другими своим бытием в этом мире, и занять их место, заслуживают изумления, презрения, сожаления и, сверх того, сумасшедшего дома; что, сверх того, такие отношения запрещены строго законами, что, по моему мнению совершенно справедливо, ибо всякий должен быть доволен своим собственным местом. Всему есть пределы, и если это шутка, то шутка неблагопристойная, скажу более: совершенно безнравственная, ибо смею уверить вас, милостивый государь мой, что идеи мои, выше распространенные насчет своих мест, чисто нравственные.

Во всяком случае честь имею пребыть
вашим покорным слугою
Я. Голядкин».

X

Вообще можно сказать, что происшествия вчерашнего дня до основания потрясли господина Голядкина. Почивал наш герой весьма нехорошо, то есть никак не мог даже на пять минут заснуть совершенно: словно проказник какой-нибудь насыпал ему резаной щетины в постель. Всю ночь провел он в каком-то полусне, полубдении, переворачиваясь со стороны на сторону, с боку на бок, охая, кряхтя, на минутку засыпая, через минутку опять просыпаясь, и все это сопровождалось какой-то странной тоской, неясными воспоминаниями, безобразными видениями, — одним словом, всем, что только можно найти неприятного... То появлялась перед ним, в каком-то странном, загадочном полусвете, фигура Андрея Филипповича, — сухая фигура, сердитая фигура, с сухим, жестким взглядом и с черство-учтивой побранкой... И только что господин Голядкин начинал было подходить к Андрею Филипповичу, чтоб пред ним каким-нибудь образом, так или этак, оправдаться и доказать ему, что он вовсе не таков, как его враги расписали, что он вот такой-то, да сякой-то и даже обладает, сверх обыкновенных, врожденных качеств своих, вот тем-то и тем-то; но как тут и являлось известное своим неблагопристойным направлением лицо и каким-нибудь самым возмущающим душу средством сразу разрушало все предначинания господина Голядкина, тут же, почти на глазах же господина Голядкина, очерняло досконально его репутацию, втаптывало в грязь его амбицию и потом немедленно занимало место его на службе и в обществе. То чесалась голова господина Голядкина от какого-нибудь щелчка, недавно благоприобретенного и уничиженно принятого, полученного или в общежитии, или, как-нибудь там, по обязанности, на который щелчок протестовать было трудно... И между тем как господин Голядкин начинал было ломать себе голову над тем, что почему вот именно трудно протестовать хоть бы на такой-то щелчок, — между тем эта же мысль о щелчке незаметно переливалась в какую-нибудь другую форму, — в форму какой-нибудь известной маленькой или довольно значительной подлости, виденной, слышанной или самим недавно исполненной, — и часто исполненной-то даже и не на подлом основании, даже и не из подлого побуждения какого-нибудь, а так, — иногда, например, по случаю, — из деликатности, другой раз из ради совершенной своей беззащитности, ну и, наконец, потому... потому, одним словом, уж это господин Голядкин знал хорошо почему! Тут господин Голядкин краснел сквозь сон и, подавляя краску свою, бормотал про себя, что, дескать, здесь, например, можно бы показать твердость характера, значительную бы можно было показать в этом случае твердость характера... а потом и заключал, что, «дескать, что же твердость характера!.. дескать, зачем ее теперь поминать!..» Но всего более бесило и раздражало господина Голядкина то, что как тут, и непременно в такую минуту, звали ль, не звали ль его, являлось известное безобразием и пасквильностью своего направления лицо и тоже, несмотря на то, что уже, кажется, дело было известное, — тоже, туда же, бормотало с неблагопристойной улыбочкой, что, «дескать, что уж тут твердость характера! какая, дескать у нас с тобой, Яков Петрович, будет твердость характера!..» То грезилось господину Голядкину, что находится он в одной прекрасной компании, известной своим остроумием и благородным тоном всех лиц, ее составляющих; что господин Голядкин в свою очередь отличился в отношении любезности и остроумия, что все его полюбили, даже некоторые из врагов его, бывших тут же, его полюбили, что очень приятно было господину Голядкину; что все ему отдали первенство и что, наконец, сам господин Голядкин с приятностью подслушал, как хозяин тут же, отведя, в сторону кой-кого из гостей, похвалили господина Голядкина... и вдруг, ни с того ни с сего, опять явилось известное своею неблагонамеренностью и зверскими побуждениями лицо, в виде господина Голядкина-младшего, и тут же, сразу, в один миг, одним появлением своим, Голядкин-младший разрушал все торжество и всю славу господина Голядкина-старшего, затмил собою Голядкина-старшего, втоптал в грязь Голядкина-старшего и, наконец, ясно доказал, что Голядкин-старший и вместе с тем настоящий — вовсе не настоящий, а поддельный, а что он настоящий, что, наконец, Голядкин-старший вовсе не то, чем он кажется, а такой-то и сякой-то, и, следовательно, не должен и не имеет права принадлежать к обществу людей благонамеренных и хорошего тона. И все это до того быстро сделалось, что господин Голядкин-старший и рта раскрыть не успел, как уже все и душою и телом предались безобразному и поддельному господину Голядкину и с глубочайшим презрением отвергли его, настоящего и невинного господина Голядкина. Не оставалось лица, которого мнение не переделал бы в один миг безобразный господин Голядкин по-своему. Не оставалось лица, даже самого незначительного из целой компании, к которому бы не подлизался бесполезный и фальшивый господин Голядкин по-своему, самым сладчайшим манером, к которому бы не подбился по-своему, перед которым бы он не покурил, по своему обыкновению, чем-нибудь самым приятным и сладким, так что обкуриваемое лицо только нюхало и чихало до слез в знак высочайшего удовольствия. И, главное, все это делалось мигом: быстрота хода подозрительного и бесполезного господина Голядкина было удивительная! Чуть успеет, например, полизаться с одним, заслужить благорасположение его, — и глазком не мигнешь, как уж он у другого. Полижется-полижется с другим втихомолочку, сорвет улыбочку благоволения, лягнет своей коротенькой, кругленькой, довольно, впрочем, дубоватенькой ножкой, и вот уж и с третьим, и куртизанит уж третьего, с ним тоже лижется по-приятельски; рта раскрыть не успеваешь, в изумление не успеешь прийти, — а уж он у четвертого, и с четвертым уже на тех же кондициях, — ужас: колдовство, да и только! И все рады ему, и все любят его, и все превозносят его, и все провозглашают хором, что любезность и сатирическое ума его направление не в пример лучше любезности и сатирического направления настоящего господина Голядкина, и стыдят этим настоящего и невинного господина Голядкина, и отвергают правдолюбивого господина Голядкина, и уже гонят в толчки благонамеренного господина Голядкина, и уже сыплют щелчки в известного любовию к ближнему настоящего господина Голядкина!.. В тоске, в ужасе, в бешенстве выбежал многострадальный господин Голядкин на улицу и стал нанимать извозчика, чтоб прямо лететь к его превосходительству, а если не так, то уж по крайней мере к Андрею

Филипповичу, но — ужас! извозчики никак не соглашались везти господина Голядкина: «дескать, барин, нельзя везти двух совершенно подобных; дескать, ваше благородие, хороший человек норовит жить по честности, а не как-нибудь, и вдвойне никогда не бывает». В исступлении стыда оглядывался кругом совершенно честный господин Голядкин и действительно уверялся, сам, своими глазами, что извозчики и стакнувшийся с ними Петрушка все в своем праве; ибо развращенный господин Голядкин находился действительно тут же, возле него, не в дальнем от него расстоянии, и следуя подлым обычаям нравов своих, и тут, и в этом критическом случае, непременно готовился сделать что-то весьма неприличное и нисколько не обличавшее особенного благородства характера, получаемого обыкновенно при воспитании, — благородства, которым так величался при всяком удобном случае отвратительный господин Голядкин второй. Не помня себя, в стыде и в отчаянии, бросился погибший и совершенно справедливый господин Голядкин куда глаза глядят, на волю судьбы, куда бы ни вынесло; но с каждым шагом его, с каждым ударом ноги в гранит тротуара, выскакивало, как будто из-под земли, по такому же точно, совершенно подобному и отвратительному развращенностию сердца — господину Голядкину. И все эти совершенно подобные пускались тотчас же по появлении своем бежать один за другим, и длинною цепью, как вереница гусей, тянулись и ковыляли за господином Голядкиным-старшим, так что некуда было убегать от совершенно подобных, — так что дух захватывало всячески достойному сожаления господину Голядкину от ужаса, — так что народилась, наконец, страшная бездна совершенно подобных, — так что вся столица запрудилась наконец совершенно подобными, и полицейский служитель, видя таковое нарушение приличия, принужден был взять этих всех совершенно подобных за шиворот и посадить в случившуюся у него под боком будку… Цепенея и леденея от ужаса, просыпался герой наш и, цепенея и леденея от ужаса, чувствовал, что и наяву едва ли веселее проводится время… Тяжело, мучительно было… Тоска подходила такая, как будто кто сердце выедал из груди…

Наконец господин Голядкин не мог долее вытерпеть. «Не будет же этого!» — закричал он, с решимостью приподымаясь с постели, и вслед за этим восклицанием совершенно очнулся.

День, повидимому, уже давно начался. В комнате было как-то не по-обыкновенному светло; солнечные лучи густо процеживались сквозь заиндевевшие от мороза стекла и обильно рассыпались по комнате, что немало удивило господина Голядкина; ибо разве только в полдень заглядывало к нему солнце своим чередом; прежде же таких исключений

87

в течении небесного светила, сколько по крайней мере господин Голядкин сам мог припомнить, почти никогда не бывало. Только что успел подивиться на это герой наш, как зажужжали за перегородкой стенные часы и, таким образом, совершенно приготовились бить. «А, вот!» — подумал господин Голядкин и с тоскливым ожиданием приготовился слушать... Но к совершенному и окончательному поражению господина Голядкина, часы его понатужились и ударили всего один раз. «Это что за история?» — вскричал наш герой, выскакивая совсем из постели. Так, как был, не веря ушам своим, бросился он за перегородку. На часах был действительно час. Господин Голядкин взглянул на кровать Петрушки; но в комнате даже не пахло Петрушкой: постель его, по-видимому, давно уже была прибрана и оставлена; сапогов его тоже нигде не было, — несомненный признак, что Петрушки действительно не было дома. Господин Голядкин бросился к дверям: двери заперты. «Да где же Петрушка?» — продолжал он шепотом, весь в страшном волнении и чувствуя довольно значительную дрожь во всех членах... Вдруг одна мысль пронеслась в голове его... Господин Голядкин бросился к столу своему, оглядел его, обшарил кругом, — так и есть: вчерашнего письма его к Вахрамееву не было... Петрушки за перегородкой тоже совсем не было; на стенных часах был час, а во вчерашнем письме Вахрамеева были введены какие-то новые пункты, весьма, впрочем, с первого взгляда неясные пункты, но теперь совершенно объяснившиеся. Наконец, и Петрушка — очевидно, подкупленный Петрушка! Да, да, это так!

«Так это там-то главный узел завязывался! — вскричал господин Голядкин, ударив себя по лбу и все более и более открывая глаза, — так это в гнезде этой скаредной немки кроется теперь вся главная нечистая сила! Так это, стало быть, она только стратегическую диверсию делала, указывая мне на Измайловский мост, — глаза отводила, смущала меня (негодная ведьма!) и вот таким-то образом подкопы вела!!! Да, это так! Если только с этой стороны на дело взглянуть, то все это и будет вот именно так! и появление мерзавца тоже теперь вполне объясняется: это все одно к одному. Они его давно уж держали, приготовляли и на черный день припасали. Ведь вот оно как теперь, как оказалось-то все! Как разрешилось-то все! А ну, ничего! Еще не потеряно время!..» Тут господин Голядкин с ужасом вспомнил, что уже второй час пополудни. «Что, если они теперь и успели... — Стон вырвался у него из груди,- Да нет же, врут, не успели, — посмотрим...» Кое-как он оделся, схватил бумагу, перо и настрочил следующее послание:

«Милостивый государь мой,
Яков Петрович!

Либо вы, либо я, а вместе нам невозможно! И потому объявляю вам, что странное, смешное и, вместе, невозможное желание ваше — казаться моим близнецом и выдавать себя за такового послужит не к чему иному, как к совершенному вашему бесчестию и поражению. И потому прошу вас, ради собственной же выгоды вашей, посторониться и дать путь людям истинно благородным и с целями благонамеренными. В противном же случае готов решиться даже на самые крайние меры. Кладу перо и ожидаю… Впрочем, пребываю готовым на услуги и — на пистолеты.

Я. Голядкин».

Энергически потер себе руки герой наш, когда кончил записку. Затем, натянув шинель и надев шляпу, отпер другим, запасным ключом квартиру и пустился в департамент. До департамента он дошел, но войти не решился; действительно, было уже слишком поздно; половину третьего показывали часы господина Голядкина. Вдруг одно, повидимому, весьма маловажное обстоятельство разрешило некоторые сомнения господина Голядкина: из-за угла департаментского здания вдруг показалась запыхавшаяся и раскрасневшаяся фигурка и украдкой, крысиной походкой шмыгнула на крыльцо и потом тотчас же в сени. Это был писарь Остафьев, человек весьма знакомый господину Голядкину, человек отчасти нужный и за гривенник готовый на все. Зная нежную струну Остафьева и смекнув, что он, после отлучки за самонужнейшей надобностью, вероятно, стал еще более прежнего падок на гривенники, герой наш решился их не жалеть и тотчас же шмыгнул на крыльцо, а потом и в сени вслед за Остафьевым, кликнул его и с таинственным видом пригласил в сторонку, в укромный уголок, за огромную железную печку. Заведя его туда, герой наш начал расспрашивать.

— Ну, что, мой друг, как этак там, того… ты меня понимаешь?..

— Слушаю, ваше благородие, здравия желаю вашему благородию.

— Хорошо, мой друг, хорошо; а я тебя поблагодарю, милый друг. Ну, вот видишь, как же, мой друг?

— Что изволите спрашивать-с? — Тут Остафьев попридержал немного рукою свой нечаянно раскрывшийся рот.

— Я вот, видишь ли, мой друг, я, того… а ты не думай чего-нибудь… Ну что, Андрей Филиппович здесь?..

— Здесь-с.

— И чиновники здесь?

— И чиновники тоже-с, как следует-с

— И его превосходительство тоже-с. — Тут писарь еще другой раз попридержал свой опять раскрывшийся рот и как-то любопытно и странно посмотрел на господина Голядкина. Герою нашему по крайней мере так показалось.

— И ничего особенного такого нету, мой друг?

— Нет-с; никак нет-с.

— Этак обо мне, милый друг, нет ли чего-нибудь там, этак чего-нибудь только… а? только так, мой друг, понимаешь?

— Нет-с, еще ничего не слышно покамест. — Тут писарь опять попридержал свой рот и опять как-то странно взглянул на господина Голядкина. Дело в том, что герой наш старался теперь проникнуть в физиономию Остафьева, прочесть на ней кое-что, не таится ли чего-нибудь. И действительно, как будто что-то такое таилось; дело в том, что Остафьев становился все как-то грубее и суше и не с таким уже участием, как с начала разговора, входил теперь в интересы господина Голядкина. «Он отчасти в своем праве, — подумал господин Голядкин, — ведь что ж я ему? Он, может быть, уже и получил с другой стороны, а потому и отлучился по самонужнейшей-то. А вот я ему и того..» Господин Голядкин понял, что время гривенников наступило.

— Вот тебе, милый друг…

— Чувствительно благодарен вашему благородию.

— Еще более дам.

— Слушаю, ваше благородие.

— Теперь, сейчас еще более дам и, когда дело кончится, еще столько же дам. Понимаешь?

Писарь молчал, стоял в струнку и неподвижно смотрел на господина Голядкина.

— Ну, теперь говори: про меня ничего не слышно?..

— Кажется, что еще, покамест… того-с… ничего нет покамест-с. — Остафьев отвечал с расстановкой, тоже, как и господин Голядкин, наблюдая немного таинственный вид, подергивая немного бровями, смотря в землю, стараясь попасть в надлежащий тон и, одним словом, всеми силами стараясь наработать обещанное, потому что данное он уже считал за собою и окончательно приобретенным.

— И неизвестно ничего?

— Покамест еще нет-с.

— А послушай… того… оно, может быть, будет известно-с?

— Потом, разумеется, может быть, будет известно-с.

«Плохо!» — подумал герой наш.

— Послушай, вот тебе еще, милый мой.

— Чувствительно благодарен вашему благородию.

— Вахрамеев был вчера здесь?..

— Были-с.

90

— А другого кого-нибудь не было ли?.. Припомни-ка, братец?

Писарь порылся с минутку в своих воспоминаниях и надлежащего ничего не припомнил.

— Нет-с, никого другого не было-с.

— Гм! — Последовало молчание.

— Послушай, братец вот тебе еще; говори все, всю подноготную.

— Слушаю-с. — Остафьев стоял теперь точно шелковый: того надобно было господину Голядкину.

— Объясни мне, братец, теперь, на какой он ноге?

— Ничего-с, хорошо-с, — отвечал писарь, во все глаза смотря на господина Голядкина.

— То есть как хорошо?

— То есть так-с. — Тут Остафьев значительно подернул бровями. Впрочем, он решительно становился в тупик и не знал, что ему еще говорить. «Плохо!» — подумал господин Голядкин.

— Нет ли у них дальнейшего чего-нибудь с Вахрамеевым-то?

— Да и все, как и прежде-с.

— Подумай-ка.

— Есть, говорят-с.

— А ну, что же такое?

Остафьев попридержал рукою свой рот.

— Письма оттудова нет ли ко мне?

— А сегодня сторож Михеев ходил к Вахрамееву на квартиру, туда-с, к немке ихней-с, так вот я пойду и спрошу, если надобно.

— Сделай одолжение, братец, ради создателя!.. Я только так... Ты, брат, не думай чего-нибудь, а я только так. Да расспроси, братец, разузнай, не приготовляется ли что-нибудь там на мой счет. Он-то как действует? вот мне что нужно; вот это ты и узнай, милый друг, а я тебя потом и поблагодарю, милый друг...

— Слушаю-с, ваше благородие, а на вашем месте Иван Семеныч сели сегодня-с.

— Иван Семеныч? А! да! неужели?

— Андрей Филиппович указали им сесть-с...

— Неужели? по какому же случаю? Разузнай это, братец, ради создателя, разузнай это, братец; разузнай это все — а я тебя поблагодарю, милый мой; вот что мне нужно... А ты не думай чего-нибудь, братец...

— Слушаю-с, слушаю-с, тотчас сойду сюда-с. Да вы, ваше благородие, разве не войдете сегодня?

— Нет, мой друг; я только так, я ведь так только, я посмотреть только пришел, милый друг, а потом я тебя и поблагодарю, милый мой.

— Слушаю-с. — Писарь быстро и усердно побежал вверх по лестнице, а господин Голядкин остался один.

«Плохо, — подумал он. — Эх, плохо, плохо! Эх, дельце-то наше… как теперь плоховато! Что бы это значило все? что именно значили некоторые намеки этого пьяницы, например, и чья это штука? А! я теперь знаю, чья это штука. Это вот какая штука. Они, верно, узнали, да и посадили… Впрочем, что ж, — посадили? это Андрей Филиппович его посадил, Ивана-то Семеновича; да, впрочем, зачем же он его посадил и с какою именно целью посадил? Вероятно, узнали… Это Вахрамеев работает, то есть не Вахрамеев, он глуп, как простое осиновое бревно, Вахрамеев-то; а это они все за него работают, да и шельмеца-то за тем же самым сюда натравили; а немка нажаловалась, одноглазая! Я всегда подозревал, что вся эта интрига неспроста и что во всей этой бабьей, старушьей сплетне непременно есть что-нибудь; то же самое я и Крестьяну Ивановичу говорил, что, дескать, поклялись зарезать, в нравственном смысле говоря, человека да и ухватились за Каролину Ивановну. Нет, тут мастера работают, видно! Тут, сударь мой, работает мастерская рука, а не Вахрамеев. Уже сказано, что глуп Вахрамеев, а это… я знаю теперь, кто здесь за них всех работает: это шельмец работает, самозванец работает! На этом одном он и лепится, что доказывает отчасти и успехи его в высшем обществе. А действительно, желательно бы знать было, на какой он ноге теперь… что-то он там у них? Только зачем же они там взяли Ивана-то Семеновича? на какой им черт было нужно Ивана Семеновича? точно нельзя уж было достать другого кого. Впрочем, кого ни посади, все было бы то же самое; а что я только знаю, так это то, что он, Иван-то Семенович, был мне давно подозрителен, я про него давно замечал: старикашка такой скверный, гадкий такой, — говорят, на проценты дает и жидовские проценты берет. А ведь это все медведь мастерит. Во все это обстоятельство медведь замешался. Началось-то оно таким образом. У Измайловского моста оно началось; вот оно как началось…» Тут господин Голядкин сморщился, словно лимон разгрыз, вероятно, припомнив что-нибудь весьма неприятное. «Ну, да ничего, впрочем! — подумал он. — А вот только я все про свое. Что же это Остафьев нейдет? Вероятно, засел или был остановлен там как-нибудь. Это ведь и хорошо отчасти, что я так интригую и с своей стороны подкопы веду. Остафьеву только гривенник нужно дать, так он и того… и на моей стороне. Только вот дело в чем: точно ли он на моей стороне; может быть, они его тоже с своей стороны… и, с своей стороны согласясь с ним, интригу ведут. Ведь разбойником смотрит, мошенник, чистым разбойником! Таится, шельмец! „Нет, ничего, говорит, и чувствительно, дескать, вам, ваше благородие, говорит, благодарен“. Разбойник ты этакой!»

Послышался шум... господин Голядкин съежился и прыгнул за печку. Кто-то сошел с лестницы и вышел на улицу. «Кто бы это так отправлялся теперь?» — подумал про себя наш герой. Через минутку послышались опять чьи-то шаги... Тут господин Голядкин не вытерпел и высунул из-за своего бруствера[34] маленький-маленький кончик носу, — высунул и тотчас же осекся назад, словно кто ему булавкой нос уколол. На этот раз проходил известно кто, то есть шельмец, интригант и развратник, — проходил по обыкновению своим подленьким частым шажком, присеменивая и выкидывая ножками так, как будто бы собирался кого-то лягнуть. «Подлец!» — проговорил про себя наш герой. Впрочем господин Голядкин не мог не заметить, что у подлеца под мышкой был огромный зеленый портфель, принадлежавший его превосходительству. «Он это опять по особому», — подумал господин Голядкин, покраснев и съежившись еще более прежнего от досады. Только что господин Голядкин-младший промелькнул мимо господина Голядкина-старшего, совсем не заметив его, как послышались в третий раз чьи-то шаги, и на это раз господин Голядкин догадался, что шаги были писарские. Действительно, какая-то примазанная писарская фигурка заглянула к нему за печку; фигурка, впрочем, была не Остафьева, а другого писаря, Писаренки по прозванию. Это изумило господина Голядкина. «Зачем же это он других в секрет замешал? — подумал герой наш. — Экие варвары! святого у них ничего не имеется!»

— Ну, что, мой друг? — проговорил он, обращаясь к Писаренке, — ты, мой друг, от кого?..

— Вот-с, по вашему дельцу-с. Ни от кого известий покамест нет никаких-с. А если будут, уведомим-с.

— А Остафьев?..

— Да ему, ваше благородие, никак нельзя-с. Его превосходительство уже два раза проходили по отделению, да и мне теперь некогда.

— Спасибо, милый мой, спасибо тебе... Только ты мне скажи...

— Ей-богу же, некогда-с... Поминутно нас спрашивают-с... А вот вы извольте здесь еще постоять-с, так если будет что-нибудь относительно вашего дельца-с, так мы вас уведомим-с...

— Нет, ты, мой друг, ты скажи...

— Позвольте-с; мне некогда-с, — говорил Писаренко, порываясь от ухватившего его за полу господина Голядкина, — право, нельзя-с. Вы извольте здесь еще постоять-с, так мы и уведомим.

---

[34] Бруствер (военн.) — насыпь в фортификационном сооружении, предназначенная для удобства стрельбы, защиты от пуль и снарядов, а также для укрытия от наблюдения противником.

— Сейчас, сейчас, друг мой! сейчас, милый друг! Вот что теперь: вот письмо, мой друг; а я тебя поблагодарю, милый мой.

— Слушаюсь-с.

— Постарайся отдать, милый мой, господину Голядкину.

— Голядкину?

— Да, мой друг, господину Голядкину.

— Хорошо-с; вот как уберусь, так снесу-с. А вы здесь стойте покамест. Здесь никто не увидит…

— Нет, я, мой друг, ты не думай… я ведь здесь стою не для того, чтоб кто-нибудь не видел меня. А я, мой друг, теперь буду не здесь… буду вот здесь в переулочке. Кофейная есть здесь одна; так я там буду ждать, а ты, если случится что, и уведомляй меня обо всем, понимаешь?

— Хорошо-с. Пустите только; я понимаю…

— А я тебя поблагодарю, милый мой! — кричал господин Голядкин вслед освободившемуся наконец Писаренке… «Шельмец, кажется, грубее стал после, — подумал герой наш, украдкой выходя из-за печки. — Тут еще есть крючок. Это ясно… Сначала был и того, и сего… Впрочем, он и действительно торопился может быть, дела там много. И его превосходительство два раза ходили по отделению… По какому бы это случаю было?.. Ух! да ну, ничего! оно, впрочем, и ничего, может быть, а вот мы теперь и посмотрим…»

Тут господин Голядкин отворил было дверь и хотел уже выйти на улицу, как вдруг, в это самое мгновение, у крыльца загремела карета его превосходительства. Не успел господин Голядкин опомниться, как отворились изнутри дверцы кареты и сидевший в ней господин выпрыгнул на крыльцо. Приехавший был не кто иной, как тот же господин Голядкин-младший, минут десять тому назад отлучившийся. Господин Голядкин-старший вспомнил, что квартира директора была в двух шагах. «Это он по-особому», — подумал наш герой про себя. Между тем господин Голядкин-младший, захватив из кареты толстый зеленый портфель и еще какие-то бумаги, приказав, наконец, что-то кучеру, отворил дверь, почти толкнув ею господина Голядкина-старшего, и, нарочно не заметив его и, следовательно, действуя таким образом ему в пику, пустился скоробежкой вверх по департаментской лестнице. «Плохо! — подумал господин Голядкин, — эх, дельце-то наше чего прихватило теперь! Ишь его, господи бог мой!» С полминутки еще простоял наш герой неподвижно; наконец он решился. Долго не думая, чувствуя, впрочем, сильное трепетание сердца и дрожь во всех членах, побежал он вслед за приятелем своим вверх по лестнице. «А! была не была; что же мне-то такое? я сторона в этом деле», — думал он, снимая шляпу, шинель и калоши в передней.

Когда господин Голядкин вошел в свое отделение, были уже полные сумерки. Ни Андрея Филипповича, ни Антона Антоновича не было в комнате. Оба они находились в директорском кабинете с докладами; директор же, как по слухам известно было, в свою очередь спешил к его высокопревосходительству. Вследствие таковых обстоятельств, да еще потому, что и сумерки сюда подмешались и кончалось время присутствия, некоторые из чиновников, преимущественно же молодежь, в ту самую минуту, когда вошел наш герой, занимались некоторого рода бездействием, сходились, разговаривали, толковали, смеялись, и даже кое-кто из самых юнейших, то есть из самых бесчиновных чиновников, втихомолочку и под общий шумок составили орлянку в углу, у окошка. Зная приличие и чувствуя в настоящее время какую-то особенную надобность приобресть и «найти», господин Голядкин немедленно подошел кой к кому, с кем ладил получше, чтоб пожелать доброго дня и т. д. Но как-то странно ответили сослуживцы на приветствие господина Голядкина. Неприятно был он поражен какою-то всеобщею холодностью, сухостью, даже, можно сказать, какою-то строгостью приема. Руки ему не дал никто. Иные просто сказали «здравствуйте» и прочь отошли; другие лишь головою кивнули, кое-кто просто отвернулся и показал, что ничего не заметил; наконец, некоторые, — и что было всего обиднее господину Голядкину, некоторые из самой бесчиновной молодежи, ребята, которые, как справедливо выразился о них господин Голядкин, умеют лишь в орлянку поиграть при случае да где-нибудь потаскаться, — мало-помалу окружили господина Голядкина, сгруппировались около него и почти заперли ему выход. Все они смотрели на него с каким-то оскорбительным любопытством.

Знак был дурной. Господин Голядкин чувствовал это и благоразумно приготовился с своей стороны ничего не заметить. Вдруг одно совершенно неожиданное обстоятельство совсем, как говорится, доконало и уничтожило господина Голядкина.

В кучке молодых окружавших его сослуживцев вдруг, и, словно нарочно, в самую тоскливую минуту для господина Голядкина, появился господин Голядкин-младший, веселый по-всегдашнему, с улыбочкой по-всегдашнему, вертлявый тоже по-всегдашнему, одним словом: шалун, прыгун, лизун, хохотун, легок на язычок и на ножку, как и всегда, как прежде, точно так, как и вчера, например, в одну весьма неприятную минутку для господина Голядкина-старшего. Осклабившись, вертясь, семеня, с улыбочкой, которая так и говорила всем: «доброго вечера», втерся он в кучку чиновников, тому пожал руку, этого по плечу потрепал, третьего обнял слегка, четвертому объяснил, по какому именно случаю был его превосходительством употреблен, куда ездил, что сделал, что с

95

собою привез; пятого, и, вероятно, своего лучшего друга, чмокнул в самые губки, — одним словом, все происходило точь-в-точь как во сне господина Голядкина-старшего. Напрыгавшись досыта, покончив со всяким по-своему, обделав их всех в свою пользу, нужно ль, не нужно ли было, нализавшись всласть с ними со всеми, господин Голядкин-младший вдруг, и, вероятно, ошибкой, еще не успев заметить до сих пор своего старейшего друга, протянул руку и господину Голядкину-старшему. Вероятно, тоже ошибкой, хотя, впрочем, и успев совершенно заметить неблагородного господина Голядкина-младшего, тотчас же жадно схватил наш герой простертую ему так неожиданно руку и пожал ее самым крепким, самым дружеским образом, пожал ее с каким-то странным, совсем неожиданным внутренним движением, с каким-то слезящимся чувством. Был ли обманут герой наш первым движением неблагопристойного врага своего, или так, не нашелся, или почувствовал и сознал в глубине души своей всю степень своей беззащитности, — трудно сказать. Факт тот, что господин Голядкин-старший, в здравом виде, по собственной воле своей и при свидетелях, торжественно пожал руку того, кого называл смертельным врагом своим. Но каково же было изумление, исступление и бешенство, каков же был ужас и стыд господина Голядкина-старшего, когда неприятель и смертельный враг его, неблагородный господин Голядкин-младший, заметив ошибку преследуемого, невинного и вероломно обманутого им человека, без всякого стыда, без чувств, без сострадания и совести, вдруг с нестерпимым нахальством и с грубостию вырвал свою руку из руки господина Голядкина-старшего; мало того, — стряхнул свою руку, как будто замарал ее через то в чем-то совсем нехорошем; мало того, — плюнул на сторону, сопровождая все это самым оскорбительным жестом; мало того, — вынул платок свой и тут же, самым бесчиннейшим образом, вытер им все пальцы свои, побывавшие на минутку в руке господина Голядкина-старшего. Действуя таким образом, господин Голядкин-младший, по подленькому обыкновению своему, нарочно осматривался кругом, делал так, чтоб все видели его поведение, заглядывал всем в глаза и, очевидно, старался о внушении всем всего самого неблагоприятного относительно господина Голядкина. Казалось, что поведение отвратительного господина Голядкина-младшего возбудило всеобщее негодование окружавших чиновников; даже ветреная молодежь показала свое неудовольствие. Кругом поднялся ропот и говор. Всеобщее движение не могло миновать ушей господина Голядкина-старшего; но вдруг — кстати подоспевшая шуточка, накипевшая, между прочим, в устах господина Голядкина-младшего, разбила, уничтожила последние надежды героя нашего и наклонила баланс опять в пользу смертельного и бесполезного врага его.

— Это наш русский Фоблаз[35], господа; позвольте вам рекомендовать молодого Фоблаза, — запищал господин Голядкин-младший, с свойственною ему наглостью семеня и вьюна меж чиновниками и указывая им на оцепеневшего и вместе с тем исступленного настоящего господина Голядкина. «Поцелуемся, душка!» — продолжал он с нестерпимою фамильярностию, подвигаясь к предательски оскорбленному им человеку. Шуточка бесполезного господина Голядкина-младшего, кажется, нашла отголосок, где следовало, тем более что в ней заключался коварный намек на одно обстоятельство, повидимому, уже гласное и известное всем. Герой наш тяжко почувствовал руку врагов на плечах своих. Впрочем, он уже решился. С пылающим взором, с бледным лицом, с неподвижной улыбкой выбрался он кое-как из толпы и неровными учащенными шагами направил свой путь прямо к кабинету его превосходительства. В предпоследней комнате встретился с ним только что выходивший от его превосходительства Андрей Филиппович, и хотя тут же в комнате было порядочно всяких других, совершенно посторонних в настоящую минуту для господина Голядкина лиц, но герой наш и внимания не хотел обратить на подобное обстоятельство. Прямо, решительно, смело, почти сам себе удивляясь и внутренно себя за смелость похваливая, абордировал он, не теряя времени, Андрея Филипповича, порядочно изумленного таким нечаянным нападением.

— А!.. что вы... что вам угодно? — спросил начальник отделения, не слушая запнувшегося на чем-то господина Голядкина.

— Андрей Филиппович, я... могу ли я, Андрей Филиппович, иметь теперь, тотчас же и глаз на глаз, разговор с его превосходительством? — речисто и отчетливо проговорил наш герой, устремив самый решительный взгляд на Андрея Филипповича.

— Что-с? конечно нет-с. — Андрей Филиппович с ног до головы обмерил взглядом своим господина Голядкина.

— Я, Андрей Филиппович, все это к тому говорю, что удивляюсь, как никто здесь не обличит самозванца и подлеца.

— Что-о-с?

— Подлеца, Андрей Филиппович.

— О ком же это угодно таким образом относиться?

— Об известном лице, Андрей Филиппович. Я, Андрей Филиппович, на известное лицо намекаю; я в своем праве... Я думаю, Андрей

---

[35] Фоблаз — коварный и ловкий соблазнитель; от имени героя романа французского писателя Жана Батиста Луве де Кувре (1760—1797) «Любовные похождения кавалера де Фобласа» (1787—1790).

Филиппович, что начальство должно было бы поощрять подобные движения, — прибавил господин Голядкин, очевидно не помня себя, — Андрей Филиппович... вы, вероятно, сами видите, Андрей Филиппович, что это благородное движение и всяческую мою благонамеренность означает, — принять начальника за отца, Андрей Филиппович, принимаю, дескать, благодетельное начальство за отца и слепо вверяю судьбу свою. Так и так, дескать... вот как... — Тут голос господина Голядкина задрожал, лицо его раскраснелось, и две слезы набежали на обеих ресницах его.

Андрей Филиппович, слушая господина Голядкина, до того удивился, что как-то невольно отшатнулся шага на два назад. Потом с беспокойством осмотрелся кругом... Трудно сказать, чем бы кончилось дело... Но вдруг дверь из кабинета его превосходительства отворилась, и он сам вышел, в сопровождении некоторых чиновников. За ним потянулись все, кто ни был в комнате. Его превосходительство подозвал Андрея Филипповича и пошел с ним рядом, заведя разговор о каких-то делах. Когда все тронулись и пошли вон из комнаты, опомнился и господин Голядкин. Присмирев, приютился он под крылышко Антона Антоновича Сеточкина, который сзади всех ковылял в свою очередь и, как показалось Господину Голядкину, с самым строгим и озабоченным видом. «Проврался я и тут, нагадил и тут, — подумал он про себя, — да ну, ничего».

— Надеюсь, что по крайней мере вы, Антон Антонович, согласитесь прослушать меня и вникнуть в мои обстоятельства, — проговорил он тихо и еще немного дрожащим от волнения голосом.- Отверженный всеми, обращаюсь я к вам. Недоумеваю до сих пор, что значили слова Андрея Филипповича, Антон Антонович. Объясните мне их, если можно...

— Своевременно все объяснится-с, — строго и с расстановкою отвечал Антон Антонович и, как показалось господину Голядкину, с таким видом, который ясно давал знать, что Антон Антонович вовсе не желает продолжать разговора. — Узнаете в скором времени все-с. Сегодня же форменно обо всем известитесь.

— Что же такое форменно, Антон Антонович? почему же так именно форменно-с? — робко спросил наш герой.

— Не нам с вами рассуждать, Яков Петрович, как начальство решает.

— Почему же начальство, Антон Антонович, — проговорил господин Голядкин, оробев еще более, — почему же начальство? Я не вижу причины, почему же тут нужно беспокоить начальство, Антон Антонович... Вы, может быть, что-нибудь относительно вчерашнего хотите сказать, Антон Антонович?

— Да нет-с, не вчерашнее-с; тут кое-что другое хромает-с у вас.

— Что же хромает, Антон Антонович? мне кажется, Антон Антонович, что у меня ничего не хромает.

— А хитрить-то с кем собирались? — резко пересек Антон Антонович совершенно оторопевшего господина Голядкина. Господин Голядкин вздрогнул и побледнел как платок.

— Конечно, Антон Антонович, — проговорил он едва слышным голосом, — если внимать голосу клеветы и слушать врагов наших, не приняв оправдания с другой стороны, то, конечно... конечно, Антон Антонович, тогда можно и пострадать, Антон Антонович, безвинно и ни за что пострадать.

— То-то-с; а неблагопристойный поступок ваш во вред репутации благородной девицы того добродетельного, почтенного и известного семейства, которое вам благодетельствовало?

— Какой же это поступок, Антон Антонович?

— То-то-с. А относительно другой девицы, хотя бедной, но зато честного иностранного происхождения, похвального поступка своего тоже не знаете-с?

— Позвольте, Антон Антонович...благоволите, Антон Антонович, выслушать...

— А вероломный поступок ваш и клевета на другое лицо — обвинение другого лица в том, в чем сами грешка прихватили? а? это как называется?

— Я, Антон Антонович, не выгонял его, — проговорил, затрепетав, наш герой, — и Петрушку, то есть человека моего, подобному ничему не учил-с... Он ел мой хлеб. Антон Антонович; он пользовался гостеприимством моим, — прибавил выразительно и с глубоким чувством герой наш, так что подбородок его запрыгал немножко и слезы готовы были опять навернуться.

— Это вы, Яков Петрович, только так говорите, что он хлеб-то ваш ел, — отвечал, осклабляясь, Антон Антонович, и в голосе его было слышно лукавство, так что по сердцу скребнуло у господина Голядкина.

— Позвольте еще вас, Антон Антонович, нижайше спросить: известны ли обо всем этом деле его превосходительство?

— Как же-с! Впрочем, вы теперь пустите меня-с. Мне с вами тут некогда... Сегодня же обо всем узнаете, что вам следует знать-с.

— Позвольте, ради бога, еще на минутку, Антон Антонович...

— После расскажете-с...

— Нет-с, Антон Антонович; я-с, видите-с, прислушайте только, Антон Антонович... Я совсем не вольнодумство, Антон Антонович, я бегу вольнодумства; я совершенно готов с своей стороны и даже пропускал ту идею...

— Хорошо-с, хорошо-с. Я уж слышал-с…

— Нет-с, этого вы не слыхали, Антон Антонович. Это другое, Антон Антонович, это хорошо, право хорошо, и приятно слышать… Я пропускал, как выше объяснил, ту идею, Антон Антонович, что вот промысл божий создал двух совершенно подобных, а благодетельное начальство, видя промысл божий, приютили двух близнецов-с. Это хорошо, Антон Антонович. Вы видите, что это очень хорошо, Антон Антонович, и что я далек вольнодумства. Принимаю благодетельное начальство за отца. Так и так, дескать, благодетельное начальство, а вы, того… дескать…молодому человеку нужно служить… Поддержите меня, Антон Антонович, заступитесь за меня, Антон Антонович… Я ничего-с… Антон Антонович, ради бога, еще одно словечко… Антон Антонович…

Но уже Антон Антонович был далеко от господина Голядкина… Герой же наш не знал, где стоял, что слышал, что делал, что с ним сделалось и что еще будут делать с ним — так смутило его и потрясло все им слышанное и все с ним случившееся.

Умоляющим взором отыскивал он в толпе чиновников Антона Антоновича, чтоб еще более оправдаться в глазах его и сказать ему что-нибудь крайне благонамеренное и весьма благородное и приятное относительно себя самого… Впрочем, мало-помалу, новый свет начинал пробиваться сквозь смущение господина Голядкина, новый, ужасный свет, озаривший перед ним вдруг, разом, целую перспективу совершенно неведомых доселе и даже нисколько не подозреваемых обстоятельств… В эту минуту кто-то толкнул совершенно сбившегося героя нашего под бок. Он оглянулся. Перед ним стоял Писаренко.

— Письмо-с, ваше благородие.

— А!.. ты уже сходил, милый мой?

— Нет, это еще утром в десять часов сюда принесли-с. Сергей Михеев, сторож, принес-с с квартиры губернского секретаря Вахрамеева.

— Хорошо, мой друг, хорошо, а я тебя поблагодарю, милый мой.

Сказав это, господин Голядкин спрятал письмо в боковой карман своего вицмундира и застегнул его на все пуговицы; потом осмотрелся кругом и, к удивлению своему, заметил, что уже находится в сенях департаментских, в кучке чиновников, столпившихся к выходу, ибо кончилось присутствие. Господин Голядкин не только не замечал до сих пор этого последнего обстоятельства, но даже не заметил и не помнил того, каким образом он вдруг очутился в шинели, в калошах и держал свою шляпу в руках. Все чиновники стояли неподвижно и в почтительном ожидании. Дело в том, что его превосходительство остановился внизу лестницы, в ожидании своего почему-то замешкавшегося экипажа, и вел весьма интересный разговор с двумя советниками и с Андреем

Филипповичем. Немного поодаль от двух советников и Андрея Филипповича стоял Антон Антонович Сеточкин и кое-кто из других чиновников, которые весьма улыбались, видя, что его превосходительство изволит шутить и смеяться. Столпившиеся на верху лестницы чиновники тоже улыбались и ждали, покамест его превосходительство опять засмеются. Не улыбался лишь только один Федосеич, толстопузый швейцар, державшийся у ручки дверей, вытянувшийся в струнку и с нетерпением ожидавший порции своего обыденного удовольствия, состоявшего в том, чтоб разом, одним взмахом руки, широко откинуть одну половинку дверей и потом, согнувшись в дугу, почтительно пропустить мимо себя его превосходительство. Но всех более, по-видимому, был рад и чувствовал удовольствие недостойный и неблагородный враг господина Голядкина. Он в это мгновение даже позабыл всех чиновников, даже оставил вьюнить и семенить межу ними, по своему подленькому обыкновению, даже позабыл, пользуясь случаем, подлизаться к кому-нибудь в это мгновение. Он обратился весь в слух и зрение, как-то странно съежился, вероятно чтоб удобнее слушать, не спуская глаз с его превосходительства, и изредка только подергивало его руки, ноги и голову какими-то едва заметными судорогами, обличавшими все внутренние, сокровенные движения души его.

«Ишь его разбирает! — подумал герой наш, — фаворитом смотрит, мошенник! Желал бы я знать, чем он именно берет в обществе высокого тона? Ни ума, ни характера, ни образования, ни чувства; везет шельмецу! Господи боже! ведь как это скоро может пойти человек, как подумаешь, и „найти“ во всех людях! И пойдет человек, клятву даю, что пойдет далеко, шельмец, доберется, — везет шельмецу! Желал бы я еще узнать, что именно такое он всем им нашептывает? Какие тайны у него со всем этим народом заводятся и про какие секреты они говорят? Господи боже! Как бы мне этак, того... и с ними бы тоже немножко... дескать, так и так, попросить его разве...дескать, так и так, а я больше не буду; дескать, я виноват, а молодому человеку, ваше превосходительство, нужно служить в наше время; обстоятельством же темным моим я отнюдь не смущаюсь, — вот оно как! протестовать там каким-нибудь образом тоже не буду, и все с терпением и смирением снесу, — вот как! вот разве так поступить?.. Да, впрочем, его не проймешь, шельмеца, никаким словом не пробьешь; резону-то ему вгвоздить нельзя в забубенную голову... А впрочем, попробуем. Случится, что в добрый час попаду, так вот и попробовать...»

В беспокойстве своем, в тоске и смущении, чувствуя, что так оставаться нельзя, что наступает минута решительная, что нужно же с кем-нибудь объясниться, герой наш стал было понемножку подвигаться к тому месту, где стоял недостойный и загадочный приятель его; но в самое это время у подъезда загремел давно ожидаемый экипаж его превосходительства. Федосеич рванул дверь и, согнувшись в три дуги, пропустил его превосходительство мимо себя. Все ожидавшие разом хлынули к выходу и оттеснили на мгновение господина Голядкина-старшего от господина Голядкина-младшего. «Не уйдешь!» — говорил наш герой, прорываясь сквозь толпу и не спуская глаз с кого следовало. Наконец толпа раздалась. Герой наш почувствовал себя на свободе и ринулся в погоню за своим неприятелем.

XI

Дух занимался в груди господина Голядкина; словно на крыльях летел он вслед за своим быстро удалявшимся неприятелем. Чувствовал он в себе присутствие страшной энергии. Впрочем, несмотря на присутствие страшной энергии, господин Голядкин мог смело надеяться, что в настоящую минуту даже простой комар, если бы только он мог в такое время жить в Петербурге, весьма бы удобно перешиб его крылом своим. Чувствовал он еще, что опал и ослаб совершенно, что несет его какою-то совершенно особенною и постороннею силою, что он вовсе не сам идет, что, напротив, его ноги подкашиваются и служить отказываются. Впрочем, это все могло бы устроиться к лучшему. «К лучшему — не к лучшему, — думал господин Голядкин, почти задыхаясь от скорого бега, — но что дело проиграно, так в том теперь и сомнения малейшего нет; что пропал я совсем, так уж это известно, определено, решено и подписано». Несмотря на все это, герой наш словно из мертвых воскрес, словно баталию выдержал, словно победу схватил, когда пришлось ему уцепиться за шинель своего неприятеля, уже заносившего одну ногу на дрожки куда-то только что сговоренного им ваньки. «Милостивый государь! милостивый государь! — закричал он наконец настигнутому им неблагородному господину Голядкину-младшему. — Милостивый государь, я надеюсь, что вы...»

— Нет, вы уж, пожалуйста, ничего не надейтесь, — уклончиво отвечал бесчувственный неприятель господина Голядкина, стоя одною ногою на одной ступеньке дрожек, а другою изо всех сил порываясь попасть на другую сторону экипажа, тщетно махая ею по воздуху, стараясь сохранить экилибр[36] и вместе с тем стараясь всеми силами отцепить шинель свою от господина Голядкина-старшего, за которую тот, с своей стороны, уцепился всеми данными ему природою средствами.

— Яков Петрович! только десять минут...

— Извините, мне некогда-с.

— Согласитесь сами, Яков Петрович... пожалуйста, Яков Петрович... ради бога, Яков Петрович... так и так — объясниться... на смелую ногу... Секундочку, Яков Петрович!..

— Голубчик мой, некогда, — отвечал с неучтивою фамильярностью, но под видом душевной доброты, ложно благородный неприятель господина Голядкина, — в другое время, поверьте, от полноты души и от чистого сердца; но теперь — вот, право ж, нельзя.

«Подлец!» — подумал герой наш.

— Яков Петрович! — закричал он тоскливо, — я вашим врагом никогда не бывал. Злые же люди несправедливо меня описали... С своей стороны я готов... Яков Петрович, угодно, мы с вами, Яков Петрович, вот тотчас зайдем?.. И там от чистого сердца, как справедливо сказали вы тотчас, и языком прямым, благородным... вот в эту кофейную: тогда все само собой объяснится, — вот как, Яков Петрович! Тогда непременно все само собой объяснится...

— В кофейную? хорошо-с. Я не прочь, зайдем в кофейную, с одним только условием, радость моя, с единым условием, — что там все само собой объяснится. Дескать, так и так, душка, — проговорил господин Голядкин-младший, слезая с дрожек и бесстыдно потрепав героя нашего по плечу, — дружище ты этакой; для тебя, Яков Петрович, я готов переулочком (как справедливо в оно время вы, Яков Петрович, заметить изволили). Ведь вот плут, право, что захочет, то и делает с человеком! — продолжал ложный друг господина Голядкина, с легкой улыбочкой вертясь и увиваясь около него.

Отдаленная от больших улиц кофейная, куда вошли оба господина Голядкина, была в эту минуту совершенно пуста. Довольно толстая немка появилась у прилавка, едва только заслышался звон колокольчика. Господин Голядкин и недостойный неприятель его прошли во вторую комнату, где одутловатый и остриженный под гребенку мальчишка возился с вязанкою щепок около печки, силясь возобновить в ней погасавший огонь. По требованию господина Голядкина-младшего подан был шоколад.

— А пресдобная бабенка, — проговорил господин Голядкин-младший, плутовски мигнув господину Голядкину-старшему.

---

[36] Экилибр (фр. equilibre) — равновесие.

Герой наш покраснел и смолчал.

— А, да, позабыл, извините. Знаю ваш вкус. Мы, сударь, лакомы до тоненьких немочек; мы, дескать, душа ты правдивая, Яков Петрович, лакомы с тобою до тоненьких, хотя, впрочем, и не лишенных еще приятности немочек; квартиры у них нанимаем, их нравственность соблазняем, за бир-суп, да мильх-суп[37] наше сердце им посвящаем да разные подписки даем, — вот что мы делаем, Фоблаз ты такой, предатель ты этакой!

Все это проговорил господин Голядкин-младший, делая, таким образом, совершенно бесполезный, хотя, впрочем, и злодейски хитрый намек на известную особу женского пола, увиваясь около господина Голядкина, улыбаясь ему под видом любезности, ложно показывая, таким образом, радушие к нему и радость при встрече с ним. Замечая же, что господин Голядкин-старший вовсе не так глуп и вовсе не до того лишен образованности и манер хорошего тона, чтоб сразу поверить ему, неблагородный человек решился переменить свою тактику и повести дела на открытую ногу. Тут же, проговорив свою гнусность, фальшивый господин Голядкин заключил тем, что с возмущающим душу бесстыдством и фамильярностью потрепал солидного господина Голядкина по плечу и, не удовольствовавшись этим, пустился заигрывать с ним совершенно неприличным в обществе хорошего тона образом, именно вознамерился повторить свою прежнюю гнусность, то есть, несмотря на сопротивление и легкие крики возмущенного господина Голядкина-старшего, ущипнуть его за щеку. При виде такого разврата герой наш вскипел и смолчал… до времени, впрочем.

— Это речь врагов моих, — ответил он наконец, благоразумно сдерживая себя, трепещущим голосом. В то же самое время герой наш с беспокойством оглянулся на дверь. Дело в том, что господин Голядкин-младший был, по-видимому, в превосходном расположении духа и в готовности пуститься на разные шуточки, непозволительные в общественном месте и, вообще говоря, не допускаемые законами света, и преимущественно в обществе высокого тона.

— А, ну, в таком случае, как хотите, — серьезно возразил господин Голядкин-младший на мысль господина Голядкина-старшего, поставив свою опустелую чашку, выпитую им с неприличною жадностью, на стол. — Ну-с, мне с вами долго нечего, впрочем… Ну-с, каково-то вы теперь поживаете, Яков Петрович?

---

[37] Бир-суп (нем. biersuppe) — пивной суп. Мильх-суп (нем. milchsuppe) — молочный суп.

— Одно только могу сказать я вам, Яков Петрович, — хладнокровно и с достоинством отвечал наш герой, — врагом вашим я никогда не бывал.

— Гм... ну, а Петрушка? как бишь! Петрушка ведь, кажется? — ну, да! Что, каков? хорошо? по-прежнему?

— И он тоже по-прежнему, Яков Петрович, — отвечал немного изумленный господин Голядкин-старший. — Я не знаю, Яков Петрович... с моей стороны... с благородной, с откровенной стороны, Яков Петрович, согласитесь сами, Яков Петрович...

— Да-с. Но вы сами знаете, Яков Петрович, — отвечал тихим и выразительным голосом господин Голядкин-младший, фальшиво изображая собою, таким образом, грустного, полного раскаяния и сожаления достойного человека, — сами вы знаете, время наше тяжелое... Я на вас пошлюсь, Яков Петрович; человек вы умный и справедливо рассудите, — включил господин Голядкин-младший, подло льстя господину Голядкину-старшему. — Жизнь не игрушка, сами вы знаете, Яков Петрович, — многозначительно заключил господин Голядкин-младший, прикидываясь, таким образом, умным и ученым человеком, который может рассуждать о высоких предметах.

— С своей стороны, Яков Петрович, — с одушевлением отвечал наш герой, — с своей стороны, презирая окольным путем и говоря смело и откровенно, говоря языком прямым, благородным и поставив все дело на благородную доску, скажу вам, могу открыто и благородно утверждать, Яков Петрович, что я чист совершенно и что, сами вы знаете, Яков Петрович, обоюдное заблуждение, — все может быть, — суд света, мнение раболепной толпы... Я говорю откровенно, Яков Петрович, все может быть. Еще скажу, Яков Петрович, если так судить, если с благородной и высокой точки зрения на дело смотреть, то смело скажу, без ложного стыда скажу, Яков Петрович, мне даже приятно будет открыть, что я заблуждался, мне даже приятно будет сознаться в том. Сами вы знаете, вы человек умный, а сверх того, благородный. Без стыда, без ложного стыда готов в этом сознаться... — с достоинством и благородством заключил наш герой.

— Рок, судьба! Яков Петрович... но оставим все это, — со вздохом проговорил господин Голядкин-младший. — Употребим лучше краткие минуты нашей встречи на более полезный и приятный разговор, как следует между двумя сослуживцами... Право, мне как-то не удавалось с вами двух слов сказать во все это время... В этом я не виноват, Яков Петрович...

— И не я, — с жаром перебил наш герой, — и не я! Сердце мое говорит мне, Яков Петрович, что не я виноват во всем этом. Будем обвинять судьбу во всем этом, Яков Петрович, — прибавил господин

Голядкин-старший совершенно примирительным тоном. Голос его начинал мало-помалу слабеть и дрожать.

— Ну, что? как вообще ваше здоровье? — произнес заблудшийся сладким голосом.

— Немного покашливаю, — отвечал еще слаще герой наш.

— Берегитесь. Теперь все такие поветрия, немудрено схватить жабу[38], и я, признаюсь вам, начинаю уже кутаться во фланель.

— Действительно, Яков Петрович, немудрено схватить жабу-с... Яков Петрович! — произнес после кроткого молчания герой наш. — Яков Петрович! я вижу, что я заблуждался... Я с умилением вспоминаю о тех счастливых минутах, которые удалось нам провести вместе под бедным, но, смею сказать, радушным кровом моим...

— В письме вашем вы, впрочем, не то написали, — отчасти с укоризною проговорил совершенно справедливый (впрочем, единственно только в этом отношении совершенно справедливый) господин Голядкин-младший.

— Яков Петрович! я заблуждался... Ясно вижу теперь, что заблуждался и в этом несчастном письме моем. Яков Петрович, мне совестно смотреть на вас, Яков Петрович, вы не поверите... Дайте мне это письмо, чтоб разорвать его, в ваших же глазах, Яков Петрович, или если уж этого никак невозможно, то умоляю вас читать его наоборот, — совсем наоборот, то есть нарочно с намерением дружеским, давая обратный смысл всем словам письма моего. Я заблуждался. Простите меня, Яков Петрович, я совсем... я горестно заблуждался, Яков Петрович.

— Вы говорите? — довольно рассеянно и равнодушно спросил вероломный друг господина Голядкина-старшего.

— Я говорю, что я совсем заблуждался, Яков Петрович, и что с моей стороны я совершенно без ложного стыда...

— А, ну, хорошо ! Это очень хорошо, что вы заблуждались, — грубо отвечал господин Голядкин-младший.

— У меня, Яков Петрович, даже идея была, — прибавил благородным образом откровенный герой наш, совершенно не замечая ужасного вероломства своего ложного друга, — у меня даже идея была, что, дескать, вот, создались два совершенно подобные...

— А! это ваша идея!..

Тут известный своею бесполезностью господин Голядкин-младший встал и схватился за шляпу. Все еще не замечая обмана, встал и господин Голядкин-старший, простодушно и благородно улыбаясь своему

---

[38] Ангину (от лат. angina — жаба).

лжеприятелю, стараясь в невинности своей, его приласкать, ободрить и завязать с ним, таким образом, новую дружбу…

— Прощайте, ваше превосходительство! — вскрикнул вдруг господин Голядкин-младший. Герой наш вздрогнул, заметив в лице врага своего что-то даже вакхическое, и, единственно чтоб только отвязаться, сунул в простертую ему руку безнравственного два пальца своей руки; но тут… тут бесстыдство господина Голядкина-младшего превзошло все ступени. Схватив два пальца руки господина Голядкина-старшего и сначала пожав их, недостойный тут же, в глазах же господина Голядкина, решился повторить свою утреннюю бесстыдную шутку. Мера человеческого терпения была истощена…

Он уже прятал платок, которым обтер свои пальцы, в карман, когда господин Голядкин-старший опомнился и ринулся вслед за ним в соседнюю комнату, куда, по скверной привычке своей, тотчас же поспешил улизнуть непримиримый враг его. Как будто ни в одном глазу, он стоял у прилавка, ел пирожки и преспокойно, как добродетельный человек, любезничал с немкой-кондитершей. «При дамах нельзя», — подумал герой наш и подошел тоже к прилавку, не помня себя от волнения.

— А ведь действительно бабенка-то недурна! Как вы думаете? — снова начал свои неприличные выходки господин Голядкин-младший, вероятно рассчитывая на бесконечное терпение господина Голядкина. Толстая же немка, с своей стороны, смотрела на обоих своих посетителей оловянно-бессмысленными глазами, очевидно не понимая русского языка и приветливо улыбаясь. Герой наш вспыхнул как огонь от слов не знающего стыда господина Голядкина-младшего и, не в силах владеть собою, бросился наконец на него с очевидным намерением растерзать его и повершить с ним, таким образом, окончательно; но господин Голядкин-младший, по подлому обыкновению своему, уже был далеко; он дал тягу, он уже был на крыльце. Само собой разумеется, что после первого мгновенного столбняка, естественно нашедшего на господина Голядкина-старшего, он опомнился и бросился со всех ног за обидчиком, который уже садился на поджидавшего его и, очевидно, во всем согласившегося с ним ваньку. Но в это самое мгновенье толстая немка, видя бегство двух посетителей, взвизгнула и позвонила что было силы в свой колокольчик. Герой наш почти на лету обернулся назад, бросил ей деньги за себя и за незаплатившего бесстыдного человека, не требуя сдачи, и, несмотря на то что промешкал, все-таки успел, хотя и опять на лету только, подхватить своего неприятеля. Уцепившись за крыло дрожек всеми данными ему природою средствами, герой наш несся некоторое время по улице, карабкаясь в экипаж, отстаиваемый из всех сил господином Голядкиныммладшим. Извозчик между тем и кнутом, и вожжой, и ногой, и словами понукал свою разбитую клячу, которая совсем неожиданно понеслась вскачь, закусив удила и лягаясь, по скверной привычке своей, задними ногами на каждом третьем шагу. Наконец наш герой успел-таки взмоститься на дрожки, лицом к своему неприятелю, спиной упираясь в извозчика, коленками в коленки бесстыдного, а правой рукой своей всеми средствами вцепившись в весьма скверный меховой воротник шинели развратного и ожесточеннейшего своего неприятеля…

Враги неслись и некоторое время молчали. Герой наш едва переводил дух; дорога была прескверная, и он подскакивал на каждом шагу с опасностию сломить себе шею. Сверх того, ожесточенный неприятель его все еще не соглашался признать себя побежденным и старался спихнуть в грязь своего противника. К довершению всех неприятностей погода была ужаснейшая. Снег валил хлопьями и всячески старался, с своей стороны, каким-нибудь образом залезть под распахнувшуюся шинель настоящего господина Голядкина. Кругом было мутно и не видно ни зги. Трудно было отличить, куда и по каким улицам несутся они… Господину Голядкину показалось, что сбывается с ним что-то знакомое. Одно мгновение он старался припомнить, не предчувствовал ли он чего-нибудь вчера… во сне, например… Наконец тоска его доросла до последней степени своей агонии. Налегши на беспощадного противника своего, он начал было кричать. Но крик его замирал у него на губах… Была минута, когда господин Голядкин все позабыл и решил, что все это совсем ничего, и что это так только, как-нибудь, необъяснимым образом делается, и протестовать по этому случаю было бы лишним и совершенно потерянным делом… Но вдруг, и почти в то самое мгновение, как герой наш заключал это все, какой-то неосторожный толчок переменил весь смысл дела. Господин Голядкин, как куль муки, свалился с дрожек и покатился куда-то, совершенно справедливо сознаваясь в минуту падения, что действительно и весьма некстати погорячился. Вскочив наконец, он увидел, что куда-то приехали: дрожки стояли среди чьего-то двора, и герой наш с первого взгляда заметил, что это двор того самого дома, в котором квартирует Олсуфий Иванович. В то же самое мгновение заметил он, что приятель его пробирается уже на крыльцо и, вероятно, к Олсуфью Ивановичу. В неописанной тоске своей бросился было он догонять своего неприятеля, но, к счастию своему, благоразумно одумался вовремя. Не забыв расплатиться с извозчиком, бросился господин Голядкин на улицу и побежал что есть мочи куда глаза глядят. Снег валил по-прежнему хлопьями; по-прежнему было мутно, мокро и темно. Герой наш не шел, а летел, опрокидывая всех на дороге, — мужиков и баб, и детей, и сам в свою очередь отскакивая от баб, мужиков и детей. Кругом и вслед ему слышался пугливый говор, визг, крик… Но господин Голядкин, казалось, был без памяти и внимания ни на что не хотел обратить… Опомнился он, впрочем, уже у Семеновского моста, да и то по тому только случаю, что успел как-то неловко задеть и опрокинуть двух баб с их каким-то походным товаром, а вместе с тем и сам повалиться. «Это ничего, — подумал господин Голядкин, — все еще весьма может устроиться к лучшему», — и тут же полез в свой карман, желая отделаться рублем серебра за просыпанные пряники, яблоки, горох и разные разности. Вдруг новым светом озарило господина Голядкина; в кармане ощупал он письмо, переданное ему утром писарем. Вспомнив, между прочим, что есть у него недалеко знакомый трактир, забежал он в трактир, не медля ни минуты пристроился к столику, освещенному сальною свечкою, и, не обращая ни на что внимания, не слушая полового, явившегося за приказаниями, сломал печать и начал читать нижеследующее, окончательно его поразившее:

«Благородный, за меня страдающий
и навеки милый сердцу моему человек!

Я страдаю, я погибаю, — спаси меня! Клеветник, интригант и известный бесполезностью своего направления человек опутал меня сетями своими, и я погибла! Я пала! Но он мне противен, а ты!.. Нас разлучали, мои письма к тебе перехватывали, — и все это сделал безнравственный, воспользовавшись одним своим лучшим качеством, — сходством с тобою. Во всяком же случае можно быть дурным собою, но пленять умом, сильным чувством и приятными манерами… Я погибаю! Меня отдают насильно, и всего более интригует здесь родитель, благодетель мой и статский советник Олсуфий Иванович, вероятно желая занять мое место и мои отношения в обществе высокого тона… Но я решилась и протестую всеми данными мне природою средствами. Жди меня с каретой своей сегодня, ровно в девять часов, у окон квартиры Олсуфия Ивановича. У нас опять бал и будет красивый поручик. Я выйду, и мы полетим. К тому же есть и другие служебные места, где еще можно приносить пользу отечеству. Во всяком случае вспомни, мой друг, что невинность сильна уже своею невинностью. Прощай. Жди с каретой у подъезда. Брошусь под защиту объятий твоих ровно в два часа пополуночи.

Твоя до гроба
Клара Олсуфьевна».

Прочтя письмо, герой наш остался на несколько минут как бы пораженный. В страшной тоске, в страшном волнении, бледный как платок, с письмом в руках, прошелся он несколько раз по комнате; к довершению бедствия своего положения, герой наш не заметил, что был в настоящую минуту предметом исключительного внимания всех находившихся в комнате. Вероятно, беспорядок костюма его, несдерживаемое волнение, ходьба или, лучше сказать, беготня, жестикуляция обеими руками, может быть, несколько загадочных слов, сказанных на ветер и в забывчивости, — вероятно, все это весьма плохо зарекомендовало господина Голядкина в мнении всех посетителей; и даже сам половой начинал поглядывать на него подозрительно. Очнувшись, герой наш заметил, что стоит посреди комнаты и почти неприличным, невежливым образом смотрит на одного весьма почтенной наружности старичка, который, пообедав и помолясь перед образом богу, уселся опять и, с своей стороны, тоже не сводил глаз с господина Голядкина. Смутно оглянулся кругом наш герой и заметил, что все, решительно все смотрят на него с видом самым зловещим и подозрительным. Вдруг один отставной военный, с красным воротником, громко потребовал «Полицейские ведомости»[39]. Господин Голядкин вздрогнул и покраснел: как-то нечаянно опустил он глаза в землю и увидел, что был в таком неприличном костюме, в котором и у себя дома ему быть нельзя, не только в общественном месте. Сапоги, панталоны и весь левый бок его были совершенно в грязи, штрипка на правой ноге оторвана, а фрак даже разорван во многих местах. В неистощимой тоске своей подошел наш герой к столу, за которым читал, и увидел, что к нему подходит трактирный служитель с каким-то странным и дерзко-настоятельным выражением в лице. Потерявшись и опав совершенно, герой наш начал рассматривать стол, за которым стоял теперь. На столе стояли неубранные тарелки после чьего-то обеда, лежала замаранная салфетка и валялись только что бывшие в употреблении нож, вилка и ложка. «Кто ж это обедал? — подумал герой наш. — Неужели я? А все может быть! Пообедал, да так и не заметил себе; как же мне быть?» Подняв глаза, господин Голядкин увидел опять подле себя полового, который собирался ему что-то сказать.

— Сколько с меня, братец? — спросил наш герой трепещущим голосом.

Громкий смех раздался кругом господина Голядкина; сам половой усмехнулся. Господин Голядкин понял, что и на этом срезался и сделал

---

[39] «Полицейские ведомости» — газета «Ведомости Санкт-Петербургской городской полиции», выходившая в Петербурге в 1839—1917 годах и помещавшая наряду с другими материалами известия о различных происшествиях, случившихся в столице.

какую-то страшную глупость. Поняв все это, он до того сконфузился, что принужден был полезть в карман за платком своим, вероятно чтобы что-нибудь сделать и так не стоять; но, к неописанному своему и всех окружавших его изумлению, вынул вместо платка склянку с каким-то лекарством, дня четыре тому назад прописанным Крестьяном Ивановичем. «Медикаменты в той же аптеке», — пронеслось в голове господина Голядкина... Вдруг он вздрогнул и чуть не вскрикнул от ужаса. Новый свет проливался... Темная, красновато-отвратительная жидкость зловещим отсветом блеснула в глаза господину Голядкину... Пузырек выпал у него из рук и тут же разбился. Герой наш вскрикнул и отскочил шага на два назад от пролившейся жидкости... он дрожал всеми членами, и пот пробивался у него на висках и на лбу. «Стало быть жизнь в опасности!» Между тем в комнате произошло движение, смятение; все окружали господина Голядкина, все говорили господину Голядкину, некоторые даже хватали господина Голядкина. Но герой наш был нем и недвижим, не видя ничего, не слыша ничего, не чувствуя ничего... Наконец, как будто с места сорвавшись, бросился он вон из трактира, растолкал всех и каждого из стремившихся удержать его, почти без чувств упал на первые попавшиеся ему извозчичьи дрожки и полетел на квартиру.

В сенях квартиры своей встретил он Михеева, сторожа департаментского, с казенным пакетом в руках. «Знаю, друг мой, все знаю, — отвечал слабым, тоскливым голосом изнуренный герой наш, — это официальное...» В пакете действительно было предписание господину Голядкину, за подписью Андрея Филипповича, сдать находившиеся у него на руках дела Ивану Семеновичу. Взяв пакет и дав сторожу гривенник, господин Голядкин пришел в квартиру свою и увидел, что Петрушка готовит и собирает в одну кучу весь свой дрязг и хлам, все свои вещи, очевидно намереваясь оставить господина Голядкина и переехать от него к переманившей его Каролине Ивановне, чтоб заменить ей Евстафия.

XII

Петрушка вошел, покачиваясь, держась как-то странно-небрежно и с какой-то холопски-торжественной миной в лице. Видно было, что он что-то задумал, чувствовал себя вполне в своем праве и смотрел совершенно посторонним человеком, то есть чьим-то другим служителем, но только никак не прежним служителем господина Голядкина.

— Ну, вот видишь, мой милый, — начал, задыхаясь, герой наш, — который теперь час, милый мой?

Петрушка молча отправился за перегородку, потом воротился и довольно независимым тоном объявил, что уж скоро половина восьмого.

— Ну, хорошо, мой милый, хорошо. Ну, видишь, мой милый… позволь тебе сказать, милый мой, что между нами, кажется, теперь кончено все.

Петрушка молчал.

— Ну, теперь, как уж все между нами кончилось, скажи ты мне теперь откровенно, как другу скажи, где ты был, братец?

— Где был? Между добрых людей-с.

— Знаю, мой друг, знаю. Я тобою был постоянно доволен, мой милый, и аттестат тебе дам… Ну, что же ты у них теперь?

— Что же, сударь! сами изволите знать-с. Известно-с, добрый человек худому тебя не научит.

— Знаю, мой милый, знаю. Нынче добрые люди редки, мой друг; цени их, мой друг. Ну, как же они?

— Известно-с, как-с… Только я у вас, сударь, больше служить теперь не могу-с; сами изволите знать-с.

— Знаю, милый мой, знаю; твою ревность и усердие знаю; я видел все это, друг мой, я замечал. Я, мой друг, тебя уважаю. Я доброго и честного человека, будь он и лакей, уважаю.

— Что ж, известно-с! Наш брат, конечно, сами изволите знать-с, где лучше. Уж так оно-с. Что мне! Известно, сударь, что уж без доброго человека нельзя-с.

— Ну, хорошо, братец, хорошо; я это чувствую… Ну, вот твои деньги и вот твой аттестат. Теперь поцелуемся, братец, простимся с тобою… Ну, теперь, милый мой, я у тебя попрошу одной услуги, последней услуги, — сказал господин Голядкин торжественным тоном. — Видишь ли, милый мой, всякое бывает. Горе, друг мой, кроется и в позлащенных палатах, и от него никуда не уйдешь. Ты знаешь, мой друг, я, кажется, с тобою всегда ласков был…

Петрушка молчал.

— Я, кажется, с тобой всегда ласков был, милый мой… Ну, сколько у нас теперь белья, милый мой?

— Да все налицо-с. Рубашек холстинковых шесть-с, карпеток[40] три

---

[40] Карпетки (польск. skarpetka) — носки.

пары; четыре манишки-с; фуфайка фланелевая; из нижнего платья две штуки-с. Сами знаете, все-с. Я, сударь, вашего ничего-с... Я, сударь, барское добро берегу-с. Я вами, сударь, того-с... известно-с... а греха какого за мной — никогда, сударь; уж это сами знаете, сударь...

— Верю, друг мой, верю. Я не про то, мой друг, не про то; видишь ли, вот что, мой друг...

— Известно, сударь-с; уж это мы знаем-с. Я вот когда еще у генерала Столбнякова служил-с, так отпускали меня, уезжали сами в Саратов... вотчина там у них...

— Нет, мой друг, не про то; я ничего... ты не думай чего, милый друг мой...

— Известно-с. Что уж нашего брата-с, сами изволите знать-с, долго ли поклепать человека-с. А мною были довольны везде-с. Были министры, генералы, сенаторы, графы-с. Бывал у всех-с, у князя Свинчаткина-с, у Переборкина полковника-с, у Недобарова генерала, тоже ходили-с, в вотчину ездили к нашим-с. Известно-с...

— Да, мой друг, да; хорошо, мой друг, хорошо. Вот и я теперь, мой друг уезжаю... Путь всякому разный лежит, милый мой, и неизвестно, на какую дорогу каждый человек попасть может. Ну, мой друг, дай же ты мне одеться теперь; да, ты вицмундир мой тоже положишь... брюки другие, простыни, одеяла, подушки...

— В узел прикажете все завязать-с?

— Да, мой друг, да; пожалуй, и в узел... Кто знает, что может с нами случиться. Ну, теперь, милый мой, сходишь и приищешь карету...

— Карету-с?..

— Да, мой друг, карету, просторнее и на известное время. А ты, мой друг, не думай чего-нибудь...

— А далеко уезжать хотите-с?

— Не знаю, мой друг, этого тоже не знаю. Перину тоже, я думаю, туда же положить нужно будет. Как ты сам думаешь, друг мой? я на тебя полагаюсь, мой милый...

— Нешто сейчас изволите уезжать-с?

— Да, мой друг, да! Обстоятельство вышло такое... вот оно как, милый мой, вот оно как...

— Известно, сударь; вот у нас в полку с поручиком то же самое было-с; там у помещика-с... увезли-с...

— Увез?.. Как! милый мой, ты...

— Да-с, увезли-с и в другой усадьбе венчались. Все было заранее готово-с. Погоня была-с; князь тут только-с вступились, покойник-с, — ну, и уладили дело-с...

— Венчались, да… ты как же, мой милый? ты-то каким же образом, милый мой, знаешь?

— Да уж известно-с, что-с! Слухом земля, сударь, полнится. Знаем, сударь, мы все-с… конечно, с кем же греха не бывало. Только я вам скажу теперь, сударь, позвольте мне попросту, сударь, по-холопски сказать; уж коль теперь на то пошло, так уж я вам скажу, сударь: есть у вас враг, — суперника вы, сударь, имеете, сильный суперник, вот-с…

— Знаю, мой друг, знаю; сам ты, милый мой, знаешь… Ну, так вот я на тебя полагаюсь. Как же нам теперь делать, мой друг? как ты мне посоветуешь?

— А вот, сударь, если вы так теперь, таким, примерно сказать, манером пошли, сударь, так вот вам понадобится там что покупать-с, — ну, там простыни, подушки, перину-другую-с, двуспальную-с, одеяло хорошее-с, — так вот здесь у соседки-с, внизу-с: мещанка, сударь, она; лисий салоп[41] есть хороший; так можно его посмотреть и купить, можно сейчас сходить посмотреть-с. Оно же вам надобно, сударь, теперь-с; хороший салоп-с, атласом крытый-с, на лисьем меху-с…

— Ну, хорошо, мой друг, хорошо; я согласен, мой друг, я на тебя полагаюсь, вполне полагаюсь; пожалуй, хоть и салоп, милый мой… Только поскорей, поскорей! ради бога, поскорей! Я и салоп куплю, только, пожалуйста, поскорей! Скоро восемь часов, скорей, ради бога, мой друг! поторопись поскорее, мой друг!..

Петрушка бросил недовязанный узел белья, подушек, одеяла, простынь и всякого дрязгу, что стал было вместе сбирать и увязывать, и стремглав бросился вон из комнаты. Господин Голядкин между тем схватился еще раз за письмо — но читать его не мог. Схватив в обе руки свою победную голову, он в изумлении прислонился к стене. Думать ни о чем он не мог, делать что-нибудь тоже не мог; он и сам не знал, что с ним делается. Наконец, видя, что время проходит, а ни Петрушки, ни салопа еще не являлось, господин Голядкин решился пойти сам. Растворив двери в сени, он услышал внизу шум, говор, спор и толки… Несколько соседок болтали, кричали, судили, рядили о чем-то, — уж это господин Голядкин знал, о чем именно. Слышался голос Петрушки; потом послышались чьи-то шаги. «Боже ты мой! Они сюда весь свет созовут!» — простонал господин Голядкин, ломая руки в отчаянии и бросаясь назад в свою комнату. Прибежав в свою комнату, он упал, почти не помня себя, на диван, лицом в подушку. С минутку полежав таким образом, он вскочил и, не дожидаясь Петрушки, надел свои калоши, шляпу, шинель, захватил

[41] Салоп (фр. salope) — верхняя женская одежда, широкая длинная накидка с прорезами для рук или с небольшими рукавами.

свой бумажник и побежал стремглав с лестницы. «Ничего не нужно, ничего, милый мой! я сам, я все сам. Тебя покамест не нужно, а между тем дело, может быть, и уладится к лучшему», — пробормотал господин Голядкин Петрушке, встретив его на лестнице; потом выбежал на двор и вон из дому; сердце его замирало; он еще не решался... Как ему быть, что ему делать, как ему в настоящем и критическом случае поступить...

— Ведь вот: как поступить, господи бог мой? И нужно же было быть всему этому! — вскричал он наконец в отчаянии, куда глаза глядят, наудачу ковыляя по улице, — нужно же было быть всему этому! Ведь вот не будь этого, вот именно этого, так все бы уладилось; разом, одним ударом, одним ловким, энергическим, твердым ударом уладилось бы. Палец даю на отсечение, что уладилось бы! И даже знаю, каким именно образом уладилось бы. Оно бы вот как все сделалось: я бы тут и того — дескать, так и так, а мне, сударь мой, с позволения сказать, ни туда ни сюда; дескать, дела так не делаются; дескать, сударь вы мой, милостивый мой государь, дела так не делаются и самозванством у нас не возьмешь; самозванец, сударь вы мой, человек, того — бесполезный и пользы отечеству не приносящий. Понимаете ли вы это? Дескать, понимаете ли вы это, милостивый мой государь?! Вот бы как оно и того... Да нет, впрочем, что же... оно вовсе ведь не того, совсем не того... Я-то что вру, дурак дураком! я-то, самоубийца я этакой! Оно, дескать, самоубийца ты этакой, совсем не того... Вот, однако развращенный ты человек, вот оно как теперь делается!... Ну, куда я денусь теперь? ну, что я, например, буду делать теперь над собой? ну, куда я гожусь теперь? ну, куда ты, примером сказать, годишься теперь, Голядкин ты этакой, недостойный ты этакой! Ну, что теперь? карету брать нужно; возьми, дескать, да подай ей карету сюда; дескать, ножки замочим, если кареты не будет... И вот, кто бы подумать мог? Ай да барышня, ай, сударыня вы моя! ай да благонравного поведения девица! ай да хваленая наша. Отличилась, сударыня, нечего сказать, отличилась!.. А это все происходит от безнравственности воспитания; а я, как теперь порассмотрел да пораскусил это все, так и вижу, что это не от иного чего происходит, как от безнравственности. Чем бы смолоду ее, того... да и розгой подчас, а они ее конфетами, а они ее сластями разными пичкают, и сам старикашка нюнит над ней: дескать, ты такая моя да сякая моя, ты хорошая, дескать, за графа отдам тебя!.. А вот она и вышла у них и показала нам теперь свои карты; дескать, вот у нас игра какова! чем бы дома держать ее смолоду, а они ее в пансион, к мадам француженке, к эмигрантке Фальбала там какой-нибудь[42]; а там она добру всякому учится у эмигрантки-то Фальбала, — вот оно и выходит таким-то

---

[42] Имя содержательницы пансиона из поэмы Пушкина «Граф Нулин».

все образом. Дескать, подите, порадуйтесь! Дескать, будьте в карете вот в таком-то часу перед окнами и романс чувствительный по-испански пропойте; жду вас, и знаю, что любите, и убежим с вами вместе, и будем жить в хижине. Да, наконец, оно и нельзя; оно, сударыня вы моя, — если на то уж пошло, — так оно и нельзя, так оно и законами запрещено честную и невинную девицу из родительского дома увозить без согласия родителей! Да, наконец, и зачем, почему и какая тут надобность? Ну, вышла бы там себе за кого следует, за кого судьбой предназначено, так и дело с концом. А я человек служащий; а я место мое могу потерять из-за этого; я, сударыня вы моя, под суд могу попасть из-за этого! вот оно что! коль не знали. Это немка работает. Это от нее, ведьмы, все происходит, все сыры-боры от нее загораются. Потому что оклеветали человека, потому что выдумали на него сплетню бабью, небылицу в лицах, по совету Андрея Филипповича, оттого и происходит. Иначе почему же Петрушке тут вмешиваться? ему-то тут что? шельмецу-то какая тут надобность? Нет, я не могу, сударыня, никак не могу, ни за что не могу... А вы меня, сударыня, на этот раз уж как-нибудь извините. Это от вас, сударыня, все происходит, это не от немки все происходит, вовсе не от ведьмы, а чисто от вас, потому что ведьма добрая женщина, потому что ведьма не виновата ни в чем, а вы, сударыня вы моя, виноваты, — вот оно как! Вы, сударыня, вы меня в напраслину вводите... Тут человек пропадает, тут сам от себя человек исчезает и самого себя не может сдержать, — какая тут свадьба! И как это кончится все? и как это теперь устроится? Дорого бы я дал, чтоб узнать это все!..

Так рассуждал в отчаянии своем наш герой. Очнувшись вдруг, заметил он, что где-то стоит на Литейной. Погода была ужасная: была оттепель, валил снег, шел дождь, — ну точь-в-точь как в то незабвенное время, когда, в страшный полночный час начались все несчастия господина Голядкина. «Какой тут вояж! — думал господин Голядкин, смотря на погоду, — тут всеобщая смерть... Господи бог мой! ну где мне, например, здесь карету сыскать? Вон там на углу, кажется, что-то чернеется. Посмотрим, исследуем... Господи бог мой!» — продолжал наш герой, направив слабые и шаткие шаги свои в ту сторону, где увидел что-то похожее на карету. — «Нет, я вот как сделаю: отправлюсь, паду к ногам, если можно, униженно буду испрашивать. Дескать, так и так; в ваши руки судьбу предаю, в руки начальства; дескать, ваше превосходительство, защитите и облагодетельствуйте человека; так и так, дескать, вот то-то и то-то, противозаконный поступок; не погубите, принимаю вас за отца, не оставьте... амбицию, честь, имя и фамилию спасите... и от злодея, развращенного человека спасите... Он другой человек, ваше превосходительство, а я тоже другой человек; он особо, и я тоже сам по себе; право, сам по себе, ваше превосходительство, право, сам по себе; дескать, вот оно как. Дескать, походить на него не могу; перемените, благоволите, велите переменить — и безбожный, самодовольный подмен уничтожить... не в пример другим, ваше превосходительство. Принимаю вас за отца; начальство, конечно, благодетельное и попечительное начальство подобные движения должно поощрять... Тут есть даже несколько рыцарского. Дескать, принимаю вас, благодетельное начальство, за отца и вверяю судьбу свою и прекословить не буду, вверяюсь и сам отстраняюсь от дел... дескать, вот оно как!»

— Ну, что, мой милый, извозчик?

— Извозчик...

— Карету, брат, на вечер...

— А далеко ли ехать изволите-с?

— На вечер, на вечер; куда б ни пришлось, милый мой, куда б ни пришлось.

— Нешто за город ехать изволите?

— Да, мой друг, может и за город. Я еще сам наверное не знаю, мой друг, не могу тебе наверное сказать, милый мой. Оно, видишь ли, милый мой, может быть, все и уладится к лучшему. Известно, мой друг...

— Да, уж известно, сударь, конечно; дай бог всякому.

— Да, мой друг, да; благодарю тебя, милый мой; ну, что же ты возьмешь, милый мой?..

— Сейчас изволите ехать-с?

— Да, сейчас, то есть нет, подождешь в одном месте... так, немножко, недолго подождешь, милый мой...

— Да если уж на все время берете-с, так уж меньше шести целковых, по погоде, нельзя-с...

— Ну, хорошо, мой друг, хорошо; а я тебя поблагодарю, милый мой. Ну, так вот ты меня и повезешь теперь, милый мой.

— Садитесь; позвольте, вот я здесь оправлю маленько; извольте садиться теперь. Куда ехать прикажете?

— К Измайловскому мосту, мой друг.

Извозчик-кучер взгромоздился на козла и тронул было пару тощих кляч, которых насилу оторвал от корыта с сеном, к Измайловскому мосту. Но вдруг господин Голядкин дернул снурок, остановил карету и попросил умоляющим голосом поворотить назад, не к Измайловскому мосту, а в одну другую улицу. Кучер поворотил в другую улицу, и чрез десять минут новоприобретенный экипаж господина Голядкина остановился перед домом, в котором квартировал его превосходительство. Господин Голядкин вышел из кареты, попросил своего кучера убедительно подождать, и сам взбежал с замирающим сердцем вверх, во второй этаж, дернул за снурок, дверь отворилась, и наш герой очутился в передней его превосходительства.

— Его превосходительство дома изволят быть? — спросил господин Голядкин, адресуясь таким образом к отворившему ему человеку.

— А вам чего-с? — спросил лакей, оглядывая с ног до головы господина Голядкина.

— А я, мой друг, того… Голядкин, чиновник, титулярный советник Голядкин. Дескать, так и так, объясниться…

— Обождите; нельзя-с…

— Друг мой, я не могу обождать: мое дело важное, не терпящее отлагательства дело…

— Да вы от кого? Вы с бумагами?..

— Нет, я, мой друг, сам по себе… Доложи, мой друг, дескать, так и так, объясниться. А я тебя поблагодарю, милый мой…

— Нельзя-с. Не велено принимать; у них гости-с. Пожалуйте утром в десять часов-с…

— Доложите же, милый мой; мне нельзя, невозможно мне ждать… Вы, милый мой, за это ответите…

— Да ступай, доложи; что тебе: сапогов жаль, что ли? — проговорил другой лакей, развалившийся на залавке и до сих пор не сказавший ни слова.

— Сапогов топтать! Не велел принимать, знаешь? Ихняя череда по утрам.

— Доложи. Язык, что ли, отвалится?

— Да я-то доложу: язык не отвалится. Не велел: сказано — не велел. Войдите в комнату-то.

Господин Голядкин вошел в первую комнату; на столе стояли часы. Он взглянул: половина девятого. Сердце у него заныло в груди. Он было уже хотел воротиться; но в эту самую минуту долговязый лакей, став на пороге следующей комнаты, громко провозгласил фамилию господина Голядкина. «Эко ведь горло! — подумал в неописанной тоске наш герой… — Ну, сказал бы ты: того… дескать, так и так, покорнейше и смиренно пришел объясниться, — того… благоволите принять… А теперь вот и дело испорчено, вот и все мое дело на ветер пошло; впрочем… да, ну — ничего…» Рассуждать, впрочем, нечего было. Лакей воротился, сказал «пожалуйте» и ввел господина Голядкина в кабинет.

Когда наш герой вошел, то почувствовал, что как будто ослеп, ибо решительно ничего не видал. Мелькнули, впрочем, две-три фигуры в глазах: «Ну, да это гости», — мелькнуло у господина Голядкина в голове. Наконец наш герой стал ясно отличать звезду на черном фраке его превосходительства, потом, сохраняя постепенность, перешел и к черному фраку, наконец получил способность полного созерцания...

— Что-с? — проговорил знакомый голос над господином Голядкиным.

— Титулярный советник Голядкин, ваше превосходительство.

— Ну?

— Пришел объясниться...

— Как?.. Что?..

— Да уж так. Дескать, так и так, пришел объясниться, ваше превосходительство-с...

— Да вы... да кто вы такой?..

— Го-го-господин Голядкин, ваше превосходительство, титулярный советник.

— Ну, так чего же вам нужно?

— Дескать, так и так, принимаю его за отца; сам отстраняюсь от дел, и от врага защитите, — вот как!

— Что такое?..

— Известно...

— Что известно?

Господин Голядкин молчал; подбородок его начинало понемногу подергивать...

— Ну?

— Я думал, рыцарское, ваше превосходительство... Что здесь, дескать, рыцарское, и начальника за отца принимаю... дескать, так и так, защитите, сле... слезно м...молю, и что такие дви... движения долж...но по...по...поощрять...

Его превосходительство отвернулся. Герой наш несколько мгновений не мог ничего разглядеть своими глазами. Грудь его теснило. Дух занимался. Он не знал, где стоял... Было как-то стыдно и грустно ему. Бог знает, что было после... Очнувшись, герой наш заметил, что его превосходительство говорит с своими гостями и как будто резко и сильно рассуждает с ними о чем-то. Одного из гостей господин Голядкин тотчас узнал. Это был Андрей Филиппович; другого же нет; впрочем, лицо было как будто тоже знакомое, — высокая, плотная фигура, лет пожилых, одаренная весьма густыми бровями и бакенбардами и выразительным, резким взглядом. На шее незнакомца был орден, а во рту сигарка. Незнакомец курил и, не вынимая сигары изо рта, значительно кивал головою, взглядывая по временам на господина Голядкина. Господину Голядкину стало как-то неловко; он отвел свои глаза в сторону и тут же увидел еще одного весьма странного гостя. В дверях, которые герой наш принимал доселе за зеркало, как некогда тоже случалось с ним, появился он, — известно кто, весьма короткий знакомый и друг господина Голядкина. Господин Голядкин-младший действительно находился до сих пор в другой маленькой комнатке и что-то спешно писал; теперь, видно, понадобилось — и он явился, с бумагами подмышкой, подошел к его превосходительству и весьма ловко, в ожидании исключительного к своей особе внимания, успел втереться в разговор и совет, заняв свое место немного по-за спиной Андрея Филипповича и отчасти маскируясь незнакомцем, курящим сигарку. По-видимому, господин Голядкин-младший принимал крайнее участие в разговоре, который подслушивал теперь благородным образом, кивал головою, семенил ножками, улыбался, поминутно взглядывал на его превосходительство, как будто бы умолял взором, чтоб и ему тоже позволили ввернуть свои полсловечка. «Подлец!» — подумал господин Голядкин и невольно ступил шаг вперед. В это время генерал оборотился и сам довольно нерешительно подошел к господину Голядкину.

— Ну, хорошо; ступайте с богом. Я порассмотрю ваше дело, а вас велю проводить... — Тут генерал взглянул на незнакомца с густыми бакенбардами. Тот, в знак согласия, кивнул головою.

Господин Голядкин чувствовал и понимал ясно, что его принимают за что-то другое, а вовсе не так, как бы следовало. «Так или этак, а объясниться ведь нужно, — подумал он, — так и так, дескать, ваше превосходительство». Тут в недоумении своем опустил он глаза в землю и, к крайнему своему изумлению, увидел на сапогах его превосходительства значительное белое пятно. «Неужели лопнули?» — подумал господин Голядкин. Вскоре, однако ж, господин Голядкин открыл, что сапоги его превосходительства вовсе не лопнули, а только сильно отсвечивали, — феномен, совершенно объяснившийся тем, что сапоги были лакированные и сильно блестели. «Это называется блик, — подумал герой наш, — особенно же сохраняется это название в мастерских художников; в других же местах этот отсвет называется светлым ребром». Тут господин Голядкин поднял глаза и увидел, что пора говорить, потому что дело весьма могло повернуться к худому концу... Герой наш ступил шаг вперед.

— Дескать, так и так, ваше превосходительство, — сказал он, — а самозванством в наш век не возьмешь.

Генерал ничего не отвечал, а сильно позвонил за снурок колокольчика. Герой наш еще ступил шаг вперед.

— Он подлый и развращенный человек, ваше превосходительство, — сказал наш герой, не помня себя, замирая от страха и при всем том смело и решительно указывая на недостойного близнеца своего, семенившего в это мгновение около его превосходительства, — так и так, дескать, а я на известное лицо намекаю.

Последовало всеобщее движение за словами господина Голядкина. Андрей Филиппович и незнакомая фигура закивали своими головами; его превосходительство дергал в нетерпении из всех сил за снурок колокольчика, дозываясь людей. Тут господин Голядкин-младший выступил вперед в свою очередь.

— Ваше превосходительство, — сказал он, — униженно прошу позволения вашего говорить. — В голосе господина Голядкина-младшего было что-то крайне решительное; все в нем показывало, что он чувствует себя совершенно в праве своем.

— Позвольте спросить вас, — начал он снова, предупреждая усердием своим ответ его превосходительства и обращаясь в этот раз к господину Голядкину, — позвольте спросить вас, в чем присутствии вы так объясняетесь? перед кем вы стоите, в чьем кабинете находитесь?.. — Господин Голядкин-младший был весь в необыкновенном волнении, весь красный и пылающий от негодования и гнева; даже слезы в его глазах показались.

— Господа Бассаврюковы! — проревел во все горло лакей, появившись в дверях кабинета. «Хорошая дворянская фамилья, выходцы из Малороссии», — подумал господин Голядкин и тут же почувствовал, что кто-то весьма дружеским образом налег ему одною рукою на спину; потом и другая рука налегла ему на спину; подлый близнец господина Голядкина юлил впереди, показывая дорогу, и герой наш ясно увидел, что его, кажется, направляют к большим дверям кабинета. «Точь-в-точь как у Олсуфия Ивановича», — подумал он и очутился в передней. Оглянувшись, он увидел подле себя двух лакеев его превосходительства и одного близнеца.

— Шинель, шинель, шинель, шинель друга моего! шинель моего лучшего друга! — защебетал развратный человек, вырывая из рук одного человека шинель и набрасывая ее, для подлой и неблагоприятной насмешки, прямо на голову господину Голядкину. Выбиваясь из-под шинели своей, господин Голядкин-старший ясно услышал смех двух лакеев. Но, не слушая ничего и не внимая ничему постороннему, он уже выходил из передней и очутился на освещенной лестнице. Господин Голядкин-младший — за ним.

— Прощайте, ваше превосходительство! — закричал он вслед господину Голядкину-старшему.

— Подлец! — проговорил вне себя наш герой.

— Ну, и подлец...

— Развратный человек!

— Ну, и развратный человек... — отвечал таким образом достойному господину Голядкину недостойный неприятель его и, по свойственной ему подлости, глядел с высоты лестницы, прямо и не смигнув глазом, в глаза господину Голядкину, как будто прося его продолжать. Герой наш плюнул от негодования и выбежал на крыльцо; он был так убит, что совершенно не помнил, кто и как посадил его в карету. Очнувшись, увидел он, что его везут по Фонтанке. «Стало быть, к Измайловскому мосту? — подумал господин Голядкин... Тут господину Голядкину захотелось еще о чем-то подумать, но нельзя было; а было что-то такое ужасное, чего и объяснить невозможно... — Ну, ничего!» — заключил наш герой и поехал к Измайловскому мосту.

XIII

...Казалось, что погода хотела перемениться к лучшему. Действительно, мокрый снег, валивший доселе целыми тучами, начал мало-помалу редеть, редеть и, наконец, почти совсем перестал. Стало видно небо, и на нем там и сям заискрились звездочки. Было только мокро, грязно, сыро и удушливо, особенно для господина Голядкина, который и без того уже едва дух переводил. Вымокшая и отяжелевшая шинель его пронимала все его члены какою-то неприятно теплою сыростью и тяжестью своею подламывала и без того уже сильно ослабевшие ноги его. Какая-то лихорадочная дрожь гуляла острыми и едкими мурашками по всему его телу; изнеможение точило из него холодный болезненный пот, так что господин Голядкин позабыл уже при сем удобном случае повторить с свойственною ему твердостью и решимостью свою любимую фразу, что оно и все-то авось, может быть, как-нибудь, наверно, непременно возьмет да и уладится к лучшему. «Впрочем, это все еще ничего покамест», — прибавил крепкий и не унывающий духом герой наш, отирая с лица своего капли холодной воды, струившейся по всем направлениям с полей круглой и до того взмокшей шляпы его, что уже вода не держалась на ней. Прибавив, что это все еще ничего, герой наш попробовал было присесть на довольно толстый деревянный обрубок, валявшийся возле кучи дров на дворе Олсуфья Ивановича. Конечно, об испанских серенадах и о шелковых лестницах нечего уже было думать; но об укромном уголке, хотя и не совсем теплом, но зато уютном и скрытном, нужно же было подумать. Сильно соблазнял его, мимоходом сказать, тот самый уголок в сенях квартиры Олсуфья Ивановича, где прежде еще, почти в начале сей правдивой истории, выстоял свои два часа наш герой, между шкафом и старыми ширмами, между всяким домашним и ненужным дрязгом, хламом и рухлядью. Дело в том, что и теперь господин Голядкин стоял и выжидал уже целые два часа на дворе Олсуфья Ивановича. Но относительно укромного и уютного прежнего уголка существовали теперь некоторые неудобства, прежде не существовавшие. Первое неудобство — то, что, вероятно, это место теперь замечено и приняты насчет его некоторые предохранительные меры со времени истории на последнем бале у Олсуфья Ивановича; а во-вторых, должно же было ждать условного знака от Клары Олсуфьевны, потому что непременно должен же был существовать какой-нибудь этакой знак условный. Так всегда делалось, и, «дескать, не нами началось, не нами и кончится». Господин Голядкин тут же, кстати, мимоходом припомнил какой-то роман, уже давно им прочитанный, где героиня подал условный знак Альфреду совершенно в подобном же обстоятельстве, привязав к окну розовую ленточку. Но розовая ленточка теперь, ночью, и при санкт-петербургском климате, известном своею сыростью и ненадежностию, в дело идти не могла и, одним словом, была совсем невозможна. «Нет, тут не до шелковых лестниц, — подумал герой наш, — а я лучше здесь так себе, укромно и втихомолочку… я лучше вот, например, здесь стану», — и выбрал местечко на дворе, против самых окон, около кучи складенных дров. Конечно, на дворе ходило много посторонних людей, форейторов[43], кучеров; к тому же стучали колеса и фыркали лошади и т. д.; но все-таки место было удобное: заметят ли, не заметят ли, а теперь по крайней мере выгода та, что дело происходит некоторым образом в тени и господина Голядкина не видит никто; сам же он мог видеть решительно все. Окна были сильно освещены; был какой-то торжественный съезд у Олсуфья Ивановича. Музыки, впрочем, еще не было слышно. «Стало быть, это не бал, а так, по какому-нибудь другому случаю съехались, — думал, отчасти замирая, герой наш. — Да сегодня ли, впрочем? — пронеслось в его голове. — Не ошибка ли в числе? Может быть, все может быть… Оно, вот это, как может быть все.. Оно еще, может быть, вчера было письмо-то написано, а ко мне не дошло, и потому не дошло, что Петрушка сюда замешался, шельмец он такой! Или завтра написано, то есть что я… что завтра нужно было все сделать, то есть с каретой-то ждать…» Тут герой наш похолодел окончательно и полез в свой карман за письмом, чтоб

---

[43] Форейтор (нем. Vorreiter) — ямщик, сидящий не на экипаже, а на одной из лошадей.

справиться. Но письма, к удивлению его, не оказалось в кармане. «Как же это? — прошептал полумертвый господин Голядкин, — где же это я оставил его? Стало быть, я его потерял? — этого еще недоставало! — простонал он наконец в заключение. — Ну, если оно в недобрые руки теперь попадет? (Да, может, попало уже!) Господи! что из этого воспоследует! Будет такое, что уж... Ах ты, судьба ты моя ненавистная!» Тут господин Голядкин как лист задрожал при мысли, что, может быть, неблагопристойный близнец его, набрасывая ему шинель на голову, имел именно целью похитить письмо, о котором как-нибудь там пронюхал от врагов господина Голядкина. «К тому же он перехватывает, — подумал герой наш, — доказательством же... да что доказательством!..» После первого припадка и столбняка ужаса кровь бросилась в голову господина Голядкина. Со стоном и скрежеща зубами, схватил он себя за горячую голову, опустился на свой обрубок и начал думать о чем-то... Но мысли как-то ни о чем не вязались в его голове. Мелькали какие-то лица, припоминались, то неясно, то резко, какие-то давно забытые происшествия, лезли в голову какие-то мотивы каких-то глупых песен... Тоска, тоска была неестественная! «Боже мой! — подумал, несколько очнувшись, герой наш, подавляя глухое рыдание в груди, — подай мне твердость духа в неистощимой глубине моих бедствий! Что пропал я, исчез совершенно — в этом уж нет никакого сомнения, и это все в порядке вещей, ибо и быть не может никаким другим образом. Во-первых, я места лишился, непременно лишился, никак не мог не лишиться... Ну, да положим, оно и уладится как-нибудь там. Деньжонок же моих, положим, и достанет на первый раз; там — квартиренку другую какую-нибудь, мебелишки какой-нибудь нужно же... Петрушки же, во-первых, не будет со мной. Я могу и без шельмеца... этак от жильцов; ну, хорошо! И входишь и уходишь, когда мне угодно, да и Петрушка не будет ворчать, что поздно приходишь, — вот оно как; вот почему от жильцов хорошо... Ну, да положим, это все хорошо; только как же я все не про то говорю, вовсе не про то говорю?» Тут мысль о настоящем положении опять озарила память господина Голядкина. Он оглянулся кругом. «Ах ты, господи бог мой! Господи бог мой! да о чем же это я теперь говорю?» — подумал он, растерявшись совсем и хватая себя за свою горячую голову...

— Нешто скоро, сударь, изволите ехать? — произнес голос над господином Голядкиным. Господин Голядкин вздрогнул; но перед ним стоял его извозчик, тоже весь до нитки измокший и продрогший, от нетерпения и от нечего делать вздумавший заглянуть к господину Голядкину за дрова.

— Я, мой друг, ничего... я, мой друг, скоро, очень скоро, а ты подожди...

Извозчик ушел, ворча себе под нос. «Об чем же он это ворчит? — думал сквозь слезы господин Голядкин. — Ведь я его нанял же на вечер, ведь я, того… в своем праве теперь… вот оно как! на вечер нанял, так и дело с концом. Хоть и так простоишь, все равно. Все в моей воле. Волен ехать и волен не ехать. И что вот здесь за дровами стою, так и это совсем ничего… и не смеешь ничего говорить; дескать, барину хочется за дровами стоять, вот он и стоит за дровами… и чести ничьей не марает, — вот оно как! Вот оно как, сударыня вы моя, если только это вам хочется знать. А в хижине, сударыня вы моя, дескать, так и так, в наш век никто не живет. Оно вот что! А без благонравия в наш промышленный век, сударыня вы моя, не возьмешь, чему сами теперь служите пагубным примером… Дескать, повытчиком нужно служить и в хижине жить, на морском берегу. Во-первых, сударыня вы моя, на морских берегах нет повытчиков, а во-вторых, и достать его нам с вами нельзя, повытчика-то. Ибо, положим, примерно сказать, вот я просьбу подаю, являюсь — дескать, так и так, в повытчики, дескать, того… и от врага защитите… а вам скажут, сударыня, дескать, того… повытчиков много, и что вы здесь не у эмигрантки Фальбала, где вы благонравию учились, чему сами служите пагубным примером. Благонравие же, сударыня, значит дома сидеть, отца уважать и не думать о женишках прежде времени. Женишки же, сударыня, в свое время найдутся, — вот оно как! Конечно, разным талантам, бесспорно, нужно уметь, как-то: на фортепьянах иногда поиграть, по-французски говорить, истории, географии, закону божию и арифметике, — вот оно как! — а больше не нужно. К тому же и кухня; непременно в область ведения всякой благонравной девицы должна входить кухня! А то что тут? во-первых, красавица вы моя, милостивая моя государыня, вас не пустят, а пустят за вами погоню, и потом под сюркуп, в монастырь. Тогда что, сударыня вы моя? тогда мне-то что делать прикажете? прикажете мне, сударыня вы моя, следуя некоторым глупым романам, на ближний холм приходить и таять в слезах, смотря на хладные стены вашего заключения, и, наконец, умереть, следуя привычке некоторых скверных немецких поэтов и романистов[44], так ли, сударыня? Да, во-первых, позвольте сказать вам по-дружески, что дела так не делаются, а во-вторых, и вас, да и родителей-то ваших посек бы препорядочно за то, что французские-то книжки вам давали читать; ибо французские книжки добру не научат. Там яд… яд тлетворный, сударыня вы моя! Или вы думаете, позвольте спросить вас, или вы думаете, что,

---

[44] Близкие ситуации есть в балладе Фридриха Шиллера «Рыцарь Тогенбург» (1797) и нашумевшем в свое время сентиментальном романе Иоганна Мартина Миллера «Зигварт» (1776).

дескать, так и так, убежим безнаказанно, да и того… дескать, хижинку вам на берегу моря[45]; да и ворковать начнем и об чувствах разных рассуждать, да так и всю жизнь проведем, в довольстве и счастии; да потом заведется птенец, так мы и того… дескать, так и так, родитель наш и статский советник, Олсуфий Иванович, вот, дескать, птенец завелся, так вы по сему удобному случаю снимите проклятие да благословите чету? Нет, сударыня, и опять-таки такие дела так не делаются, и первое дело то, что воркования не будет, не извольте надеяться. Нынче муж, сударыня вы моя, господин, и добрая, благовоспитанная жена должна во всем угождать ему. А нежностей, сударыня, нынче не любят, в наш промышленный век; дескать, прошли времена Жан-Жака Руссо. Муж, например, нынче приходит голодный из должности, — дескать, душенька, нет ли чего закусить, водочки выпить, селедочки съесть? так у вас, сударыня, должны быть сейчас наготове и водочка, и селедочка. Муж закусит себе с аппетитом, да на вас и не взглянет, а скажет: поди-т-ка, дескать, на кухню, котеночек, да присмотри за обедом, да разве-разве в неделю разок поцелует, да и то равнодушно… Вот оно как по-нашему-то, сударыня вы моя! да и то, дескать, равнодушно!.. Вот оно как будет, если так рассуждать, если уж на то пошло, что таким-то вот образом начать на дело смотреть… Да и я-то тут что? меня-то, сударыня, в ваши капризы зачем подмешали? „Дескать, благодетельный, за меня страждущий и всячески милый сердцу моему человек и так далее“. Да, во-первых, я, сударыня вы моя, я для вас не гожусь, сами знаете, комплиментам не мастер, дамские там разные раздушенные пустячки говорить не люблю, селадонов[46] не жалую, да и фигурою, признаться, не взял. Ложного-то хвастовства и стыда вы в нас не найдете, а признаемся вам теперь во всей искренности. Дескать, вот оно как, обладаем лишь прямым и открытым характером да здравым рассудком; интригами не занимаемся. Не интригант, дескать, и этим горжусь, — вот оно как!.. Хожу без маски между добрых людей и, чтоб все вам сказать…»

Вдруг господин Голядкин вздрогнул. Рыжая и взмокшая окончательно борода его кучера опять глянула к нему за дрова…

— Я сейчас, мой друг; я, мой друг, знаешь, тотчас; я, мой друг, тотчас же, — отвечал господин Голядкин трепещущим и изнывающим голосом.

Кучер почесал в затылке, потом погладил свою бороду, потом шагнул

---

[45] О том, что для счастья любящих достаточно самой крошечной хижины, говорится в стихотворении Фридриха Шиллера «Юноша у ручья».
[46] Селадон (фр. Céladon) — герой романа Оноре д'Юрфе «Астрея» (1607—1627); нарицательное имя томящегося любовника; позже обрело более широкий смысл — ухаживатель, дамский угодник, волокита.

шаг вперед… остановился и недоверчиво взглянул на господина Голядкина.

— Я сейчас, мой друг; я, видишь… мой друг… я немножко, я, видишь, мой друг, только секундочку здесь… видишь, мой друг…

— Нешто совсем не поедете? — сказал наконец кучер, решительно и окончательно приступая к господину Голядкину…

— Нет, мой друг, я сейчас. Я, видишь, мой друг, дожидаюсь…

— Так-с…

— Я, видишь, мой друг… ты из какой деревни, мой милый?

— Мы господские…

— И добрых господ?..

— Нешто́…

— Да, мой друг; ты постой здесь, мой друг. Ты, видишь, мой друг, ты давно в Петербурге?

— Да уж год езжу…

— И хорошо тебе, друг мой?

— Нешто́.

— Да, мой друг, да. Благодари провидение, мой друг. Ты, мой друг, доброго человека ищи. Нынче добрые люди стали редки, мой милый; он обмоет, накормит и напоит тебя, милый мой, добрый-то человек… А иногда ты видишь, что и через золото слезы льются, мой друг… видишь плачевный пример; вот оно как, милый мой…

Извозчику как будто стало жалко господина Голядкина.

— Да извольте, я подожду-с. Нешто долго ждать будете-с?

— Нет, мой друг, нет; я уж, знаешь, того… я уж не буду ждать, милый мой. Как ты думаешь, друг мой? Я на тебя полагаюсь. Я уж не буду здесь ждать…

— Нешто совсем не поедете?

— Нет, мой друг; нет, а я тебя поблагодарю, милый мой… вот оно как. Тебе сколько следует, милый мой?

— Да уж за что рядились, сударь, то и пожалуете. Ждал, сударь, долго; уж вы человека не обидите, сударь.

— Ну, вот тебе, милый мой, вот тебе. — Тут господин Голядкин отдал все шесть рублей серебром извозчику и, серьезно решившись не терять более времени, то есть уйти подобру-поздорову, тем более что уже окончательно решено было дело и извозчик отпущен был и, следовательно, ждать более нечего, пустился со двора, вышел за ворота, поворотил налево и без оглядки, задыхаясь и радуясь, пустился бежать. «Оно, может быть, и все устроится к лучшему, — думал он, — а я вот таким-то образом беды избежал». Действительно, как-то вдруг стало необыкновенно легко в душе господина Голядкина. «Ах, кабы устроилось к лучшему! — подумал герой наш, сам, впрочем, мало себе на слово веря. — Вот я и того... — думал он. — Нет, я лучше вот как, и с другой стороны... Или лучше вот этак мне сделать?..» Таким-то образом сомневаясь и ища ключа и разрешения сомнений своих, герой наш добежал до Семеновского моста, а добежав до Семеновского моста, благоразумно и окончательно положил воротиться. «Оно и лучше, — подумал он, — Я лучше с другой стороны, то есть вот как. Я буду так — наблюдателем посторонним буду, да и дело с концом; дескать, я наблюдатель, лицо постороннее — и только, а там, что ни случись, — не я виноват. Вот оно как! Вот оно таким-то образом и будет теперь».

Положив воротиться, герой наш действительно воротился, тем более что, по счастливой мысли своей, ставил себя теперь лицом совсем посторонним. «Оно же и лучше: и не отвечаешь ни за что, да и увидишь, что следовало... вот оно как!» То есть расчет был вернейший, да и дело с концом. Успокоившись, забрался он опять под мирную сень своей успокоительной и охранительной кучи дров и внимательно стал смотреть на окна. В этот раз смотреть и дожидаться пришлось ему недолго. Вдруг, во всех окнах разом, обнаружилось какое-то странное движение, замелькали фигуры, открылись занавесы, целые группы людей толпились в окнах Олсуфия Ивановича, все искали и выглядывали чего-то на дворе. Обеспеченный своею кучею дров, герой наш тоже в свою очередь с любопытством стал следить за всеобщим движением и с участием вытягивать направо и налево свою голову, сколько по крайней мере позволяла ему короткая тень от дровяной кучи, его прикрывавшая. Вдруг он оторопел, вздрогнул и едва не присел на месте от ужаса. Ему показалось, — одним словом, он догадался вполне, что искали-то не что-нибудь и не кого-нибудь: искали просто его, господина Голядкина. Все смотрят в его сторону все указывают в его сторону. Бежать было невозможно: увидят... Оторопевший господин Голядкин прижался как можно плотнее к дровам и тут только заметил, что предательская тень изменяла, что прикрывала она не всего его. С величайшим удовольствием согласился бы наш герой пролезть теперь в какую-нибудь мышиную щелочку между дровами, да там и сидеть себе смирно, если б только это было возможно. Но было решительно невозможно. В агонии своей он стал наконец решительно и прямо смотреть на все окна разом; оно же и лучше... И вдруг сгорел со стыда окончательно. Его совершенно заметили, все разом заметили, все манят его руками, все кивают ему головами, все зовут его; вот щелкнуло и отворилось несколько форточек; несколько голосов разом что-то начали кричать ему... «Удивляюсь, как этих девчонок не секут еще с детства», — бормотал про себя наш герой, совсем потерявшись. Вдруг с крыльца сбежал он (известно кто), в одном вицмундире, без шляпы, запыхавшись, юля, семеня и подпрыгивая, вероломно изъявляя ужаснейшую радость о том, что увидел, наконец, господина Голядкина.

— Яков Петрович, — защебетал известный своей бесполезностью человек. — Яков Петрович, вы здесь? Вы простудитесь. Здесь холодно, Яков Петрович. Пожалуйте в комнату.

— Яков Петрович! Нет-с, я ничего, Яков Петрович, — покорным голосом пробормотал наш герой.

— Нет-с, нельзя, Яков Петрович: просят, покорнейше просят, ждут нас. «Осчастливьте, дескать, и приведите сюда Якова Петровича». Вот как-с.

— Нет, Яков Петрович; я, видите ли, я бы лучше сделал… Мне бы лучше домой пойти, Яков Петрович… — говорил наш герой, горя на мелком огне и замерзая от стыда и ужаса, все в одно время.

— Ни-ни-ни-ни! — защебетал отвратительный человек. — Ни-ни-ни, ни за что! Идем! — сказал он решительно и потащил к крыльцу господина Голядкина-старшего. Господин Голядкин-старший хотел было вовсе не идти; но так как смотрели все и сопротивляться и упираться было бы глупо, то герой наш пошел, — впрочем, нельзя сказать, чтобы пошел, потому что решительно сам не знал, что с ним делается. Да уж так ничего, заодно!

Прежде нежели герой наш успел кое-как оправиться и опомниться, очутился он в зале. Он был бледен, растрепан, растерзан; мутными глазами окинул он всю толпу, — ужас! Зала, все комнаты — все, все было полным-полнехонько. Людей было бездна, дам целая оранжерея; все это теснилось около господина Голядкина, все это стремилось к господину Голядкину, все это выносило на плечах своих господина Голядкина, весьма ясно заметившего, что его упирают в какую-то сторону. «Ведь не к дверям», — пронеслось в голове господина Голядкина. Действительно, упирали его не к дверям, а прямо к покойным креслам Олсуфия Ивановича. Возле кресел с одной стороны стояла Клара Олсуфьевна, бледная, томная, грустная, впрочем пышно убранная. Особенно бросились в глаза господину Голядкину маленькие беленькие цветочки в ее черных волосах, что составляло превосходный эффект. С другой стороны кресел держался Владимир Семенович, в черном фраке, с новым своим орденом в петличке. Господина Голядкина вели под руки, и, как сказано было выше, прямо на Олсуфия Ивановича, — с одной стороны господин Голядкин-младший, принявший на себя вид чрезвычайно благопристойный и благонамеренный, чему наш герой донельзя обрадовался, с другой же стороны руководил его Андрей Филиппович с самой торжественной миной в лице. «Что бы это?» — подумал господин

129

Голядкин. Когда же он увидал, что ведут его к Олсуфию Ивановичу, то его вдруг как будто молнией озарило. Мысль о перехваченном письме мелькнула в голове его... В неистощимой агонии предстал наш герой перед кресла Олсуфия Ивановича. «Как мне теперь? — подумал он про себя. — Разумеется, этак все на смелую ногу, то есть с откровенностью, не лишенною благородства; дескать, так и так и так далее». Но чего боялся, повидимому, герой наш, то и не случилось. Олсуфий Иванович принял, кажется, весьма хорошо господина Голядкина и, хотя не протянул ему руки своей, но по крайней мере, смотря на него, покачал своею седовласою и внушающею всякое уважение головою, — покачал с каким-то торжественно-печальным, но вместе с тем благосклонным видом. Так по крайней мере показалось господину Голядкину. Ему показалось даже, что слеза блеснула в тусклых взорах Олсуфия Ивановича; он поднял глаза и увидел, что и на ресницах Клары Олсуфьевны, тут же стоявшей, тоже как будто блеснула слезинка, — что и в глазах Владимира Семеновича тоже как будто бы было что-то подобное, — что, наконец, ненарушимое и спокойное достоинство Андрея Филипповича тоже стоило общего слезящегося участия, — что, наконец, юноша, когда-то весьма походивший на важного советника, уже горько рыдал, пользуясь настоящей минутой... Или это все, может быть, только так показалось господину Голядкину, потому что он сам весьма прослезился и ясно слышал, как текли его горячие слезы по его холодным щекам... Голосом, полным рыданий, примиренный с людьми и судьбою и крайне любя в настоящее мгновение не только Олсуфия Ивановича, не только всех гостей, взятых вместе, но даже и зловредного близнеца своего, который теперь, по-видимому, вовсе был не зловредным и даже не близнецом господину Голядкину, но совершенно посторонним и крайне любезным самим по себе человеком, обратился было наш герой к Олсуфию Ивановичу с трогательным излиянием души своей; но от полноты всего, в нем накопившегося, не мог ровно ничего объяснить, а только весьма красноречивым жестом молча указал на свое сердце... Наконец Андрей Филиппович, вероятно желая пощадить чувствительность седовласого старца, отвел господина Голядкина немного в сторону и оставил его, впрочем, кажется, в совершенно независимом положении. Улыбаясь, что-то бормоча себе под нос, немного недоумевая, но во всяком случае почти совершенно примиренный с людьми и судьбою, начал пробираться наш герой куда-то сквозь густую массу гостей. Все ему давали дорогу, все смотрели на него с каким-то странным любопытством и с каким-то необъяснимым, загадочным участием. Герой наш прошел в другую комнату — то же внимание везде; он глухо слышал, как целая толпа теснилась по следам его, как замечали его каждый шаг, как втихомолку

130

все между собою толковали о чем-то весьма занимательном, качали головами, говорили, судили, рядили и шептались. Господину Голядкину весьма бы хотелось узнать, о чем они все так судят, и рядят, и шепчутся. Оглянувшись, герой наш заметил подле себя господина Голядкина-младшего. Почувствовав необходимость схватить его руку и отвести его в сторону, господин Голядкин убедительнейше попросил другого Якова Петровича содействовать ему при всех будущих начинаниях и не оставлять его в критическом случае. Господин Голядкин-младший важно кивнул головою и крепко сжал руку господина Голядкина-старшего. Сердце затрепетало от избытка чувств в груди героя нашего. Впрочем, он задыхался, он чувствовал, что его так теснит, теснит; что все эти глаза, на него обращенные, как-то гнетут и давят его... Господин Голядкин увидал мимоходом того советника, который носил парик на голове. Советник глядел на него строгим, испытующим взглядом, вовсе не смягченным от всеобщего участия... Герой наш решился было идти к нему прямо, чтоб улыбнуться ему и немедленно с ним объясниться; но дело как-то не удалось. На одно мгновение господин Голядкин почти забылся совсем, потерял и память, и чувства... Очнувшись, заметил он, что вертится в широком кругу его обступивших гостей. Вдруг из другой комнаты крикнули господина Голядкина; крик разом пронесся по всей толпе. Все заволновалось, все зашумело, все ринулись к дверям первой залы; героя нашего почти вынесли на руках, причем твердосердый советник в парике очутился бок о бок с господином Голядкиным. Наконец он взял его за руку и посадил возле себя, напротив седалища Олсуфия Ивановича, в довольно значительном, впрочем, от него расстоянии. Все, кто ни были в комнатах, все уселись в нескольких рядах кругом господина Голядкина и Олсуфия Ивановича. Все затихло и присмирело, все наблюдали торжественное молчание, все взглядывали на Олсуфия Ивановича, очевидно ожидая чего-то не совсем обыкновенного. Господин Голядкин заметил, что возле кресел Олсуфия Ивановича, и тоже прямо против советника, поместился другой господин Голядкин с Андреем Филипповичем. Молчание длилось; чего-то действительно ожидали. «Точь-в-точь как в семье какой-нибудь, при отъезде кого-нибудь в дальний путь; стоит только встать да помолиться теперь», — подумал герой наш. Вдруг обнаружилось необыкновенное движение и прервало все размышления господина Голядкина. Случилось что-то давно ожидаемое. «Едет, едет!» — пронеслось по толпе. «Кто это едет?» — пронеслось в голове господина Голядкина, и он вздрогнул от какого-то странного ощущения. «Пора!» — сказал советник, внимательно посмотрев на Андрея Филипповича. Андрей Филиппович, с своей стороны, взглянул на Олсуфия Ивановича. Важно и торжественно кивнул головой Олсуфий

131

Иванович. «Встанем», — проговорил советник, подымая господина Голядкина. Все встали. Тогда советник взял за руку господина Голядкина-старшего, а Андрей Филиппович господина Голядкина-младшего, и оба торжественно свели двух совершенно подобных среди обставшей их кругом и устремившейся в ожидании толпы. Герой наш с недоумением осмотрелся кругом, но его тотчас остановили и указали ему на господина Голядкина-младшего, который протянул ему руку. «Это мирить нас хотят», — подумал герой наш и с умилением протянул свою руку господину Голядкину-младшему; потом, потом протянул к нему свою голову. То же сделал и другой господин Голядкин... Тут господину Голядкину-старшему показалось, что вероломный друг его улыбается, что бегло и плутовски мигнул всей окружавшей их толпе, что есть что-то зловещее в лице неблагопристойного господина Голядкина-младшего, что даже он отпустил гримасу какую-то в минуту иудина своего поцелуя... В голове зазвонило у господина Голядкина, в глазах потемнело; ему показалось, что бездна, целая вереница совершенно подобных Голядкиных с шумом вламываются во все двери комнаты; но было поздно... Звонкий предательский поцелуй раздался, и...

Тут случилось совсем неожиданное обстоятельство... Двери в залу растворились с шумом, и на пороге показался человек, которого один вид оледенил господина Голядкина. Ноги его приросли к земле. Крик замер в его стесненной груди. Впрочем, господин Голядкин знал все заранее и давно уже предчувствовал что-то подобное. Незнакомец важно и торжественно приближался к господину Голядкину... Господин Голядкин эту фигуру очень хорошо знал. Он ее видел, очень часто видал, еще сегодня видел... Незнакомец был высокий, плотный человек, в черном фраке, с значительным крестом на шее и одаренный густыми, весьма черными бакенбардами; недоставало только сигарки во рту для дальнейшего сходства... Зато взгляд незнакомца, как уже сказано было, оледенил ужасом господина Голядкина. С важной и торжественной миной подошел страшный человек к плачевному герою повести нашей... Герой наш протянул ему руку; незнакомец взял его руку и потащил за собою... С потерянным, с убитым лицом оглянулся кругом наш герой...

— Это, это Крестьян Иванович Рутеншпиц, доктор медицины и хирургии, ваш давнишний знакомец, Яков Петрович! — защебетал чей-то противный голос под самым ухом господина Голядкина. Он оглянулся: то был отвратительный подлыми качествами души своей близнец господина Голядкина. Неблагопристойная, зловещая радость сияла в лице его; с восторгом он тер свои руки, с восторгом повертывал кругом свою голову, с восторгом семенил кругом всех и каждого; казалось, готов был тут же начать танцевать от восторга; наконец он прыгнул вперед, выхватил свечку у одного из слуг и пошел вперед, освещая дорогу господину Голядкину и Крестьяну Ивановичу. Господин Голядкин слышал ясно, как все, что ни было в зале, ринулось вслед за ним, как все теснились, давили друг друга и все вместе, в голос, начинали повторять за господином Голядкиным: «что это ничего; что не бойтесь, Яков Петрович, что это ведь старинный друг и знакомец ваш, Крестьян Иванович Рутеншпиц…» Наконец вышли на парадную, ярко освещенную лестницу; на лестнице была тоже куча народа; с шумом растворились двери на крыльцо, и господин Голядкин очутился на крыльце вместе с Крестьяном Ивановичем. У подъезда стояла карета, запряженная четверней лошадей, которые фыркали от нетерпения. Злорадственный господин Голядкин-младший в три прыжка сбежал с лестницы и сам отворил карету. Крестьян Иванович увещательным жестом попросил садиться господина Голядкина. Впрочем, увещательного жеста было вовсе не нужно; было довольно народу подсаживать… Замирая от ужаса, оглянулся господин Голядкин назад: вся ярко освещенная лестница была унизана народом; любопытные глаза глядели на него отовсюду; сам Олсуфий Иванович председал на самой верхней площадке лестницы, в своих покойных креслах, и внимательно, с сильным участием, смотрел на все совершавшееся. Все ждали. Ропот нетерпения пробежал по толпе, когда господин Голядкин оглянулся назад.

— Я надеюсь, что здесь нет ничего… ничего предосудительного… или могущего возбудить строгость… и внимание всех, касательно официальных отношений моих? — проговорил, потерявшись, герой наш. Говор и шум поднялся кругом; все отрицательно закивали головами своими. Слезы брызнули из глаз господина Голядкина.

— В таком случае, я готов… я вверяюсь вполне… и вручаю судьбу мою Крестьяну Ивановичу…

Только что проговорил господин Голядкин, что он вручает вполне свою судьбу Крестьяну Ивановичу, как страшный, оглушительный, радостный крик вырвался у всех окружавших его и самым зловещим откликом прокатился по всей ожидавшей толпе. Тут Крестьян Иванович с одной стороны, а с другой — Андрей Филиппович взяли под руки господина Голядкина и стали сажать в карету; двойник же, по подленькому обыкновению своему, подсаживал сзади. Несчастный господин Голядкин-старший бросил свой последний взгляд на всех и на все и, дрожа, как котенок, которого окатили холодной водой, — если позволят сравнение, — влез в карету; за ним тотчас же сел и Крестьян Иванович. Карета захлопнулась; послышался удар кнута по лошадям, лошади рванули экипаж с места… все ринулось вслед за господином Голядкиным. Пронзительные, неистовые крики всех врагов его

133

покатились ему вслед в виде напутствия. Некоторое время еще мелькали кое-какие лица кругом кареты, уносившей господина Голядкина; но мало-помалу стали отставать-отставать и наконец исчезли совсем. Долее всех оставался неблагопристойный близнец господина Голядкина. Заложа руки в боковые карманы своих зеленых форменных брюк, бежал он с довольным видом, подпрыгивая то с одной, то с другой стороны экипажа; иногда же, схватившись за рамку окна и повиснув на ней, просовывал в окно свою голову и, в знак прощания, посылал господину Голядкину поцелуйчики; но и он стал уставать, все реже и реже появлялся и наконец исчез совершенно. Глухо занывало сердце в груди господина Голядкина; кровь горячим ключом била ему в голову; ему было душно, ему хотелось расстегнуться, обнажить свою грудь, обсыпать ее снегом и облить холодной водой. Он впал наконец в забытье… Когда же очнулся, то увидел, что лошади несут его по какой-то ему незнакомой дороге. Направо и налево чернелись леса; было глухо и пусто. Вдруг он обмер: два огненные глаза смотрели на него в темноте, и зловещею, адскою радостию блестели эти два глаза. Это не Крестьян Иванович! Кто это? Или это он? Он! Это Крестьян Иванович, но только не прежний, это другой Крестьян Иванович! Это ужасный Крестьян Иванович!..

— Крестьян Иванович, я… я, кажется, ничего, Крестьян Иванович, — начал было робко и трепеща наш герой, желая хоть сколько-нибудь покорностью и смирением умилосердить ужасного Крестьяна Ивановича.

— Вы получаит казенный квартир, с дровами, с лихт[47] и с прислугой, чего ви недостоин, — строго и ужасно, как приговор, прозвучал ответ Крестьяна Ивановича.

Герой наш вскрикнул и схватил себя за голову. Увы! он это давно уже предчувствовал!

---

[47] Лихт (нем. Licht) — свет, освещение.

БЕЛЫЕ НОЧИ

Сентиментальный роман
(Из воспоминаний мечтателя)

> ...Иль был он создан для того,
> Чтобы побыть хотя мгновенье.
> В соседстве сердца твоего?..
> **Ив. Тургенев**

НОЧЬ ПЕРВАЯ

Была чудная ночь, такая ночь, которая разве только и может быть тогда, когда мы молоды, любезный читатель. Небо было такое звездное, такое светлое небо, что взглянув на него, невольно нужно было спросить себя неужели же могут жить под таким небом разные сердитые и капризные люди? Это тоже молодой вопрос, любезный читатель, очень молодой, но пошли его вам господь чаще на душу!.. Говоря о капризных и разных сердитых господах, я не мог не припомнить и своего благонравного поведения во весь этот день. С самого утра меня стала мучить какая-то удивительная тоска. Мне вдруг показалось, что меня, одинокого, все покидают и что все от меня отступаются. Оно, конечно, всякий вправе спросить: кто же эти все? потому что вот уже восемь лет, как я живу в Петербурге, и почти ни одного знакомства не умел завести Но к чему мне знакомства? Мне и без того знаком весь Петербург; вот почему мне и показалось, что меня все покидают, когда весь Петербург поднялся и вдруг уехал на дачу. Мне страшно стало оставаться одному, и целых три дня я бродил по городу в глубокой тоске, решительно не понимая, что со мной делается. Пойду ли на Невский, пойду ли в сад, брожу ли по набережной — ни одного лица из тех, кого привык встречать в том же месте, в известный час целый год. Они, конечно, не знают меня, да я-то их знаю. Я коротко их знаю; я почти изучил их физиономии — и любуюсь на них, когда они веселы, и хандрю, когда они затуманятся. Я почти свел дружбу с одним старичком, которого встречаю каждый божий день, в известный час, на Фонтанке. Физиономия такая важная, задумчивая; всё шепчет под нос и махает левой рукой, а в правой у него

135

длинная сучковатая трость с золотым набалдашником. Даже он заметил меня и принимает во мне душевное участие. Случись, что я не буду в известный час на том же месте Фонтанки, я уверен, что на него нападет хандра. Вот отчего мы иногда чуть не кланяемся друг с другом, особенно когда оба в хорошем расположении духа. Намедни, когда мы не видались целые два дня и на третий день встретились, мы уже было и схватились за шляпы, да благо опомнились вовремя, опустили руки и с участием прошли друг подле друга. Мне тоже и дома знакомы. Когда я иду, каждый как будто забегает вперед меня на улицу, глядит на меня во все окна и чуть не говорит: «Здравствуйте; как ваше здоровье? и я, слава богу, здоров, а ко мне в мае месяце прибавят этаж». Или: «Как ваше здоровье? а меня завтра в починку». Или: «Я чуть не сгорел и притом испугался» и т. д. Из них у меня есть любимцы, есть короткие приятели; один из них намерен лечиться это лето у архитектора. Нарочно буду заходить каждый день, чтоб не залечили как-нибудь, сохрани его господи!.. Но никогда не забуду истории с одним прехорошеньким светло-розовым домиком. Это был такой миленький каменный домик, так приветливо смотрел на меня, так горделиво смотрел на своих неуклюжих соседей, что мое сердце радовалось, когда мне случалось проходить мимо. Вдруг, на прошлой неделе, я прохожу по улице и, как посмотрел на приятеля — слышу жалобный крик: «А меня красят в желтую краску!» Злодеи! варвары! они не пощадили ничего: ни колонн, ни карнизов, и мой приятель пожелтел, как канарейка. У меня чуть не разлилась желчь по этому случаю, и я еще до сих пор не в силах был повидаться с изуродованным моим бедняком, которого раскрасили под Цвет поднебесной империи.

Итак, вы понимаете, читатель, каким образом я знаком со всем Петербургом.

Я уже сказал, что меня целые три дня мучило беспокойство, покамест я догадался о причине его. И на улице мне было худо (того нет, этого нет, куда делся такой-то?) — да и дома я был сам не свой. Два вечера добивался я: чего недостает мне в моем углу? отчего так неловко было в нем оставаться? — и с недоумением осматривал я свои зеленые закоптелые стены, потолок, завешанный паутиной, которую с большим успехом разводила Матрена, пересматривал всю свою мебель, осматривал каждый стул, думая, не тут ли беда? (потому что коль у меня хоть один стул стоит не так, как вчера стоял, так я сам не свой) смотрел за окно, и всё понапрасну... нисколько не было легче! Я даже вздумал было призвать Матрену и тут же сделал ей отеческий выговор за паутину и вообще за неряшество; но она только посмотрела на меня в удивлении и пошла прочь, не ответив ни слова, так что паутина еще до сих пор благополучно висит на месте. Наконец я только сегодня поутру догадался, в чем дело. Э!

да веды они от меня удирают на дачу! Простите за тривиальное словцо, но мне было не до высокого слога... потому что ведь всё, что только ни было в Петербурге, или переехало, или переезжало на дачу; потому что каждый почтенный господин солидной наружности, нанимавший извозчика, на глаза мои, тотчас же обращался в почтенного отца семейства, который после обыденных должностных занятий отправляется налегке в недра своей фамилии, на дачу потому что у каждого прохожего был теперь уже совершенно особый вид, который чуть-чуть не говорил всяком встречному: «Мы, господа, здесь только так, мимоходом, а вот через два часа мы уедем на дачу». Отворялось ли окно, по которому побарабанили сначала тоненькие, белые как сахар пальчики, и высовывалась головка хорошенькой девушки, подзывавшей разносчика с горшками цветов, — мне тотчас же, тут же представлялось, что эти цветы только так покупаются, то есть вовсе не для того, чтоб наслаждаться весной и цветами в душной городской квартире, а что вот очень скоро все переедут на дачу и цветы с собою увезут. Мало того, я уже сделал такие успех в своем новом, особенном роде открытий, что уже мог безошибочно, по одному виду, обозначить, на какой кто даче живет. Обитатели Каменного и Аптекарского островов или Петергофской дороги отличались изученным изяществом приемов, щегольскими летними костюмами и прекрасными экипажами, в которых они приехали в гор Жители Парголова и там, где подальше, с первого взгляда «внушали» своим благоразумием и солидностью; посетитель Крестовского острова отличался невозмутимо-веселым видом. Удавалось ли мне встретить длинную процессию ломовых извозчиков, лениво шедших с возжами в руках подле возов, нагруженных целыми горами всякой мебели, столов, стульев, диванов турецких и нетурецких и прочим домашним скарбом, на котором, сверх всего этого, зачастую восседала, на самой вершине воза, щедушная кухарка, берегущая барское добро как зеницу ока; смотрел ли я на тяжело нагруженные домашнею утварью лодки, скользившие по Неве иль Фонтанке, до Черной речки иль островов, — воза и лодки удесятерялись, усотерялись в глазах моих; казалось, всё поднялось и поехало, всё переселялось целыми караванами на дачу; казалось, весь Петербург грозил обратиться в пустыню, так что наконец мне стало стыдно, обидно и грустно: мне решительно некуда и незачем было ехать на дачу. Я готов был уйти с каждым возом, уехать с каждым господином почтенной наружности, нанимавшим извозчика; но ни один, решительно никто не пригласил меня; словно забыли меня, словно я для них был и в самом деле чужой!

Я ходил много и долго, так что уже совсем успел, по своему обыкновению; забыть, где я, как вдруг очутился у заставы. Вмиг мне стало весело, и я шагнул за шлагбаум, пошел между засеянных полей и лугов, не слышал усталости, но чувствовал только всем составом своим, что какое-то бремя спадает с души моей. Все проезжие смотрели на меня так приветливо, что решительно чуть не кланялись; все были так рады чему-то, все до одного курили сигары. И я был рад, как еще никогда со мной не случалось. Точно я вдруг очутился в Италии, — так сильно поразила природа меня, полубольного горожанина, чуть не задохнувшегося в городских стенах.

Есть что-то неизъяснимо трогательное в нашей петербургской природе, когда она, с наступлением весны, вдруг выкажет всю мощь свою, все дарованные ей небом силы опушится, разрядится, упестрится цветами... Как-то не вольно напоминает она мне ту девушку, чахлую и хворую на которую вы смотрите иногда с сожалением, иногда с какою-то сострадательною любовью, иногда же просто не замечаете ее, но которая вдруг, на один миг, как-то нечаянно сделается неизъяснимо, чудно прекрасною, а вы пораженный, упоенный, невольно спрашиваете себя: какая сила заставила блистать таким огнем эти грустные, задумчивые глаза? что вызвало кровь на эти бледные, похудевшие щеки? что облило страстью эти нежные черты лица? отчего так вздымается эта грудь? что так внезапно вызвало силу, жизнь и красоту на лицо бедной девушки, заставило его заблистать такой улыбкой, оживиться таким сверкающим, искрометным смехом? Вы смотрите кругом, вы кого-то ищете, вы догадываетесь... Но миг проходит, и, может быть, назавтра же вы встретите опять тот же задумчивый и рассеянный взгляд, как и прежде, то же бледное лицо, ту же покорность и робость в движениях и даже раскаяние, даже следы какой-то мертвящей тоски и досады за минутное увлечение... И жаль вам, что так скоро, так безвозвратно завяла мгновенная красота, что так обманчиво и напрасно блеснула она перед вами, — жаль оттого, что даже полюбить ее вам не было времени...

А все-таки моя ночь была лучше дня! Вот как это было:

Я пришел назад в город очень поздно, и уже пробило десять часов, когда я стал подходить к квартире. Дорога моя шла по набережной канала, на которой в этот час не встретишь живой души. Правда, я живу в отдаленнейшей части города. Я шел и пел, потому что, когда я счастлив, я непременно мурлыкаю что-нибудь про себя, как и всякий счастливый человек, у которого нет ни друзей, ни добрых знакомых и которому в радостную минуту не с кем разделить свою радость. Вдруг со мной случилось самое неожиданное приключение.

В сторонке, прислонившись к перилам канала, стояла женщина; облокотившись на решетку, она, по-видимому, очень внимательно смотрела на мутную воду канала. Она была одета в премиленькой желтой шляпке и в кокетливой черной мантильке. «Это девушка, и непременно брюнетка», — подумал я. Она, кажется, не слыхала шагов моих, даже не шевельнулась, когда я прошел мимо, затаив дыхание и с сильно забившимся сердцем. «Странно! — подумал я, — верно, она о чем-нибудь очень задумалась», и вдруг я остановился как вкопанный. Мне послышалось глухое рыдание. Да! я не обманулся: девушка плакала, и через минуту еще и еще всхлипывание. Боже мой! У меня сердце сжалось. И как я ни робок с женщинами, но ведь это была такая минута!.. Я воротился, шагнул к ней и непременно бы произнес: «Сударыня!» — если б только не знал, что это восклицание уже тысячу раз произносилось во всех русских великосветских романах. Это одно и остановило меня. Но покамест я приискивал слово, девушка очнулась, оглянулась, спохватилась, потупилась и скользнула мимо меня по набережной. Я тотчас же пошел вслед за ней, но она догадалась, оставила набережную, перешла через улицу и пошла по тротуару. Я не посмел перейти через улицу. Сердце мое трепетало, как у пойманной птички. Вдруг один случай пришел ко мне на помощь.

По той стороне тротуара, недалеко от моей незнакомки, вдруг появился господин во фраке, солидных лет, но нельзя сказать, чтоб солидной походки. Он шел, пошатываясь и осторожно опираясь об стенку. Девушка же шла, словно стрелка, торопливо и робко, как вообще ходят все девушки, которые не хотят, чтоб кто-нибудь вызвался провожать их Ночью домой, и, конечно, качавшийся господин ни за что не догнал бы ее, если б судьба моя не надоумила его поискать искусственных средств. Вдруг, не сказав никому ни слова, мой господин срывается с места и летит со всех ног, бежит, догоняя мою незнакомку. Она шла как ветер, но колыхавшийся господин настигал, настиг, девушка вскрикнула — и... я благословляю судьбу за превосходную сучковатую палку, которая случилась на этот раз в моей правой руке. Я мигом очутился на той стороне тротуара, мигом незваный господин понял, в чем дело, принял в соображение неотразимый резон, замолчал, отстал и только, когда уже мы были очень далеко, протестовал против меня в довольно энергических терминах. Но до нас едва долетели слова его.

— Дайте мне руку, — сказал я моей незнакомке, — и он не посмеет больше к нам приставать.

Она молча подала мне свою руку, еще дрожавшую от волнения и испуга. О незваный господин! как я благословлял тебя в эту минуту! Я мельком взглянул на нее: она была премиленькая и брюнетка — я угадал; на ее черных ресницах еще блестели слезинки недавнего испуга или прежнего горя, — не знаю. Но на губах уже сверкала улыбка. Она тоже взглянула на меня украдкой, слегка покраснела и потупилась.

— Вот видите, зачем же вы тогда отогнали меня? Если б я был тут, ничего бы не случилось...

— Но я вас не знала: я думала, что вы тоже...

— А разве вы теперь меня знаете?

— Немножко. Вот, например, отчего вы дрожите?

— О, вы угадали с первого раза! — отвечал я в восторге, что моя девушка умница: это при красоте никогда не мешает. — Да, вы с первого взгляда угадали, с кем имеете дело. Точно, я робок с женщинами, я в волненье, не спорю, не меньше, как были вы минуту назад, когда этот господин испугал вас... Я в каком-то испуге теперь. Точно сон, а я даже и во сне не гадал, что когда-нибудь буду говорить хоть с какой-нибудь женщиной.

— Как? неужели?..

— Да, если рука моя дрожит, то это оттого, что никогда еще ее не обхватывала такая хорошенькая маленькая ручка, как ваша. Я совсем отвык от женщин; то есть я к ним и не привыкал никогда; я ведь один... Я даже не знаю, как говорить с ними. Вот и теперь не знаю — не сказал ли вам какой-нибудь глупости? Скажите мне прямо; предупреждаю вас, я не обидчив...

— Нет, ничего, ничего; напротив. И если уже вы требуете, чтоб я была откровенна, так я вам скажу, что женщинам нравится такая робость; а если вы хотите знать больше, то и мне она тоже нравится, и я не отгоню вас от себя до самого дома.

— Вы сделаете со мной, — начал я, задыхаясь от восторга, — что я тотчас же перестану робеть, и тогда — прощай все мои средства!..

— Средства? какие средства, к чему? вот это уж дурно.

— Виноват, не буду, у меня с языка сорвалось; но как же вы хотите, чтоб в такую минуту не было желания...

— Понравиться, что ли?

— Ну да; да будьте, ради бога, будьте добры. Посудите, кто я! Ведь вот уж мне двадцать шесть лет, а я никого никогда не видал. Ну, как же я могу хорошо говорить, ловко и кстати? Вам же будет выгоднее, когда всё будет открыто, наружу... Я не умею молчать, когда сердце во мне говорит. Ну, да всё равно... Поверите ли, ни одной женщины, никогда, никогда! Никакого знакомства! и только мечтаю каждый день, что наконец-то когда-нибудь я встречу кого-нибудь. Ах, если б вы знали, сколько раз я был влюблен таким образом!..

— Но как же, в кого же?..

— Да ни в кого, в идеал, в ту, которая приснится во сне. Я создаю в мечтах целые романы. О, вы меня не знаете! Правда, нельзя же без того, я встречал двух-трех женщин, но какие они женщины? это всё такие хозяйки, что... Но я вас насмешу, я расскажу вам, что несколько раз думал заговорить, так, запросто, с какой-нибудь аристократкой на улице, разумеется, когда она одна; заговорить, конечно, робко, почтительно, страстно; сказать, что погибаю один, чтоб она не отгоняла меня, что нет средства узнать хоть какую-нибудь женщину; внушить ей, что даже в обязанностях женщины не отвергнуть робкой мольбы такого несчастного человека, как я. Что, наконец, и всё, чего я требую, состоит в том только, чтоб сказать мне какие-нибудь два слова братские, с участием, не отогнать меня с первого шага, поверить мне на слово, выслушать, что я буду говорить, посмеяться надо мной, если угодно, обнадежить меня, сказать мне два слова, только два слова, потом пусть хоть мы с ней никогда не встречаемся!.. Но вы смеетесь... Впрочем, я для того и говорю...

— Не досадуйте; я смеюсь тому, что вы сами себе враг, и если б вы попробовали, то вам бы и удалось, может быть, хоть бы и на улице дело было; чем проще, тем лучше... Ни одна добрая женщина, если только она не глупа или особенно не сердита на что-нибудь в ту минуту, не решилась бы отослать вас без этих двух слов, которых вы так робко вымаливаете... Впрочем, что я! конечно, приняла бы вас за сумасшедшего. Я ведь судила по себе. Сама-то я много знаю, как люди на свете живут!

— О, благодарю вас, — закричал я, — вы не знаете, что вы для меня теперь сделали!

— Хорошо, хорошо! Но скажите мне, почему вы узнали, что я такая женщина, с которой... ну, которую вы считали достойной... внимания и дружбы... одним словом, не хозяйка, как вы называете. Почему вы решились подойти ко мне?

— Почему? почему? Но вы были одни, тот господин был слишком смел, теперь ночь: согласитесь сами, что это обязанность...

— Нет, нет, еще прежде, там, на той стороне. Ведь вы хотели же подойти ко мне?

— Там, на той стороне? Но я, право, не знаю, как отвечать; я боюсь... Знаете ли, я сегодня был счастлив; я шел, пел; я был за городом; со мной еще никогда не бывало таких счастливых минут. Вы... мне, может быть, показалось... Ну, простите меня, если я напомню: мне показалось, что вы плакали, и я... я не мог слышать это... у меня стеснилось сердце... О, боже мой! Ну, да неужели же я не мог потосковать об вас? Неужели же был грех почувствовать к вам братское сострадание?.. Извините, я сказал сострадание... Ну, да, одним словом, неужели я мог вас обидеть тем, что невольно вздумалось мне к вам подойти?..

— Оставьте, довольно, не говорите... — сказала девушка, потупившись и сжав мою руку. — Я сама виновата, что заговорила об этом; но я рада, что не ошиблась в вас... но вот уже я дома; мне нужно сюда, в переулок; тут два шага... Прощайте, благодарю вас...

— Так неужели же, неужели мы больше никогда не увидимся?.. Неужели это так и останется?

— Видите ли, — сказала, смеясь, девушка, — вы хотели сначала только двух слов, а теперь... Но, впрочем, я вам ничего не скажу... Может быть, встретимся...

— Я приду сюда завтра, — сказал я. — О, простит меня, я уже требую...

— Да, вы нетерпеливы... вы почти требуете...

— Послушайте, послушайте! — прервал я ее. — Простите, если я вам скажу опять что-нибудь такое... Но вот что: я не могу не прийти сюда завтра. Я мечтатель; у меня так мало действительной жизни, что я такие минуты, как эту, как теперь, считаю так редко, что не могу не повторять этих минут в мечтаньях. Я промечтаю об вас целую ночь, целую неделю, весь год. Я непременно приду сюда завтра, именно сюда, на это же место, именно в этот час, и буду счастлив, припоминая вчерашнее. Уж это место мне мило. У меня уже есть такие два-три места в Петербурге. Я даже один раз заплакал от воспоминанья, как вы... Почем знать, может быть, и вы, тому назад десять минут, плакали от воспоминанья... Но простите меня, я опять забылся; вы, может быть, когда-нибудь были здесь особенно счастливы.

— Хорошо, — сказала девушка, — я, пожалуй, приду сюда завтра, тоже в десять часов. Вижу, что я уже не могу вам запретить... Вот в чем дело, мне нужно быть здесь; не подумайте, чтоб я вам назначала свидание; я предупреждаю вас, мне нужно быть здесь для себя. Но вот... ну, уж я вам прямо скажу: это будет ничего, если и вы придете; во-первых, могут быть опять неприятности, как сегодня, но это в сторону... одним словом, мне просто хотелось бы вас видеть... чтоб сказать вам два слова. Только, видите ли, вы не осудите меня теперь? не подумайте, что я так легко назначаю свидания... Я бы и назначила, если б... Но пусть это будет моя тайна! Только вперед уговор...

— Уговор! говорите, скажите, скажите всё заране; я на всё согласен, на всё готов, — вскричал я в восторге, — я отвечаю за себя — буду послушен, почтителен... вы меня знаете...

— Именно оттого, что знаю вас, и приглашаю вас завтра, — сказала смеясь девушка. — Я вас совершенно знаю. Но, смотрите, приходите с условием; во-первых (только будьте добры, исполните, что я попрошу, — видите ли, я говорю откровенно), не влюбляйтесь в меня... Это нельзя, уверяю вас. На дружбу я готова, вот вам рука моя... А влюбиться нельзя, прошу вас!

— Клянусь вам, — закричал я, схватив ее ручку...

— Полноте, не клянитесь, я ведь знаю, вы способны вспыхнуть как порох. Не осуждайте меня, если я так говорю. Если б вы знали... У меня тоже никого нет, с кем бы мне можно было слово сказать, у кого бы совета спросить. Конечно, не на улице же искать советников, да вы исключение. Я вас так знаю, как будто уже мы двадцать лет были друзьями... Не правда ли, вы не измените?..

— Увидите... только я не знаю, как уж я доживу хотя сутки.

— Спите покрепче; доброй ночи — и помните, что я вам уже вверилась. Но вы так хорошо воскликнули давеча: неужели ж давать отчет в каждом чувстве, даже в братском сочувствии! Знаете ли, это было так хорошо сказано, что у меня тотчас же мелькнула мысль довериться вам...

— Ради бога, но в чем? что?

— До завтра. Пусть это будет покамест тайной. Тем лучше для вас; хоть издали будет на роман похоже. Может быть, я вам завтра же скажу, а может быть, нет... Я еще с вами наперед поговорю, мы познакомимся лучше...

— О, да я вам завтра же всё расскажу про себя! Но что это? точно чудо со мной совершается... Где я, боже мой? Ну, скажите, неужели вы недовольны тем, что не рассердились, как бы сделала другая, не отогнали меня в самом начале? Две минуты, и вы сделали меня навсегда счастливым. Да! счастливым; почем знать, может быть, вы меня с собой помирили, разрешили мои сомнения... Может быть, на меня находят такие минуты... Ну, да я вам завтра всё расскажу, вы всё узнаете, всё...

— Хорошо, принимаю; вы и начнете...

— Согласен.

— До свиданья!

— До свиданья!

И мы расстались. Я ходил всю ночь; я не мог решиться воротиться домой. Я был так счастлив... до завтра!

НОЧЬ ВТОРАЯ

— Ну, вот и дожили! — сказала она мне, смеясь и пожимая мне обе руки.

— Я здесь уже два часа; вы не знаете, что было со мной целый день!

143

— Знаю, знаю... но к делу. Знаете, зачем я пришла? Ведь не вздор болтать, как вчера. Вот что: нам нужно вперед умней поступать. Я обо всем этом вчера долго думала.

— В чем же, в чем быть умнее? С моей стороны, я готов; но, право, в жизнь не случалось со мною ничего умнее, как теперь.

— В самом деле? Во-первых, прошу вас, не жмите так моих рук; во-вторых, объявляю вам, что я об вас сегодня долго раздумывала.

— Ну, и чем же кончилось?

— Чем кончилось? Кончилось тем, что нужно всё снова начать, потому что в заключение всего я решила сегодня, что вы еще мне совсем неизвестны, что я вчера поступила как ребенок, как девочка, и, разумеется, вышло так, что всему виновато мое доброе сердце, то есть я похвалила себя, как и всегда кончается, когда мы начнем свое разбирать. И потому, чтоб поправить ошибку, я решила разузнать об вас самым подробнейшим образом. Но так как разузнавать о вас не у кого, то вы и должны мне сами всё рассказать, всю подноготную. Ну, что вы за человек? Поскорее — начинайте же, рассказывайте свою историю.

— Историю! — закричал я, испугавшись, — историю!! Но кто вам сказал, что у меня есть моя история? у меня нет истории...

— Так как же вы жили, коль нет истории? — перебила она смеясь.

— Совершенно без всяких историй! так, жил, как у нас говорится, сам по себе, то есть один совершенно, — один один вполне, — понимаете, что такое один?

— Да как один? То есть вы никого никогда не видали?

— О нет, видеть-то вижу, — а все-таки я один.

— Что же, вы разве не говорите ни с кем?

— В строгом смысле, ни с кем.

— Да кто же вы такой, объяснитесь! Постойте, я догадываюсь: у вас, верно, есть бабушка, как и у меня. Она слепая и вот уже целую жизнь меня никуда не пускает, так что я почти разучилась совсем говорить. А когда я нашалила тому назад года два, так она видит, что меня не удержишь, взяла призвала меня да и пришпилила булавкой мое платье к своему — и так мы с тех пор и сидим по целым дням; она чулок вяжет, хоть и слепая; а я подле нее сиди, шей или книжку вслух ей читай — такой странный обычай, что вот уже два года пришпиленная...

— Ах, боже мой, какое несчастье! Да нет же, у меня нет такой бабушки.

— А коль нет, так как это вы можете дома сидеть?..

— Послушайте, вы хотите знать, кто я таков?

— Ну, да, да!

— В строгом смысле слова?

— В самом строгом смысле слова!

— Извольте, я — тип.

— Тип, тип! какой тип? — закричала девушка, захохотав так, как будто ей целый год не удавалось смеяться. — Да с вами превесело! Смотрите: вот здесь есть скамейка; сядем! Здесь никто не ходит, нас никто не услышит, и — начинайте же вашу историю! потому что, уж вы меня не уверите, у вас есть история, а вы только скрываетесь. Во-первых, что это такое тип?

— Тип? тип — это оригинал, это такой смешной человек! — отвечал я, сам расхохотавшись вслед за ее детским смехом. — Это такой характер. Слушайте: знаете вы, что такое мечтатель?

— Мечтатель? позвольте, да как не знать? я сама мечтатель! Иной раз сидишь подле бабушки и чего-чего в голову не войдет. Ну, вот и начнешь мечтать, да так раздумаешься — ну, просто за китайского принца выхожу... А ведь это в другой раз и хорошо — мечтать! Нет, впрочем, бог знает! Особенно если есть и без этого о чем думать, — прибавила девушка на этот раз довольно серьезно.

— Превосходно! Уж коли раз вы выходили за богдыхана китайского, так, стало быть, совершенно поймете меня. Ну, слушайте... Но позвольте: ведь я еще не знаю, как вас зовут?

— Наконец-то! вот рано вспомнили!

— Ах, боже мой! да мне и на ум не пришло, мне было и так хорошо...

— Меня зовут — Настенька.

— Настенька! и только?

— Только! да неужели вам мало, ненасытный вы этакой!

— Мало ли? Много, много, напротив, очень много, Настенька, добренькая вы девушка, коли с первого разу вы для меня стали Настенькой!

— То-то же! ну!

— Ну, вот, Настенька, слушайте-ка, какая тут выходит смешная история.

Я уселся подле нее, принял педантски-серьезную позу и начал словно по-писаному:

— Есть, Настенька, если вы того не знаете, есть в Петербурге довольно странные уголки. В эти места как будто не заглядывает то же солнце, которое светит для всех петербургских людей, а заглядывает какое-то другое, новое, как будто нарочно заказанное для этих углов, и светит на всё иным, особенным светом. В этих углах, милая Настенька, выживается как будто совсем другая жизнь, не похожая на ту, которая возле нас кипит, а такая, которая может быть в тридесятом неведомом царстве, а не у нас, в наше серьезное-пресерьезное время. Вот эта-то жизнь

145

и есть смесь чего-то чисто фантастического, горячо-идеального и вместе с тем (увы, Настенька!) тускло-прозаичного и обыкновенного, чтоб не сказать: до невероятности пошлого.

— Фу! господи боже мой! какое предисловие! Что же это я такое услышу?

— Услышите вы, Настенька (мне кажется, я некогда не устану называть вас Настенькой), услышите вы, что в этих углах проживают странные люди — мечтатели Мечтатель — если нужно его подробное определение — не человек, а, знаете, какое-то существо среднего рода. Селится он большею частию где-нибудь в неприступном углу, как будто таится в нем даже от дневного света и уж если заберется к себе, то так и прирастет к своем углу, как улитка, или, по крайней мере, он очень похож в этом отношении на то занимательное животное, которое и животное и дом вместе, которое называется черепахой Как вы думаете, отчего он так любит свои четыре стены, выкрашенные непременно зеленою краскою, закоптелые, унылые и непозволительно обкуренные? Зачем этот смешной господин, когда его приходит навестить кто-нибудь из его редких знакомых (а кончает он тем, что знакомые у него все переводятся), зачем этот смешной человек встречает его, так сконфузившись, так изменившись в лице и в таком замешательстве, как будто он только что сделал в своих четырех стенах преступление, как будто он фабриковал фальшивые бумажки или какие-нибудь стишки для отсылки в журнал при анонимном письме, в котором обозначается, что настоящий поэт уже умер и что друг его считает священным долгом опубликовать его вирши? Отчего скажите мне, Настенька, разговор так не вяжется у этих двух собеседников? отчего ни смех, ни какое-нибудь бойкое словцо не слетает с языка внезапно вошедшего и озадаченного приятеля, который в другом случае очень любит и смех, и бойкое словцо, и разговоры о прекрасном поле, и другие веселые темы? Отчего же, наконец, этот приятель, вероятно, недавний знакомый, и при первом визите, — потому что второго в таком случае уже не будет и приятель другой раз не придет, — отчего сам приятель так конфузится, так костенеет, при всем своем остроумии (если только оно есть у него), глядя на опрокинутое лицо хозяина, который, в свою очередь, уже совсем успел потеряться и сбиться с последнего толка после исполинских, но тщетных усилий разгладить и упестрить разговор, показать и с своей стороны знание светскости, тоже заговорить о прекрасном поле и хоть такою покорностию понравиться бедному, не туда попавшему человеку, который ошибкою пришел к нему в гости? Отчего, наконец, гость вдруг хватается за шляпу и быстро уходит, внезапно вспомнив о самонужнейшем деле, которого никогда не бывало, и кое-как высвобождает свою руку из жарких пожатий хозяина, всячески старающегося показать свое раскаяние и поправить потерянное? Отчего уходящий приятель хохочет, выйдя за дверь, тут же дает самому себе слово никогда не приходить к этому чудаку, хотя этот чудак в сущности и превосходнейший малый, и в то же время никак не может отказать своему воображению в маленькой прихоти: сравнить, хоть отдаленным образом, физиономию своего недавнего собеседника во всё время свидания с видом того несчастного котеночка, которого измяли, застращали и всячески обидели дети, вероломно захватив его в плен, сконфузили в прах, который забился наконец от них под стул, в темноту, и там целый час на досуге принужден ощетиниваться, отфыркиваться и мыть свое обиженное рыльце обеими лапами и долго еще после того враждебно взирать на природу и жизнь и даже на подачку с господского обеда, припасенную для него сострадательною ключницею?

— Послушайте, — перебила Настенька, которая всё время слушала меня в удивлении, открыв глаза и ротик, — послушайте: я совершенно не знаю, отчего всё это произошло и почему именно вы мне предлагаете такие смешные вопросы; но что я знаю наверно, так то, что все эти приключения случились непременно с вами, от слова до слова.

— Без сомнения, — отвечал я с самою серьезной миной.

— Ну, коли без сомнения, так продолжайте, — ответила Настенька, — потому что мне очень хочется знать, чем это кончится.

— Вы хотите знать, Настенька, что такое делал в своем углу наш герой, или, лучше сказать, я, потому что герой всего дела — я, своей собственной скромной особой; вы хотите знать, отчего я так переполошился и потерялся на целый день от неожиданного визита приятеля? Вы хотите знать, отчего я так вспорхнулся, так покраснел, когда отворили дверь в мою комнату, почему я не умел принять гостя и так постыдно погиб под тяжестью собственного гостеприимства?

— Ну да, да! — отвечала Настенька, — в этом и дело. Послушайте: вы прекрасно рассказываете, но нельзя ли рассказывать как-нибудь не так прекрасно? А то вы говорите, точно книгу читаете.

— Настенька! — отвечал я важным и строгим голосом, едва удерживаясь от смеха, — милая Настенька, я знаю, что я рассказываю прекрасно, но — виноват, иначе я рассказывать не умею. Теперь, милая Настенька, теперь похож на дух царя Соломона, который был тысячу лет в кубышке, под семью печатями, и с которого наконец сняли все эти семь печатей. Теперь, милая Настенька, когда мы сошлись опять после такой долгой разлуки, — потому что я вас давно уже знал, Настенька, потому что я уже давно кого-то искал, а это знак, что я искал именно вас и что нам было суждено теперь свидеться, — теперь в моей голове открылись тысячи клапанов, и я должен пролиться рекою слов, не то я задохнусь.

Итак, прошу не перебивать меня, Настенька, а слушать покорно и послушно; иначе — я замолчу.

— Ни-ни-ни! никак! говорите! Теперь я не скажу ни слова.

— Продолжаю: есть, друг мой Настенька, в моем дне один час, который я чрезвычайно люблю. Это тот самый час, когда кончаются почти всякие дела, должности и обязательства и все спешат по домам пообедать, прилечь отдохнуть и тут же, в дороге, изобретают и другие веселые темы, касающиеся вечера, ночи и всего остающегося свободного времени. В этот час и наш герой, — потому что уж позвольте мне, Настенька, рассказывать в третьем лице, затем что в первом лице всё это ужасно стыдно рассказывать, — итак, в этот час и наш герой, который тоже был не без дела, шагает за прочими. Но странное чувство удовольствия играет на его бледном, как будто несколько измятом лице. Неравнодушно смотрит он на вечернюю зарю, которая медленно гаснет на холодном петербургском небе. Когда я говорю — смотрит, так я лгу: он не смотрит, но созерцает как-то безотчетно, как будто усталый или занятый в то же время каким-нибудь другим, более интересным предметом, так что разве только мельком, почти невольно, может уделить время на всё окружающее. Он доволен, потому что покончил до завтра с досадными для него делами, и рад, как школьник, которого выпустили с классной скамьи к любимым играм и шалостям. Посмотрите на него сбоку, Настенька: вы тотчас увидите, что радостное чувство уже счастливо подействовало на его слабые нервы и болезненно раздраженную фантазию. Вот он о чем-то задумался... Вы думаете, об обеде? о сегодняшнем вечере? На что он так смотрит? На этого ли господина солидной наружности, который так картинно поклонился даме, прокатившейся мимо него на резвоногих конях в блестящей карете? Нет, Настенька, что ему теперь до всей этой мелочи! Он теперь уже богат своею особенною жизнью; он как-то вдруг стал богатым, и прощальный луч потухающего солнца не напрасно так весело сверкнул перед ним и вызвал из согретого сердца целый рой впечатлений. Теперь он едва замечает ту дорогу, на которой прежде самая мелкая мелочь могла поразить его. Теперь «богиня фантазия» (если вы читали Жуковского, милая Настенька) уже заткала прихотливою рукою свою золотую основу и пошла развивать перед ним узоры небывалой, причудливой жизни — и, кто знает, может, перенесла его прихотливой рукою на седьмое хрустальное небо с превосходного гранитного тротуара, по которому он идет восвояси. Попробуйте остановить его теперь, спросите его вдруг: где он теперь стоит, по каким улицам шел? — он наверно бы ничего не припомнил, ни того, где ходил, ни того, где стоял теперь, и, покраснев с досады, непременно солгал бы что-нибудь для спасения приличий. Вот почему он так вздрогнул, чуть не закричал и с испугом огляделся кругом, когда одна очень почтенная старушка учтиво остановила его посреди тротуара и стала расспрашивать его о дороге, которую она потеряла. Нахмурясь с досады, шагает он дальше, едва замечая, что не один прохожий улыбнулся, на него глядя, и обратился ему вслед и что какая-нибудь маленькая девочка, боязливо уступившая ему дорогу, громко засмеялась, посмотрев во все глаза на его широкую созерцательную улыбку и жесты руками. Но всё та же фантазия подхватила на своем игривом полете и старушку, и любопытных прохожих, и смеющуюся девочку, и мужичков, которые тут же вечеряют на своих барках, запрудивших Фонтанку (положим, в это время по ней проходил наш герой) заткала шаловливо всех и всё в свою канву, как мух в паутину, и с новым приобретением чудак уже вошел к себе в отрадную норку, уже сел за обед, уже давно отобедал и очнулся только тогда, когда задумчивая и вечно печальная Матрена, которая ему прислуживает, уже всё прибрала со стола и подала ему трубку, очнулся и с удивлением вспомнил, что он уже совсем пообедал, решительно проглядев, как это сделалось. В комнате потемнело; на душе его пусто и грустно; целое царство мечтаний рушилось вокруг него, рушилось без следа, без шума и треска, пронеслось, как сновидение, а он и сам не помнит, что ему грезилось. Но какое-то темное ощущение, от которого слегка заныла и волнуется грудь его, какое-то новое желание соблазнительно щекочет и раздражает его фантазию и незаметно сзывает целый рой новых призраков. В маленькой комнате царствует тишина; уединение и лень нежат воображение; оно воспламеняется слегка, слегка закипает, как вода в кофейнике старой Матрены, которая безмятежно возится рядом, в кухне, стряпая свой кухарочный кофе. Вот оно уже слегка прорывается вспышками, вот уже и книга, взятая без цели и наудачу, выпадает из рук моего мечтателя, не дошедшего и до третьей страницы. Воображение его снова настроено, возбуждено и вдруг опять новый мир, новая, очаровательная жизнь блеснула перед ним в блестящей своей перспективе. Новый сон — новое счастие! Новый прием утонченного, сладострастного яда! О, что ему в нашей действительной жизни. На его подкупленный взгляд, мы с вами, Настенька, живем так лениво, медленно, вяло; на его взгляд, мы все так недовольны нашею судьбою, так томимся нашею жизнью! Да и вправду, смотрите, в самом деле, как на первый взгляд всё между нами холодно, угрюмо, точно сердито... «Бедные!» — думает мой мечтатель. Да и не диво, думает! Посмотрите на эти волшебные призраки, которые так очаровательно, так прихотливо, так безбрежно и широко слагаются перед ним в такой волшебной, одушевленной картине, где на первом плане, первым лицом, уж конечно, он сам, наш мечтатель, своею дорогою особою. Посмотрите, какие разнообразные приключения, какой бесконечный рой Восторженных грез. Вы спросите, может быть, о чем он мечтает? К чему это спрашивать! да обо всем... об роли поэта, сначала не признанного, а потом увенчанного; о дружбе с Гофманом; Варфоломеевская ночь, Диана Вернон, геройская роль при взятии Казани Иваном Васильевичем, Клара Мовбрай, Евфия Денс, собор прелатов и Гус перед ними, восстание мертвецов в «Роберте» (помните музыку? кладбищем пахнет!), Минца и Бренда, сражение при Березине, чтение поэмы у графини В—й-Д—й, Дантон, Клеопатра ei suoi amanti[48], домик в Коломне, свой уголок, а подле милое создание, которое слушает вас в зимний вечер, раскрыв ротик и глазки, как слушаете вы теперь меня, мой маленький ангельчик... Нет, Настенька, что ему, что ему, сладострастному ленивцу, в той жизни, в которую нам так хочется с вами? он думает, что это бедная, жалкая жизнь, не предугадывая, что и для него, может быть, когда-нибудь пробьет грустный час, когда он за один день этой жалкой жизни отдаст все свои фантастические годы, и еще не за радость, не за счастие отдаст, и выбирать не захочет в тот час грусти, раскаяния и невозбранного горя. Но покамест еще не настало оно, это грозное время, — он ничего не желает, потому что он выше желаний, потому что с ним всё, потому что он пресыщен, потому что он сам художник своей жизни и творит ее себе каждый час по новому произволу. И ведь так легко, так натурально создается этот сказочный, фантастический мир! Как будто и впрямь всё это не призрак! Право, верить готов в иную минуту, что вся эта жизнь не возбуждения чувства, не мираж, не обман воображения, а что это и впрямь действительное, настоящее, сущее! Отчего ж, скажите, Настенька, отчего же в такие минуты стесняется дух? отчего же каким-то волшебством, по какому-то неведомому произволу ускоряется пульс, брызжут слезы из глаз мечтателя, горят его бледные, увлаженные щеки и такой неотразимой отрадой наполняется всё существование его? Отчего же целые бессонные ночи проходят как один миг, в неистощимом веселии и счастии, и когда заря блеснет розовым лучом в окна и рассвет осветит угрюмую комнату своим сомнительным фантастическим светом, как у нас, в Петербурге, наш мечтатель, утомленный, измученный, бросается на постель и засыпает в замираниях от восторга своего болезненно-потрясенного духа и с такою томительно-сладкою болью в сердце? Да, Настенька, обманешься и невольно вчуже поверишь, что страсть настоящая, истинная волнует душу его, невольно поверишь, что есть живое, осязаемое в его бесплотных грезах! И ведь какой обман — вот, например, любовь сошла в его грудь со всею неистощимою радостью, со всеми томительными мучениями...

---

[48] и ее любовники (итал.).

Только взгляните на него и убедитесь! Верите ли вы, на него глядя, милая Настенька, что действительно он никогда не знал той, которую он так любил в своем исступленном мечтании? Неужели он только и видел ее в одних обольстительных призраках и только лишь снилась ему эта страсть? Неужели и впрямь не прошли они рука в руку столько годов своей жизни — одни, вдвоем, отбросив весь мир и соединив каждый свой мир, свою жизнь с жизнью друга? Неужели не она, в поздний час, когда настала разлука, не она лежала, рыдая и тоскуя, на груди его, не слыша бури, разыгравшейся под суровым небом, не слыша ветра, который срывал и уносил слезы с черных ресниц ее? Неужели всё это была мечта — и этот сад, унылый, заброшенный и дикий, с дорожками, заросшими мхом, уединенный, угрюмый, где они так часто ходили вдвоем, надеялись, тосковали, любили, любили друг друга так долго, «так долго и нежно»! И этот странный, прадедовский дом, в котором жила она столько времени уединенно и грустно с старым, угрюмым мужем, вечно молчаливым и желчным, пугавшим их, робких, как дети, уныло и боязливо таивших друг от друга любовь свою? Как они мучились, как боялись они, как невинна, чиста была их любовь и как (уж разумеется, Настенька) злы были люди! И, боже мой, неужели не ее встретил он потом, далеко от берегов своей родины, под чужим небом, полуденным, жарким, в дивном вечном городе, в блеске бала, при громе музыки, в палаццо (непременно в палаццо), потонувшем в море, огней, на этом балконе, увитом миртом и розами, где она, узнав его, так поспешно сняла свою маску и, прошептав: «Я свободна», задрожав, бросилась в его объятия, и, вскрикнув от восторга, прижавшись друг к другу, они в один миг забыли и горе, и разлуку, и все мучения, и угрюмый дом, и старика, и мрачный сад в далекой родине, и скамейку, на которой, с последним страстным поцелуем, она вырвалась из занемевших в отчаянной муке объятий его... О, согласитесь, Настенька, что вспорхнешься, смутишься и покраснеешь, как школьник, только что запихавший в карман украденное из соседнего сада яблоко, когда какой-нибудь длинный, здоровый парень, весельчак и балагур, ваш незваный приятель, отворит вашу дверь и крикнет, как будто ничего не бывало: «А я, брат, сию минуту из Павловска!» Боже мой! старый граф умер, настает неизреченное счастие, — тут люди приезжают из Павловска!

Я патетически замолчал, кончив мои патетические возгласы. Помню, что мне ужасно хотелось как-нибудь через силу захохотать, потому что я уже чувствовал, что во мне зашевелился какой-то враждебный бесенок, что мне уже начинало захватывать горло, подергивать подбородок и что всё более и более влажнели глаза мои... Я ожидал, что Настенька, которая слушала меня, открыв свои умные глазки, захохочет всем своим детским, неудержимо-веселым смехом, и уже раскаивался, что зашел далеко, что напрасно рассказал то, что уже давно накипело в моем сердце, о чем я мог говорить как по-писаному, потому что уже давно приготовил я над самим собой приговор, и теперь не удержался, чтоб не прочесть его, признаться, не ожидая, что меня поймут; но, к удивлению моему, она промолчала, погодя немного слегка пожала мне руку и с каким-то робким участием спросила:

— Неужели и в самом деле вы так прожили всю свою жизнь?

— Всю жизнь, Настенька, — отвечал я, — всю жизнь, и, кажется, так и окончу!

— Нет, этого нельзя, — сказала она беспокойно, — этого не будет; этак, пожалуй, и я проживу всю жизнь подле бабушки. Послушайте, знаете ли, что это вовсе нехорошо так жить?

— Знаю, Настенька, знаю! — вскричал я, не удерживая более своего чувства. — И теперь знаю больше, чем когда-нибудь, что я даром потерял все свои лучшие годы! Теперь это я знаю, и чувствую больнее от такого сознания, потому что сам бог послал мне вас, моего доброго ангела, чтоб сказать мне это и доказать. Теперь, когда я сижу подле вас и говорю с вами, мне уж и страшно подумать о будущем, потому что в будущем — опять одиночество опять эта затхлая, ненужная жизнь; и о чем мечтать будет мне, когда я уже наяву подле вас был так счастлив! О, будьте благословенны, вы, милая девушка, за то, что не отвергли меня с первого раза, за то, что уже я могу сказать, что я жил хоть два вечера в моей жизни!

— Ох, нет, нет! — закричала Настенька, и слезинки заблистали на глазах ее, — нет, так не будет больше; мы так не расстанемся! Что такое два вечера!

— Ох, Настенька, Настенька! знаете ли, как надолго вы помирили меня с самим собою? знаете ли, что уже я теперь не буду о себе думать так худо, как думал в иные минуты? Знаете ли, что уже я, может быть, не буду более тосковать о том, что сделал преступление и грех в моей жизни, потому что такая жизнь есть преступление и грех? И не думайте, чтоб я вам преувеличивал что-нибудь, ради бога, не думайте этого, Настенька, потому что на меня иногда находят минуты такой тоски, такой тоски... Потому что мне уже начинает казаться в эти минуты, что я никогда не способен начать жить настоящею жизнию; потому что мне уже казалось, что я потерял всякий такт, всякое чутье в настоящем, действительном; потому что, наконец, я проклинал сам себя; потому что после моих фантастических ночей на меня уже находят минуты отрезвления, которые ужасны Между тем слышишь, как кругом тебя гремит и кружится в жизненном вихре людская толпа, слышишь, видишь, как живут люди, — живут наяву, видишь, что жизнь для них не заказана, что их жизнь не разлетится, как сон, как видение, что их жизнь вечно обновляющаяся, вечно юная и ни один час ее не похож на другой, тогда как уныла и до пошлости однообразна пуглива фантазия, раба тени, идеи, раба первого облака, которое внезапно застелет солнце и сожмет тоскою настоящее петербургское сердце, которое так дорожит своим солнцем, — а уж в тоске какая фантазия! Чувствуешь, что она наконец устает, истощается в вечном напряжении, эта неистощимая фантазия, потому что ведь мужаешь, выживаешь из прежних своих идеалов: они разбиваются в пыль в обломки; если ж нет другой жизни, так приходится строить ее из этих же обломков. А между тем чего-то другого просит и хочет душа. И напрасно мечтатель роется, как в золе, в своих старых мечтаниях, ища в этой золе хоть какой-нибудь искорки, чтоб раздуть ее, возобновленным огнем пригреть похолодевшее сердце и воскресить в нем снова всё, что было прежде так мило, что трогало душу, что кипятило кровь, что вырывало слезы из глаз и так роскошно обманывало! Знаете ли, Настенька, до чего я дошел? знаете ли, что я уже принужден справлять годовщину своих ощущений, годовщину того, что было прежде так мило, чего в сущности никогда не бывало, — потому что эта годовщина справляется всё по тем же глупым, бесплотным мечтаниям, — и делать это, потому что и этих-то глупых мечтаний нет, затем что нечем их выжить: ведь и мечты выживаются! Знаете ли, что я люблю теперь припомнить и посетить в известный срок те места, где был счастлив когда-то по-своему, люблю построить свое настоящее под лад уже безвозвратно прошедшему и часто брожу как тень, без нужды и без цели, уныло и грустно до петербургским закоулкам и улицам. Какие всё воспоминания! Припоминается, например, что вот здесь ровно год тому назад, ровно в это же время, в этот же час, по этому же тротуару бродил так же одиноко, так же уныло, как и теперь! И припоминаешь, что и тогда мечты были грустны, и хоть и прежде было не лучше, но всё как-то чувствуешь, что как будто и легче, и покойнее было жить, что не было этой черной думы, которая теперь привязалась ко мне; что не было этих угрызений совести, угрызений мрачных, угрюмых, которые ни днем, ни ночью теперь не дают покоя. И спрашиваешь себя: где же мечты твои? и покачиваешь головою, говоришь: как быстро летят годы! И опять спрашиваешь себя: что же ты сделал с своими годами? куда ты схоронил свое лучшее время? Ты жил или нет? Смотри, говоришь себе, смотри, как на свете становится холодно. Еще пройдут годы, и за ними придет угрюмое одиночество, придет с клюкой трясучая старость, а за ними тоска и уныние. Побледнеет твой фантастический мир, замрут, увянут мечты твои и осыплются, как желтые листья с деревьев... О, Настенька! ведь грустно будет оставаться одному, одному совершенно, и даже не иметь чего пожалеть — ничего, ровно ничего... потому что всё,

153

что потерял-то, всё это, всё было ничто, глупый, круглый нуль, было одно лишь мечтанье!

— Ну, не разжалобливайте меня больше! — проговорила Настенька, утирая слезинку, которая выкатилась из глаз ее. — Теперь кончено! Теперь мы будем вдвоем; теперь, что ни случись со мной, уж мы никогда не расстанемся. Послушайте. Я простая девушка, я мало училась, хотя мне бабушка и нанимала учителя; но, право, я вас понимаю, потому что всё, что вы мне пересказали теперь, я уж сама прожила, когда бабушка меня пришпилила к платью. Конечно, я бы так не рассказала хорошо, как вы рассказали, я не училась, — робко прибавила она, потому что всё еще чувствовала какое-то уважение к моей патетической речи и к моему высокому слогу, — но я очень рада, что вы совершенно открылись мне. Теперь я вас знаю, совсем, всего знаю. И знаете что? я вам хочу рассказать и свою историю, всю без утайки, а вы мне после за то дадите совет. Вы очень умный человек; обещаетесь ли вы, что вы дадите мне этот совет?

— Ах, Настенька, — отвечал я, — я хоть и никогда не был советником, и тем более умным советником, но теперь вижу, что если мы всегда будем так жить, то это будет как-то очень умно и каждый друг другу надает премного умных советов! Ну, хорошенькая моя Настенька, какой же вам совет? Говорите мне прямо; я теперь так весел, счастлив, смел и умен, что за словом не полезу в карман.

— Нет, нет! — перебила Настенька засмеявшись, — мне нужен не один умный совет, мне нужен совет сердечный, братский, так, как бы вы уже век свой любили меня!

— Идет, Настенька, идет! — закричал я в восторге, — и если б я уже двадцать лет вас любил, то все-таки не любил бы сильнее теперешнего!

— Руку вашу! — сказала Настенька.

— Вот она! — отвечал я, подавая ей руку.

— Итак, начнемте мою историю!

История Настеньки

— Половину истории вы уже знаете, то есть вы знаете что у меня есть старая бабушка...

— Если другая половина так же недолга, как и эта... — перебил было я засмеявшись.

— Молчите и слушайте. Прежде всего уговор: не перебивать меня, а не то я, пожалуй, собьюсь. Ну, слушайте же смирно.

Есть у меня старая бабушка. Я к ней попала еще очень маленькой девочкой, потому что у меня умерли и мать и отец. Надо думать, что бабушка была прежде богаче, потому что и теперь вспоминает о лучших днях. Она же меня выучила по-французски и потом наняла мне учителя. Когда мне было пятнадцать лет (а теперь мне семнадцать), учиться мы

154

кончили. Вот в это время я и нашалила; уж что я сделала — я вам не скажу; довольно того, что проступок был небольшой. Только бабушка подозвала меня к себе в одно утро и сказала, что так как она слепа, то за мной не усмотрит, взяла булавку и пришпилила мое платье к своему, да тут и сказала, что так мы будем всю жизнь сидеть, если, разумеется, я не сделаюсь лучше. Одним словом, в первое время отойти никак нельзя было: и работай, и читай, и учись — всё подле бабушки. Я было попробовала схитрить один раз и уговорила сесть на мое место Феклу. Фекла — наша работница, она глуха. Фекла села вместо меня; бабушка в это время заснула в креслах, а я отправилась недалеко к подруге. Ну, худо и кончилось. Бабушка без меня проснулась и о чем-то спросила, думая, что я всё еще сижу смирно на месте. Фекла-то видит, что бабушка спрашивает, а сама не слышит про что, думала, думала, что ей делать, отстегнула булавку да и пустилась бежать...

Тут Настенька остановилась и начала хохотать. Я засмеялся вместе с нею. Она тотчас же перестала.

— Послушайте, вы не смейтесь над бабушкой. Это я смеюсь, оттого что смешно... Что же делать, когда бабушка, право, такая, а только я ее все-таки немножко люблю. Ну, да тогда и досталось мне: тотчас меня опять посадили на место и уж ни-ни, шевельнуться было нельзя.

Ну-с, я вам еще позабыла сказать, что у нас, то есть у бабушки, свой дом, то есть маленький домик, всего три окна, совсем деревянный и такой же старый, как бабушка; а наверху мезонин; вот и переехал к нам в мезонин новый жилец...

— Стало быть, был и старый жилец? — заметил я мимоходом.

— Уж конечно, был, — отвечала Настенька, — и который умел молчать лучше вас. Правда, уж он едва языком ворочал. Это был старичок, сухой, немой, слепой, хромой, так что наконец ему стало нельзя жить на свете, он и умер; а затем и понадобился новый жилец, потому что нам без жильца жить нельзя: это с бабушкиным пенсионом почти весь наш доход. Новый жилец как нарочно был молодой человек, нездешний, заезжий. Так как он не торговался, то бабушка и пустила его, а потом и спрашивает: «Что, Настенька, наш жилец молодой или нет?» Я солгать не хотела: «Так, говорю, бабушка, не то чтоб совсем молодой, а так, не старик». «Ну, и приятной наружности?» — спрашивает бабушка.

Я опять лгать не хочу. «Да, приятной, говорю, наружности, бабушка!» А бабушка говорит: «Ах! наказанье, наказанье! Я это, внучка, тебе для того говорю, чтоб ты на него не засматривалась. Экой век какой! поди, такой мелкий жилец, а ведь тоже приятной наружности: не то в старину!»

А бабушке всё бы в старину! И моложе-то она была в старину, и

155

солнце-то было в старину теплее, и сливки в старину не так скоро кисли — всё в старину! Вот я сижу и молчу, а про себя думаю: что же это бабушка сама меня надоумливает, спрашивает, хорош ли, молод ли жилец? Да только так, только подумала, и тут же стала опять петли считать, чулок вязать, а потом совсем позабыла.

Вот раз поутру к нам и приходит жилец, спросить о том, что ему комнату обещали обоями оклеить. Слово за слово, бабушка же болтлива, и говорит: «Сходи, Настенька, ко мне в спальню, принеси счеты». Я тотчас же вскочила, вся, не знаю отчего, покраснела, да и позабыла, что сижу пришпиленная; нет, чтоб тихонько отшпилить чтобы жилец не видал, — рванулась так, что бабушкино кресло поехало. Как я увидела, что жилец всё теперь узнал про меня, покраснела, стала на месте как вкопанная да вдруг и заплакала, — так стыдно и горько стало в эту минуту, что хоть на свет не глядеть! Бабушка кричит: «Что ж ты стоишь?» — а я еще пуще... Жилец, как увидел, увидел, что мне его стыдно стало, откланялся и тотчас ушел!

С тех пор я, чуть шум в сенях, как мертвая. Вот, думаю, жилец идет, да потихоньку на всякий случай и отшпилю булавку. Только всё был не он, не приходил. Про шло две недели; жилец и присылает сказать с Феклой что у него книг много французских и что всё хороши книги, так что можно читать; так не хочет ли бабушка чтоб я их ей почитала, чтоб не было скучно? Бабушка согласилась с благодарностью, только всё спрашивала нравственные книги или нет, потому что если книги безнравственные, так тебе, говорит, Настенька, читать никак нельзя, ты дурному научишься.

— А чему ж научусь, бабушка? Что там написано?

— А! говорит, описано в них, как молодые люди соблазняют благонравных девиц, как они, под предлогом того, что хотят их взять за себя, увозят их из дому родительского, как потом оставляют этих несчастных девиц на волю судьбы и они погибают самым плачевным образом. Я, говорит бабушка, много таких книжек читала, и всё, говорит, так прекрасно описано, что ночь сидишь, тихонько читаешь. Так ты, говорит, Настенька, смотри, их не прочти. Каких это, говорит, он книг прислал?

— А всё Вальтера Скотта романы, бабушка.

— Вальтера Скотта романы! А полно, нет ли тут каких-нибудь шашней? Посмотри-ка, не положил ли он в них какой-нибудь любовной записочки?

— Нет, говорю, бабушка, нет записки.

— Да ты под переплетом посмотри; они иногда в переплет запихают, разбойники!..

— Нет, бабушка, и под переплетом нет ничего.

— Ну то-то же!

Вот мы и начали читать Вальтер-Скотта и в какой-нибудь месяц почти половину прочли. Потом он еще и еще присылал. Пушкина присылал, так что наконец я без книг и быть не могла и перестала думать, как бы выйти за китайского принца.

Так было дело, когда один раз мне случилось повстречаться с нашим жильцом на лестнице. Бабушка за чем-то послала меня. Он остановился, я покраснела, и он покраснел; однако засмеялся, поздоровался, о бабушкином здоровье спросил и говорит: «Что, вы книги прочли?» Я отвечала: «Прочла». «Что же, говорит, вам больше понравилось?» Я и говорю: «„Ивангое“ да Пушкин больше всех понравились». На этот раз тем и кончилось.

Через неделю я ему опять попалась на лестнице. В этот раз бабушка не посылала, а мне самой надо было за чем-то. Был третий час, а жилец в это время домой приходил. «Здравствуйте!» — говорит. Я ему: «Здравствуйте!»

— А что, говорит, вам не скучно целый день сидеть вместе с бабушкой?

Как он это у меня спросил, я, уж не знаю отчего, покраснела, застыдилась, и опять мне стало обидно, видно оттого, что уж другие про это дело расспрашивать стали. Я уж было хотела не отвечать и уйти, да сил не было.

— Послушайте, говорит, вы добрая девушка! Извините, что я с вами так говорю, но, уверяю вас, я вам лучше бабушки вашей желаю добра. У вас подруг нет никаких, к которым бы можно было в гости пойти?

Я говорю, что никаких, что была одна, Машенька, да и та в Псков уехала.

— Послушайте, говорит, хотите со мною в театр поехать?

— В театр? как же бабушка-то?

— Да вы, говорит, тихонько от бабушки...

— Нет, говорю, я бабушку обманывать не хочу. Прощайте-с!

— Ну, прощайте, говорит, а сам ничего не сказал.

Только после обеда и приходит он к нам; сел, долго говорил с бабушкой, расспрашивал, что она, выезжает ли куда-нибудь, есть ли знакомые, — да вдруг и говорит: «А сегодня я было ложу взял в оперу; „Севильского цирюльника“ дают, знакомые ехать хотели, да потом отказались, у меня и остался билет на руках».

— «Севильского цирюльника»! — закричала бабушка, — да это тот самый «Цирюльник», которого в старину давали?

— Да, говорит, это тот самый «Цирюльник», — да и взглянул на меня. А я уж всё поняла, покраснела, и у меня сердце от ожидания запрыгало!

— Да как же, говорит бабушка, как не знать. Я сама в старину на домашнем театре Розину играла!

— Так не хотите ли ехать сегодня? — сказал жилец. — У меня билет пропадает же даром.

— Да, пожалуй, поедем, говорит бабушка, отчего же не поехать? А вот у меня Настенька в театре никогда не была.

Боже мой, какая радость! Тотчас же мы собрались, снарядились и поехали. Бабушка хоть и слепа, а все-таки ей хотелось музыку слушать, да, кроме того, она старушка добрая: больше меня потешить хотела, сами-то мы никогда бы не собрались. Уж какое было впечатление от «Севильского цирюльника», я вам не скажу, только во весь этот вечер жилец наш так хорошо смотрел на меня, так хорошо говорил, что я тотчас увидела, что он меня хотел испытать поутру, предложив, чтоб я одна с ним поехала. Ну, радость какая! Спать я легла такая гордая, такая веселая, так сердце билось, что сделалась маленькая лихорадка, и я всю ночь бредила о «Севильском цирюльнике».

Я думала, что после этого он всё будет заходить чаще и чаще, — не тут-то было. Он почти совсем перестал. Так, один раз в месяц, бывало, зайдет, и то только с тем, чтоб в театр пригласить. Раза два мы опять потом съездили. Только уж этим я была совсем недовольна. Я видела, что ему просто жалко было меня за то, что я у бабушки в таком загоне, а больше-то и ничего. Дальше и дальше, и нашло на меня: и сидеть-то я не сижу, и читать-то я не читаю, и работать не работаю, иногда смеюсь и бабушке что-нибудь назло делаю, другой раз просто плачу. Наконец, я похудела и чуть было не стала больна. Оперный сезон прошел, и жилец к нам совсем перестал заходить; когда же мы встречались — всё на той же лестнице, разумеется, — он так молча поклонится, так серьезно, как будто и говорить не хочет, и уж сойдет совсем на крыльцо, а я всё еще стою на половине лестницы, красная как вишня, потому что у меня вся кровь начала бросаться в голову, когда я с ним повстречаюсь.

Теперь сейчас и конец. Ровно год тому, в мае месяце, жилец к нам приходит и говорит бабушке, что он выхлопотал здесь совсем свое дело и что должно ему опять уехать на год в Москву. Я, как услышала, побледнела и упала на стул как мертвая. Бабушка ничего не заметила, а он, объявив; что уезжает от нас, откланялся нам и ушел.

Что мне делать? Я думала-думала, тосковала-тосковала, да наконец и решилась. Завтра ему уезжать, а я порешила, что всё кончу вечером, когда бабушка уйдет спать. Так и случилось. Я навязала в узелок всё, что было платьев, сколько нужно белья, и с узелком в руках, ни жива ни мертва, пошла в мезонин к нашему жильцу. Думаю, я шла целый час по лестнице. Когда же отворила к нему, дверь, он так и вскрикнул, на меня глядя. Он думал, что я привидение, и бросился мне воды подать, потому что я едва стояла на ногах. Сердце так билось, что в голове больно было, и разум мой помутился. Когда же я очнулась, то начала прямо тем, что положила свой узелок к нему на постель, сама села подле, закрылась руками и заплакала в три ручья. Он, кажется, мигом всё понял и стоял передо мной бледный и так грустно глядел на меня, что во мне сердце надорвало.

— Послушайте, — начал он, — послушайте, Настенька, я ничего не могу; я человек бедный; у меня покамест нет ничего, даже места порядочного; как же мы будем жить, если б я и женился на вас?

Мы долго говорили, но я наконец пришла в исступление, сказала, что не могу жить у бабушки, что убегу от нее, что не хочу, чтоб меня булавкой пришпиливали, и что я, как он хочет, поеду с ним в Москву, потому что без него жить не могу. И стыд, и любовь, и гордость — всё разом говорило во мне, и я чуть не в судорогах упала на постель. Я так боялась отказа!

Он несколько минут сидел молча, потом встал, подошел ко мне и взял меня за руку.

— Послушайте, моя добрая, моя милая Настенька! — начал он тоже сквозь слезы, — послушайте. Клянусь вам, что если когда-нибудь я буду в состоянии жениться, то непременно вы составите мое счастие; уверяю, теперь только одни вы можете составить мое счастье. Слушайте: я еду в Москву и пробуду там ровно год. Я надеюсь устроить дела свои. Когда ворочусь, и если вы меня не разлюбите, клянусь вам, мы будем счастливы. Теперь ж невозможно, я не могу, я не вправе хоть что-нибудь обещать. Но, повторяю, если через год это не сделается, то хоть когда-нибудь непременно будет; разумеется — в том случае, если вы не предпочтете мне другого, потому что связывать вас каким-нибудь словом я не могу и не смею.

Вот что он сказал мне и назавтра уехал. Положено было сообща бабушке не говорить об этом ни слова. Так он захотел. Ну, вот теперь почти и кончена вся моя история. Прошел ровно год. Он приехал, он уж здесь целые три дня и, и...

— И что же? — закричал я в нетерпении услышать конец.

— И до сих пор не являлся! — отвечала Настенька, как будто собираясь с силами, — ни слуху ни духу...

Тут она остановилась, помолчала немного, опустила голову и вдруг, закрывшись руками, зарыдала так, что во мне сердце перевернулось от этих рыданий.

Я никак не ожидал подобной развязки.

— Настенька! — начал я робким и вкрадчивым голосом, — Настенька! ради бога, не плачьте! Почему вы знаете? может быть, его еще нет...

— Здесь, здесь! — подхватила Настенька. — Он здесь я это знаю. У нас было условие, тогда еще, в тот вечер накануне отъезда: когда уже мы сказали всё, что я вам пересказала, и условились, мы вышли сюда гулять, именно на эту набережную. Было десять часов; мы сидели на этой скамейке; я уже не плакала, мне было сладко слушать то, что он говорил... Он сказал, что тотчас же по приезде придет к нам и если я не откажусь от него, то мы скажем обо всем бабушке. Теперь он приехал, я это знаю, и его нет!

И она снова ударилась в слезы.

— Боже мой! Да разве никак нельзя помочь горю? — закричал я, вскочив со скамейки в совершенном отчаянии. — Скажите, Настенька, нельзя ли будет хоть мне сходить к нему?..

— Разве это возможно? — сказала она, вдруг подняв голову.

— Нет, разумеется, нет! — заметил я, спохватившись, — а вот что: напишите письмо.

— Нет, это невозможно, это нельзя! — отвечала она решительно, но уже потупив голову и не смотря на меня.

— Как нельзя? отчего ж нельзя? — продолжал я, ухватившись за свою идею. — Но, знаете, Настенька, какое письмо! Письмо письму рознь и... Ах, Настенька, это так! Вверьтесь мне, вверьтесь! Я вам не дам дурного совета. Всё это можно устроить! Вы же начали первый шаг — отчего же теперь...

— Нельзя, нельзя! Тогда я как будто навязываюсь...

— Ах, добренькая моя Настенька! — перебил я, не скрывая улыбки, — нет же, нет; вы, наконец, вправе, потому что он вам обещал. Да и по всему я вижу, что он человек деликатный, что он поступил хорошо, — продолжал я, всё более и более восторгаясь от логичности собственных доводов и убеждений, — он как поступил? Он себя связал обещанием. Он сказал, что ни на ком не женится, кроме вас, если только женится; вам же он оставил полную свободу хоть сейчас от него отказаться... В таком случае вы можете сделать первый шаг, вы имеете право, вы имеете перед ним преимущество, хотя бы, например, если б захотели развязать его от данного слова...

— Послушайте, вы как бы написали?

— Что?

— Да это письмо.

— Я бы вот как написал: «Милостивый государь...»

160

— Это так непременно нужно — милостивый государь?

— Непременно! Впрочем, отчего ж? я думаю...

— Ну, ну! дальше!

— «Милостивый государь! Извините, что я...» Впрочем, нет, не нужно никаких извинений! Тут самый факт всё оправдывает, пишите просто:

«Я пишу к вам. Простите мне мое нетерпение; но я целый год была счастлива надеждой; виновата ли я, что не могу теперь вынести и дня сомнения? Теперь, когда уже вы приехали, может быть, вы уже изменили свои намерения. Тогда это письмо скажет вам, что я не ропщу и не обвиняю вас. Я не обвиняю вас за то, что не властна над вашим сердцем; такова уж судьба моя!

Вы благородный человек. Вы не улыбнетесь и не подосадуете на мои нетерпеливые строки. Вспомните, что их пишет бедная девушка, что она одна, что некому ни научить ее, ни посоветовать ей и что она никогда не умела сама совладеть с своим сердцем. Но простите меня, что в мою душу хотя на один миг закралось сомнение. Вы не способны даже и мысленно обидеть ту, которая вас так любила и любит».

— Да, да! это точно так, как я думала! — закричала Настенька, и радость засияла в глазах ее. — О! вы разрешили мои сомнения, вас мне сам бог послал! Благодарю, благодарю вас!

— За что? за то, что меня бог послал? — отвечал я, глядя в восторге на ее радостное личико.

— Да, хоть за то.

— Ах, Настенька! Ведь благодарим же мы иных люде хоть за то, что они живут вместе с нами. Я благодарю вас за то, что вы мне встретились, за то, что целый век мой буду вас помнить!

— Ну, довольно, довольно! А теперь вот что, слушайте-ка: тогда было условие, что как только приедет он, та тотчас даст знать о себе тем, что оставит мне письмо в одном месте, у одних моих знакомых, добрых и просты людей, которые ничего об этом не знают; или если нельзя будет написать ко мне письма, затем что в письме не всегда всё расскажешь, то он в тот же день, как приедет, будет сюда ровно в десять часов, где мы и положили с ним встретиться. О приезде его я уже знаю; но вот уже третий день нет ни письма, ни его. Уйти мне от бабушки поутру никак нельзя. Отдайте письмо мое завтра вы сами тем добрым людям, о которых я вам говорила: они уже перешлют; а если будет ответ, то сами вы принесете его вечером в десять часов.

— Но письмо, письмо! Ведь прежде нужно письмо писать! Так разве послезавтра всё это будет.

— Письмо... — отвечала Настенька, немного смешавшись, — письмо... но...

161

Но она не договорила. Она сначала отвернула от меня свое личико, покраснела, как роза, и вдруг я почувствовал в моей руке письмо, по-видимому уже давно написанное, совсем приготовленное и запечатанное. Какое-то знакомое, милое, грациозное воспоминание пронеслось в моей голове!

— R,o — Ro, s,i — si, n,a — na, — начал я.

— Rosina! — запели мы оба, я, чуть не обнимая ее от восторга, она, покраснев, как только могла покраснеть, и смеясь сквозь слезы, которые, как жемчужинки, дрожали «а ее черных ресницах.

— Ну, довольно, довольно! Прощайте теперь! — сказала она скороговоркой. — Вот вам письмо, вот и адрес, куда снести его. Прощайте! до свидания! до завтра!

Она крепко сжала мне обе руки, кивнула головой и мелькнула, как стрелка, в свой переулок. Я долго стоял на месте, провожая ее глазами. «До завтра! до завтра!» — пронеслось в моей голове, когда она скрылась из глаз моих.

НОЧЬ ТРЕТЬЯ

Сегодня был день печальный, дождливый, без просвета, точно будущая старость моя. Меня теснят такие странные мысли, такие темные ощущения, такие еще неясные для меня вопросы толпятся в моей голове, — а как-то нет ни силы, ни хотения их разрешить. Не мне разрешить всё это!

Сегодня мы не увидимся. Вчера, когда мы прощались, облака стали заволакивать небо и подымался туман. Я сказал, что завтра будет дурной день; она не отвечала, она не хотела против себя говорить; для нее этот день и светел и ясен, и ни одна тучка не застелет ее счастия.

— Коли будет дождь, мы не увидимся! — сказала она. — Я не приду.

Я думал, что она и не заметила сегодняшнего дождя, а между тем не пришла.

Вчера было наше третье свиданье, наша третья белая ночь...

Однако, как радость и счастие делают человека прекрасным! как кипит сердце любовью! Кажется, хочешь излить всё свое сердце в другое сердце, хочешь, чтоб всё было весело, всё смеялось. И как заразительна эта радость! Вчера в ее словах было столько неги, столько доброты ко мне в сердце... Как она ухаживала за мной, как ласкалась ко мне, как ободряла и нежила мое сердце! О, сколько кокетства от счастия! А я... Я принимал всё за чистую монету; я думал, что она...

Но, боже мой, как же мог я это думать? как же мог я быть так слеп, когда уже всё взято другим, всё не мое; когда, наконец, даже эта самая нежность ее, ее забота, ее любовь... да, любовь ко мне, — была не что иное, как радость о скором свидании с другим, желание навязать и мне свое счастие?.. Когда он не пришел, когда мы прождали напрасно, она же нахмурилась, она же заробела и струсила. Все движения ее, все слова ее уже стали не так легки, игривы и веселы. И, странное дело, — она удвоила ко мне свое внимание, как будто инстинктивно желая на меня излить то, чего сама желала себе, за что сама боялась, если б оно не сбылось. Моя Настенька так оробела, так перепугалась, что, кажется, поняла наконец, что люблю ее, и сжалилась над моей бедной любовью. Так, когда мы несчастны, мы сильнее чувствуем несчастие других; чувство не разбивается, а сосредоточивается...

Я пришел к ней с полным сердцем и едва дождался свидания. Я не предчувствовал того, что буду теперь ощущать, не предчувствовал, что всё это не так кончится. Она сияла радостью, она ожидала ответа. Ответ был он сам. Он должен был прийти, прибежать на ее зов. Она пришла раньше меня целым часом. Сначала она всему хохотала, всякому слову моему смеялась. Я начал было говорить и умолк.

— Знаете ли, отчего я так рада? — сказала она, — так рада на вас смотреть? так люблю вас сегодня?

— Ну? — спросил я, и сердце мое задрожало.

— Я оттого люблю вас, что вы не влюбились в меня. Ведь вот иной, на вашем месте, стал бы беспокоить, приставать, разохался бы, разболелся, а вы такой милый!

Тут она так сжала мою руку, что я чуть не закричал. Она засмеялась.

— Боже! какой вы друг! — начала она через минуту очень серьезно. — Да вас бог мне послал! Ну, что бы со мной было, если б вас со мной теперь не было? Какой вы бескорыстный! Как хорошо вы меня любите! Когда я выйду замуж, мы будем очень дружны, больше чем как братья. Я буду вас любить почти так, как его...

Мне стало как-то ужасно грустно в это мгновение; однако ж что-то похожее на смех зашевелилось в душе моей.

— Вы в припадке, — сказал я, — вы трусите; вы думаете, что он не придет.

— Бог с вами! — отвечала она, — если б я была меньше счастлива, я бы, кажется, заплакала от вашего неверия, от ваших упреков. Впрочем, вы меня навели на мысль и задали мне долгую думу; но я подумаю после, а теперь признаюсь вам, что правду вы говорите! Да! я как-то сама не своя; я как-то вся в ожидании и чувствую всё как-то слишком легко. Да полноте, оставим про чувства!..

В это время послышались шаги, и в темноте показался прохожий, который шел к нам навстречу. Мы оба задрожали; она чуть не вскрикнула. Я опустил ее руку и сделал жест, как будто хотел отойти. Но мы обманулись: это был не он.

— Чего вы боитесь? Зачем вы бросили мою руку? — сказала она, подавая мне ее опять. — Ну, что же? мы встретим его вместе. Я хочу, чтоб он видел, как мы любим друг друга.

— Как мы любим друг друга! — закричал я.

«О Настенька, Настенька! — подумал я, — как этим словом ты много сказала! От этакой любви, Настенька, в иной час холодеет на сердце и становится тяжело на душе. Твоя рука холодная, моя горячая как огонь. Какая слепая ты, Настенька!.. О! как несносен счастливый человек в иную минуту! Но я не мог на тебя рассердиться!..»

Наконец сердце мое переполнилось.

— Послушайте, Настенька! — закричал я, — знаете ли, что со мной было весь день?

— Ну что, что такое? рассказывайте скорее! Что ж вы до сих пор всё молчали!

— Во-первых, Настенька, когда я исполнил все ваши комиссии, отдал письмо, был у ваших добрых людей, потом... потом я пришел домой и лег спать.

— Только-то? — перебила она засмеявшись.

— Да, почти только-то, — отвечал я скрепя сердце, потому что в глазах моих уже накипали глупые слезы. — Я проснулся за час до нашего свидания, но как будто и не спал. Не знаю, что было со мною. Я шел, чтоб вам это всё рассказать, как будто время для меня остановилось, как будто одно ощущение, одно чувство должно было остаться с этого времени во мне навечно, как будто одна минута должна была продолжаться целую вечность и словно вся жизнь остановилась для меня... Когда я проснулся, мне казалось, что какой-то музыкальный мотив, давно знакомый, где-то прежде слышанный, забытый и сладостный, теперь вспоминался мне. Мне казалось, что он всю жизнь просился из души моей, и только теперь...

— Ах, боже мой, боже мой! — перебила Настенька, — как же это всё так? Я не понимаю ни слова.

— Ах, Настенька! мне хотелось как-нибудь передать вам это странное впечатление... — начал я жалобным голосом, в котором скрывалась еще надежда, хотя весьма отдаленная.

— Полноте, перестаньте, полноте! — заговорила она, и в один миг она догадалась, плутовка!

Вдруг она сделалась как-то необыкновенно говорлива, весела, шаловлива. Она взяла меня под руку, смеялась, хотела, чтоб и я тоже смеялся, и каждое смущенное слово мое отзывалось в ней таким звонким, таким долгим смехом... Я начинал сердиться, она вдруг пустилась кокетничать.

— Послушайте, — начала она, — а ведь мне немножко досадно, что вы не влюбились в меня. Разберите-ка после этого человека! Но все-таки, господин непреклонный, вы не можете не похвалить меня за то, что я такая простая. Я вам всё говорю, всё говорю, какая бы глупость ни промелькнула у меня в голове.

— Слушайте! Это одиннадцать часов, кажется? — сказал я, когда мерный звук колокола загудел с отдаленной городской башни. Она вдруг остановилась, перестала смеяться и начала считать.

— Да, одиннадцать, — сказала она наконец робким, нерешительным голосом.

Я тотчас же раскаялся, что напугал ее, заставил считать часы, и проклял себя за припадок злости. Мне стало за нее грустно, и я не знал, как искупить свое прегрешение. Я начал ее утешать, выискивать причины его отсутствия, подводить разные доводы, доказательства. Никого нельзя было легче обмануть, как ее в эту минуту, да и всякий в эту минуту как-то радостно выслушивает хоть какое бы то ни было утешение и рад-рад, коли есть хоть тень оправдания.

— Да и смешное дело, — начал я, всё более и более горячась и любуясь на необыкновенную ясность своих доказательств, — да и не мог он прийти; вы и меня обманули и завлекли, Настенька, так что я и времени счет потерял... Вы только подумайте: он едва мог получить письмо; положим, ему нельзя прийти, положим, он будет отвечать, так письмо придет не раньше как завтра. Я за ним завтра чем свет схожу и тотчас же дам знать. Предположите, наконец, тысячу вероятностей: ну, его не было дома, когда пришло письмо, и он, может быть, его и до сих пор не читал? Ведь всё может случиться.

— Да, да! — отвечала Настенька, — я и не подумала; конечно, всё может случиться, — продолжала она самым сговорчивым голосом, но в котором, как досадный диссонанс, слышалась какая-то другая, отдаленная мысль. — Вот что вы сделайте, — продолжала она, — вы идите завтра как можно раньше и, если получите что-нибудь, тотчас же дайте мне знать. Вы ведь знаете, где я живу? — И она начала повторять мне свой адрес.

Потом она вдруг стала так нежна, так робка со мною... Она, казалось, слушала внимательно, что я ей говорил; но когда я обратился к ней с каким-то вопросом, она (смолчала, смешалась и отворотила от меня головку. Я заглянул ей в глаза — так и есть: она плакала.

165

— Ну, можно ли, можно ли? Ах, какое вы дитя! Какое ребячество!.. Полноте!

Она попробовала улыбнуться, успокоиться, но подбородок ее дрожал и грудь всё еще колыхалась.

— Я думаю об вас, — сказала она мне после минутного молчания, — вы так добры, что я была бы каменная, если б не чувствовала этого. Знаете ли, что мне пришло теперь в голову? Я вас обоих сравнила. Зачем он — не вы? Зачем он не такой, как вы? Он хуже вас, хоть я и люблю его больше вас.

Я не отвечал ничего. Она, казалось, ждала, чтоб я сказал что-нибудь.

— Конечно, я, может быть, не совсем еще его понимаю, не совсем его знаю. Знаете, я как будто всегда боялась его; он всегда был такой серьезный, такой как будто гордый. Конечно, я знаю, что это он только смотрит так, что в сердце его больше, чем в моем, нежности... Я помню, как он посмотрел на меня тогда, как я, помните, пришла к нему с узелком; но все-таки я его как-то слишком уважаю, а ведь это как будто бы мы и неровня?

— Нет, Настенька, нет, — отвечал я, — это значит, что вы его больше всего на свете любите, и гораздо больше себя самой любите.

— Да, положим, что это так, — отвечала наивная Настенька, — но знаете ли, что мне пришло теперь в голову? Только я теперь не про него буду говорить, а так, вообще; мне уже давно всё это приходило в голову. Послушайте, зачем мы все не так, как бы братья с братьями? Зачем самый лучший человек всегда как будто что-то таит от другого и молчит от него? Зачем прямо, сейчас, не сказать что есть на сердце, коли знаешь, что не на ветер свое слово скажешь? А то всякий так смотрит, как будто он суровее, чем он есть на самом деле, как будто все боятся оскорбить свои чувства, коли очень скоро выкажут их...

— Ах, Настенька! правду вы говорите; да ведь это происходит от многих причин, — перебил я, сам более чем когда-нибудь в эту минуту стеснявший свои чувства.

— Нет, нет! — отвечала она с глубоким чувством. — Вот вы, например, не таков, как другие! Я, право, не знаю, как бы вам это рассказать, что я чувствую; но мне кажется, вы вот, например... хоть бы теперь... мне кажется, вы чем-то для меня жертвуете, — прибавила она робко, мельком взглянув на меня. — Вы меня простите, если я вам так говорю: я ведь простая девушка; я ведь мало еще видела на свете и, право, не умею иногда говорить, — прибавила она голосом, дрожащим от какого-то затаенного чувства, и стараясь между тем улыбнуться, — но мне только хотелось сказать вам, что я благодарна, что я тоже всё это чувствую... О, дай вам бог за это счастия! Вот то, что вы мне насказали тогда о вашем

166

мечтателе, совершенно неправда то есть, я хочу сказать, совсем до вас не касается. Вы выздоравливаете, вы, право, совсем другой человек, чем как сами себя описали. Если вы когда-нибудь полюбите, то дай вам бог счастия с нею! А ей я ничего не желаю, потому что она будет счастлива с вами. Я знаю, я сама женщина и вы должны мне верить, если я вам так говорю...

Она замолкла и крепко пожала руку мне. Я тоже не мог ничего говорить от волнения. Прошло несколько минут.

— Да, видно, что он не придет сегодня! — сказала она наконец, подняв голову. — Поздно!..

— Он придет завтра, — сказал я самым уверительным и твердым голосом.

— Да, — прибавила она, развеселившись, — я сама теперь вижу, что он придет только завтра. Ну, так до свиданья! до завтра! Если будет дождь, я, может быть, не приду. Но послезавтра я приду, непременно приду, что со мной ни было; будьте здесь непременно; я хочу вас видеть, я вам всё расскажу.

И потом, когда мы прощались, она подала мне руку и сказала, ясно взглянув на меня:

— Ведь мы теперь навсегда вместе, не правда ли?

О! Настенька, Настенька! Если б ты знала, в каком я теперь одиночестве!

Когда пробило девять часов, я не мог усидеть в комнате, оделся и вышел, несмотря на ненастное время. Я был там, сидел на нашей скамейке. Я было пошел в их переулок, но мне стало стыдно, и я воротился, не взглянув на их окна, не дойдя двух шагов до их дома. Я пришел домой в такой тоске, в какой никогда не бывал. Какое сырое, скучное время! Если б была хорошая погода, я бы прогулял там всю ночь...

Но до завтра, до завтра! Завтра она мне всё расскажет.

Однако письма сегодня не было. Но, впрочем, так и должно было быть. Они уже вместе...

НОЧЬ ЧЕТВЕРТАЯ

Боже, как всё это кончилось! Чем всё это кончилось! Я пришел в девять часов. Она была уже там. Я еще издали заметил ее; она стояла, как тогда, в первый раз, облокотясь на перила набережной, и не слыхала, как я подошел к ней.

— Настенька! — окликнул я ее, через силу подавляя свое волнение.

Она быстро обернулась ко мне.

— Ну! — сказала она, — ну! поскорее!

Я смотрел на нее в недоумении.

— Ну, где же письмо? Вы принесли письмо? — повторила она, схватившись рукой за перила.

— Нет, у меня нет письма, — сказал я наконец, — разве он еще не был?

Она страшно побледнела и долгое время смотрела на меня неподвижно. Я разбил последнюю ее надежду.

— Ну, бог с ним! — проговорила она наконец прерывающимся голосом, — бог с ним, — если он так оставляет меня.

Она опустила глаза, потом хотела взглянуть на меня, но не могла. Еще несколько минут она пересиливала свое волнение, но вдруг отворотилась, облокотясь на балюстраду набережной, и залилась слезами.

— Полноте, полноте! — заговорил было я, но у меня сил недостало продолжать, на нее глядя, да и что бы я стал говорить?

— Не утешайте меня, — говорила она плача, — не говорите про него, не говорите, что он придет, что он не бросил меня так жестоко, так бесчеловечно, как он это сделал. За что, за что? Неужели что-нибудь было в моем письме, в этом несчастном письме?..

Тут рыдания пресекли ее голос; у меня сердце разрывалось, на нее глядя.

— О, как это бесчеловечно-жестоко! — начала она снова. — И ни строчки, ни строчки! Хоть бы отвечал, что я не нужна ему, что он отвергает меня; а то ни одной строчки в целые три дня! Как легко ему оскорбить, обидеть, бедную, беззащитную девушку, которая тем и виновата, что любит его! О, сколько я вытерпела в эти три дня! Боже мой! Боже мой! Как вспомню, что я пришла к нему в первый раз сама, что я перед ним унижалась, плакала, что я вымаливала у него хоть каплю любви... И после этого!.. Послушайте, — заговорила она, обращаясь ко мне, и черные глазки ее засверкали, — да это не так! Это не может быть так; это ненатурально! Или вы, или я обманулись; может быть, он письма не получал? Может быть, он до сих пор ничего не знает? Как же можно, судите сами, скажите мне, ради бога, объясните мне, — я этого не могу понять, — как можно так варварски грубо поступить, как он поступил со мною! Ни одного слова! Но к последнему человеку на свете бывают сострадательнее. Может быть, он что-нибудь слышал, может быть, кто-

168

нибудь ему насказал обо мне? — закричала она, обратившись ко мне с вопросом. — Как, как вы думаете?

— Слушайте, Настенька, я пойду завтра к нему от вашего имени.

— Ну!

— Я спрошу его обо всем, расскажу ему всё.

— Ну, ну!

— Вы напишите письмо. Не говорите нет, Настенька, не говорите нет! Я заставлю его уважать ваш поступок, он всё узнает, и если...

— Нет, мой друг, нет, — перебила она. — Довольно! Больше ни слова, ни одного слова от меня, ни строчки — довольно! Я его не знаю, я не люблю его больше, я его по...за...буду...

Она не договорила.

— Успокойтесь, успокойтесь! Сядьте здесь, Настенька, — сказал я, усаживая ее на скамейку.

— Да я спокойна. Полноте! Это так! Это слезы, это просохнет! Что вы думаете, что я сгублю себя, что я утоплюсь?..

Сердце мое было полно; я хотел было заговорить, но не мог.

— Слушайте! — продолжала она, взяв меня за руку, — скажите: вы бы не так поступили? вы бы не бросили той, которая бы сама к вам пришла, вы бы не бросили ей в глаза бесстыдной насмешки над ее слабым, глупым сердцем? Вы поберегли бы ее? Вы бы представили себе, что она была одна, что она не умела усмотреть за собой, что она не умела себя уберечь от любви к вам, что она не виновата, что она, наконец, не виновата... что она ничего не сделала!.. О, боже мой, боже мой!..

— Настенька! — закричал я наконец, не будучи в силах преодолеть свое волнение, — Настенька! вы терзаете меня! Вы язвите сердце мое, вы убиваете меня, Настенька! Я не могу молчать! Я должен наконец говорить, высказать, что у меня накипело тут, в сердце...

Говоря это, я привстал со скамейки. Она взяла меня за руку и смотрела на меня в удивлении.

— Что с вами? — проговорила она наконец.

— Слушайте! — сказал я решительно. — Слушайте меня, Настенька! Что я буду теперь говорить, всё вздор, всё несбыточно, всё глупо! Я знаю, что этого никогда не может случиться, но не могу же я молчать. Именем того, чем вы теперь страдаете, заранее молю вас, простите меня!..

— Ну, что, что? — говорила она, перестав плакать и пристально смотря на меня, тогда как странное любопытство блистало в ее удивленных глазках, — что с вами?

— Это несбыточно, но я вас люблю, Настенька! вот что! Ну, теперь всё сказано! — сказал я, махнув рукой. — Теперь вы увидите, можете ли

169

вы так говорить со мной, как сейчас говорили, можете ли вы, наконец, слушать то, что я буду вам говорить...

— Ну, что ж, что же? — перебила Настенька, — что ж из этого? Ну, я давно знала, что вы меня любите, но только мне всё казалось, что вы меня так, просто, как-нибудь любите... Ах, боже мой, боже мой!

— Сначала было просто, Настенька, а теперь, теперь... я точно так же, как вы, когда вы пришли к нему тогда с вашим узелком. Хуже, чем как вы, Настенька, потому что он тогда никого не любил, а вы любите.

— Что это вы мне говорите! Я, наконец, вас совсем не понимаю. Но послушайте, зачем же это, то есть не зачем, а почему же это вы так, и так вдруг... Боже! я говорю глупости! Но вы...

И Настенька совершенно смешалась. Щеки ее вспыхнули; она опустила глаза.

— Что ж делать, Настенька, что ж мне делать? я виноват, я употребил во зло... Но нет же, нет, не виноват я, Настенька; я это слышу, чувствую, потому что мое сердце мне говорит, что я прав, потому что я вас ничем не могу обидеть, ничем оскорбить! Я был друг ваш; ну, вот я и теперь друг; я ничему не изменял. Вот у меня Теперь слезы текут, Настенька. Пусть их текут, пусть текут — они никому не мешают. Они высохнут, Настенька...

— Да сядьте же, сядьте, — сказала она, сажая меня на скамейку, — ох, боже мой!

— Нет! Настенька, я не сяду; я уже более не могу быть здесь, вы уже меня более не можете видеть; я всё скажу и уйду. Я только хочу сказать, что вы бы никогда не узнали, что я вас люблю. Я бы схоронил свою тайну. Я бы не стал вас терзать теперь, в эту минуту, моим эгоизмом. Нет! но я не мог теперь вытерпеть; вы сами заговорили об этом, вы виноваты, вы во всем виноваты, а я не виноват. Вы не можете прогнать меня от себя...

— Да нет же, нет, я не отгоняю вас, нет! — говорила Настенька, скрывая, как только могла, свое смущение, бедненькая.

— Вы меня не гоните? нет! а я было сам хотел бежать от вас. Я и уйду, только я всё скажу сначала, потому что, когда вы здесь говорили, я не мог усидеть, когда вы здесь плакали, когда вы терзались оттого, ну, оттого (уж я на зову это, Настенька), оттого, что вас отвергают, оттого, что оттолкнули вашу любовь, я почувствовал, я услышал, что в моем сердце столько любви для вас, Настенька, столько любви!.. И мне стало так горько, что я не могу помочь вам этой любовью... что сердце разорвалось, и я, я — не мог молчать, я должен был говорить, Настенька, я должен был говорить!..

— Да, да! говорите мне, говорите со мною так! — сказала Настенька с неизъяснимым движением. — Вам, может быть, странно, что я с вами так говорю, но... говорите! я вам после скажу! я вам всё расскажу!

— Вам жаль меня, Настенька; вам просто жаль меня, дружочек мой! Уж что пропало, то пропало! уж что сказано, того не воротишь! Не так ли? Ну, так вы теперь знаете всё. Ну, вот это точка отправления. Ну, хорошо! теперь всё это прекрасно; только послушайте. Когда вы сидели и плакали, я про себя думал (ох, дайте мне сказать, что я думал!), я думал, что (ну, уж конечно, этого не может быть, Настенька), я думал, что вы... я думал, что вы как-нибудь там... ну, совершенно посторонним каким-нибудь образом, уж больше его не любите. Тогда, — я это и вчера и третьего дня уже думал, Настенька, — тогда я бы сделал так, я бы непременно сделал так, что вы бы меня полюбили: ведь вы сказали, ведь вы сами говорили, Настенька, что вы меня уже почти совсем полюбили. Ну, что ж дальше? Ну, вот почти и всё, что я хотел сказать; остается только сказать, что бы тогда было, если б вы меня полюбили, только это, больше ничего! Послушайте же, друг мой, — потому что вы все-таки мой друг, — я, конечно, человек простой, бедный, такой незначительный, только не в том дело (я как-то всё не про то говорю, это от смущения, Настенька), а только я бы вас так любил, так любил, что если б вы еще и любили его и продолжали любить того, которого я не знаю, то все-таки не заметили бы, что моя любовь как-нибудь там для вас тяжела. Вы бы только слышали, вы бы только чувствовали каждую минуту, что подле вас бьется благодарное, благодарное сердце, горячее сердце, которое за вас... Ох, Настенька, Настенька! что вы со мной сделали!..

— Не плачьте же, я не хочу, чтоб вы плакали, — сказала Настенька, быстро вставая со скамейки, — пойдемте, встаньте, пойдемте со мной, не плачьте же, не плачьте, — говорила она, утирая мои слезы своим платком, — ну, пойдемте теперь; я вам, может быть, скажу что-нибудь... Да, уж коли теперь он оставил меня, коль он позабыл меня, хотя я еще и люблю его (не хочу вас обманывать)... но, послушайте, отвечайте мне. Если б я, например, вас полюбила, то есть если б я только... Ох, друг мой, друг мой! как я подумаю, как подумаю, что я вас оскорбляла тогда, что смеялась над вашей любовью, когда вас хвалила за то, что вы не влюбились!.. О, боже! да как же я этого не предвидела, как я не предвидела, как я была так глупа, но... ну, ну, я решилась, я всё скажу...

— Послушайте, Настенька, знаете что? я уйду от вас, вот что! Просто я вас только мучаю. Вот у вас теперь угрызения совести за то, что вы насмехались, а я не хочу, Да, не хочу, чтоб вы, кроме вашего горя... я, конечно, виноват, Настенька, но прощайте!

— Стойте, выслушайте меня: вы можете ждать?

— Чего ждать, как?

— Я его люблю; но это пройдет, это должно пройти это не может не пройти; уж проходит, я слышу... Почем знать, может быть, сегодня же

171

кончится, потому что я его ненавижу, потому что он надо мной насмеялся, тогда как вы плакали здесь вместе со мною, потому что вы не отвергли бы меня, как он, потому что вы любите, а он не любил меня, потому что я вас, наконец, люблю сама... да, люблю! люблю, как вы меня любите; я же ведь сама еще прежде вам это сказала, вы сами слышали, — потому люблю, что вы лучше его, потому, что вы благороднее его, потому, потому, что он...

Волнение бедняжки было так сильно, что она не докончила, положила свою голову мне на плечо, потом на грудь и горько заплакала. Я утешал, уговаривал ее, но она не могла перестать; она всё жала мне руку и говорила между рыданьями: «Подождите, подождите; вот я сейчас перестану! Я вам хочу сказать... вы не думайте, чтоб эти слезы, — это так, от слабости, подождите, пока пройдет...» Наконец она перестала, отерла слезы, и мы снова пошли. Я было хотел говорить, но она долго еще всё просила меня подождать. Мы замолчали... Наконец она собралась с духом и начала говорить...

— Вот что, — начала она слабым и дрожащим голосом, но в котором вдруг зазвенело что-то такое, что вонзилось мне прямо в сердце и сладко заныло в нем, — не думайте, что я так непостоянна и ветрена, не думайте, что я могу так легко и скоро позабыть и изменить... Я целый год его любила и богом клянусь, что никогда, никогда даже мыслью не была ему неверна. Он презрел это; он насмеялся надо мною, — бог с ним! Но он уязвил меня и оскорбил мое сердце. Я — я не люблю его, потому что я могу любить только то, что великодушно, что понимает меня, что благородно; потому что я сама такова, и он недостоин меня, — ну, бог с ним! Он лучше сделал, чем когда бы я потом обманулась в своих ожиданиях и узнала, кто он таков... Ну, кончено! Но почем знать, добрый друг мой, — продолжала она, пожимая мне руку, — почем знать, может быть, и вся любовь моя была обман чувств, воображения, может быть, началась она шалостью, пустяками, оттого, что я была под надзором у бабушки? Может быть, я должна любить другого, а не его, не такого человека, другого, который пожалел бы меня и, и... Ну, оставим, оставим это, — перебила Настенька, задыхаясь от волнения, — я вам только хотела сказать... я вам хотела сказать, что если, несмотря на то что я люблю его (нет, любила его), если, несмотря на то, вы еще скажете... если вы чувствуете, что ваша любовь так велика, что может наконец вытеснить из моего сердца прежнюю... если вы захотите сжалиться надо мною, если вы не захотите меня оставить одну в моей судьбе, без утешения, без надежды, если вы захотите любить меня всегда, как теперь меня любите, то клянусь, что благодарность... что любовь моя будет наконец достойна вашей любви... Возьмете ли вы теперь мою руку?

— Настенька, — закричал я, задыхаясь от рыданий, — Настенька!.. О Настенька!..

— Ну, довольно, довольно! ну, теперь совершенно довольно! — заговорила она, едва пересиливая себя, — ну, теперь уже всё сказано; не правда ли? так? Ну, и вы счастливы, и я счастлива; ни слова же об этом больше; подождите; пощадите меня... Говорите о чем-нибудь другом, ради бога!..

— Да, Настенька, да! довольно об этом, теперь я счастлив, я... Ну, Настенька, ну, заговорим о другом, поскорее, поскорее заговорим; да! я готов...

И мы не знали, что говорить, мы смеялись, мы плакали, мы говорили тысячи слов без связи и мысли; мы то ходили по тротуару, то вдруг возвращались назад и пускались переходить через улицу; потом останавливались и опять переходили на набережную; мы были как дети...

— Я теперь живу один, Настенька, — заговорил я, — а завтра... Ну, конечно, я, знаете, Настенька, беден, у меня всего тысяча двести, но это ничего...

— Разумеется, нет, а у бабушки пенсион; так она нас не стеснит. Нужно взять бабушку.

— Конечно, нужно взять бабушку... Только вот Матрена...

— Ах, да и у нас тоже Фекла!

— Матрена добрая, только один недостаток: у ней нет воображения, Настенька, совершенно никакого воображения; но это ничего!..

— Всё равно; они обе могут быть вместе; только вы завтра к нам переезжайте.

— Как это? к вам! Хорошо, я готов...

— Да, вы наймите у нас. У нас там, наверху, мезонин; он пустой; жилица была, старушка, дворянка, она съехала, и бабушка, я знаю, хочет молодого человека пустить; я говорю: «Зачем же молодого человека?» А она говорит: «Да так, я уже стара, а только ты не подумай, Настенька, что я за него тебя хочу замуж сосватать». Я и догадалась, что это для того...

— Ах, Настенька!..

И оба мы засмеялись.

— Ну, полноте же, полноте. А где же вы живете? я и забыла.

— Там, у — ского моста, в доме Баранникова.

— Это такой большой дом?

— Да, такой большой дом.

— Ах, знаю, хороший дом; только вы, знаете, бросьте его и переезжайте к нам поскорее...

— Завтра же, Настенька, завтра же; я там немножко должен за квартиру, да это ничего... Я получу скоро жалованье...

173

— А знаете, я, может быть, буду уроки давать; сама выучусь и буду давать уроки...

— Ну вот и прекрасно... а я скоро награждение получу, Настенька...

— Так вот вы завтра и будете мой жилец...

— Да, и мы поедем в «Севильского цирюльника», потому что его теперь опять дадут скоро.

— Да, поедем, — сказала смеясь Настенька, — нет, лучше мы будем слушать не «Цирюльника», а что-нибудь другое...

— Ну хорошо, что-нибудь другое; конечно, это будет лучше, а то я не подумал...

Говоря это, мы ходили оба как будто в чаду, в тумане, как будто сами не знали, что с нами делается. То останавливались и долго разговаривали на одном месте, то опять пускались ходить и заходили бог знает куда, и опять смех, опять слезы... То Настенька вдруг захочет домой, я не смею удерживать и захочу проводить ее до самого дома; мы пускаемся в путь и вдруг через четверть часа находим себя на набережной у нашей скамейки. То она вздохнет, и снова слезинка набежит на глаза; я оробею, похолодею... Но она тут же жмет мою руку и тащит меня снова ходить, болтать, говорить...

— Пора теперь, пора мне домой; я думаю, очень поздно, — сказала наконец Настенька, — полно нам так ребячиться!

— Да, Настенька, только уж я теперь не засну; я домой не пойду.

— Я тоже, кажется, не засну; только вы проводите меня...

— Непременно!

— Но уж теперь мы непременно дойдем до квартиры.

— Непременно, непременно...

— Честное слово?.. потому что ведь нужно же когда-нибудь воротиться домой!

— Честное слово, — отвечал я смеясь...

— Ну, пойдемте!

— Пойдемте.

— Посмотрите на небо, Настенька, посмотрите! Завтра будет чудесный день; какое голубое небо, какая луна! Посмотрите: вот это желтое облако теперь застилает её, смотрите, смотрите!.. Нет, оно прошло мимо. Смотрите же, смотрите!..

Но Настенька не смотрела на облако, она стояла молча, как вкопанная; через минуту она стала как-то робко, тесно прижиматься ко мне. Рука ее задрожала в моей руке; я поглядел на нее... Она оперлась на меня еще сильнее.

В эту минуту мимо нас прошел молодой человек. Он вдруг

остановился, пристально посмотрел на нас и потом опять сделал несколько шагов. Сердце во мне задрожало...

— Настенька, — сказал я вполголоса, — кто это, Настенька?

— Это он! — отвечала она шепотом, еще ближе, еще трепетнее прижимаясь ко мне... Я едва устоял на ногах.

— Настенька! Настенька! это ты! — послышался голос за нами, и в ту же минуту молодой человек сделал к нам несколько шагов.

Боже, какой крик! как она вздрогнула! как она вырвалась из рук моих и порхнула к нему навстречу!.. Я стоял и смотрел на них как убитый. Но она едва подала ему руку, едва бросилась в его объятия, как вдруг снова обернулась ко мне, очутилась подле меня, как ветер, как молния, и, прежде чем успел я опомниться, обхватила мою шею обеими руками и крепко, горячо поцеловала меня. Потом, не сказав мне ни слова, бросилась снова к нему, взяла его за руки и повлекла его за собою.

Я долго стоял и глядел им вслед... Наконец оба они исчезли из глаз моих.

УТРО

Мои ночи кончились утром. День был нехороший. Шел дождь и уныло стучал в мои стекла; в комнатке было темно, на дворе пасмурно. Голова у меня болела и кружилась; лихорадка прокрадывалась по моим членам.

— Письмо к тебе, батюшка, по городской почте, почтарь принес, — проговорила надо мною Матрена.

— Письмо! от кого? — закричал я, вскакивая со стула.

— А не ведаю, батюшка, посмотри, может, там и написано от кого.

Я сломал печать. Это от нее!

«О, простите, простите меня! — писала мне Настенька, — на коленях умоляю вас, простите меня! Я обманула и вас и себя. Эта был сон, призрак... Я изныла за вас сегодня; простите, простите меня!..

Не обвиняйте меня, потому что я ни в чем не изменилась пред вами; я сказала, что буду любить вас, я и теперь вас люблю, больше чем люблю. О боже! если б я могла любить вас обоих разом! О, если б вы были он!»

«О, если б он были вы!» — пролетело в моей голове. Я вспомнил твои же слова, Настенька!

«Бог видит, что бы я теперь для вас сделала! Я знаю, что вам тяжело и грустно. Я оскорбила вас, но вы знаете — коли любишь, долго ли помнишь обиду. А вы меня любите!

Благодарю! да! благодарю вас за эту любовь. Потому что в памяти моей она напечатлелась, как сладкий сон, который долго помнишь после пробуждения; потому что я вечно буду помнить тот миг, когда вы так братски открыли мне свое сердце и так великодушно приняли в дар мое, убитое, чтоб его беречь, лелеять, вылечить его... Если вы простите меня, то память об вас будет возвышена во мне вечным, благодарным чувством к вам, которое никогда не изгладится из души моей... Я буду хранить эту память, буду ей верна, не изменю ей, не изменю своему сердцу: оно слишком постоянно. Оно еще вчера так скоро воротилось к тому, которому принадлежало навеки.

Мы встретимся, вы придете к нам, вы нас не оставите, вы будете вечно другом, братом моим... И когда вы увидите меня, вы подадите мне руку, да? вы подадите мне ее, вы простили меня, не правда ли? Вы меня любите по-прежнему?

О, любите меня, не оставляйте меня, потому что я вас так люблю в эту минуту, потому что я достойна любви вашей, потому что я заслужу ее... друг мой милый! На будущей неделе я выхожу за него. Он воротился влюбленный, он никогда не забывал обо мне... Вы не рассердитесь за то, что я об нем написала. Но я хочу прийти к вам вместе с ним; вы его полюбите, не правда ли?..

Простите же, помните и любите вашу

Настеньку».

Я долго перечитывал это письмо; слезы просились из глаз моих. Наконец оно выпало у меня из рук, и я закрыл лицо.

— Касатик! а касатик! — начала Матрена.

— Что, старуха?

— А паутину-то я всю с потолка сняла; теперь хоть женись, гостей созывай, так в ту ж пору...

Я посмотрел на Матрену... Это была еще бодрая, молодая старуха, но, не знаю отчего, вдруг она представилась мне с потухшим взглядом, с морщинами на лице, согбенная, дряхлая... Не знаю отчего, мне вдруг представилось, что комната моя постарела так же, как и старуха. Стены и полы облиняли, всё потускнело; паутины развелось еще больше. Не знаю отчего, когда я взглянул в окно, мне показалось, что дом, стоявший напротив, тоже одряхлел и потускнел в свою очередь, что штукатурка на колоннах облупилась и осыпалась, что карнизы почернели и растрескались и стены из темно-желтого яркого цвета стали пегие...

Или луч солнца, внезапно выглянув из-за тучи, опять спрятался под дождевое облако, и всё опять потускнело в глазах моих; или, может быть, передо мною мелькнула так неприветно и грустно вся перспектива моего будущего, и я увидел себя таким, как я теперь, ровно через пятнадцать лет, постаревшим, в той же комнате, так ж одиноким, с той же Матреной, которая нисколько не поумнела за все эти годы.

Но чтоб я помнил обиду мою, Настенька! Чтоб я нагнал темное облако на твое ясное, безмятежное счастие, чтоб я, горько упрекнув, нагнал тоску на твое сердце, уязвил его тайным угрызением и заставил его тоскливо биться в минуту блаженства, чтоб я измял хоть один из этих нежных цветков, которые ты вплела в свои черные кудри, когда пошла вместе с ним к алтарю... О, никогда, никогда! Да будет ясно твое небо, да будет светла и безмятежна милая улыбка твоя, да будешь ты благословенна за минуту блаженства и счастия, которое ты дала другому, одинокому, благодарному сердцу!

Боже мой! Целая минута блаженства! Да разве этого мало хоть бы и на всю жизнь человеческую?..

СПИСОК